警事社会学初论

李　峰　何明升　主编

中国人民公安大学出版社
·北　京·

图书在版编目（CIP）数据

警事社会学初论/李峰，何明升主编．—北京：中国人民公安大学出版社，2022.10

ISBN 978-7-5653-4607-1

Ⅰ.①警…　Ⅱ.①李…②何…　Ⅲ.①警察学—社会学　Ⅳ.①D035.30

中国版本图书馆 CIP 数据核字（2022）第 193082 号

警事社会学初论

李　峰　何明升　主编

出版发行：中国人民公安大学出版社
地　　址：北京市西城区木樨地南里
邮政编码：100038
经　　销：新华书店
印　　刷：天津嘉恒印务有限公司

版　　次：2022 年 10 月第 1 版
印　　次：2025 年 1 月第 3 次
印　　张：13.5
开　　本：787 毫米×1092 毫米　1/16
字　　数：242 千字

书　　号：ISBN 978-7-5653-4607-1
定　　价：52.00 元

网　　址：www.cppsup.com.cn　www.porclub.com.cn
电子邮箱：zbs@cppsup.com　zbs@cppsu.edu.cn

营销中心电话：010-83903991
读者服务部电话（门市）：010-83903257
警官读者俱乐部电话（网购、邮购）：010-83901775
教材分社电话：010-83903259

警事社会学初论

主　编：李　峰　何明升

撰稿人：（按姓氏笔画排序）

李　俊　李　峰　李伟明　何明升

陈建明　郑卫东　秦　飞

目　录

第一章　警事社会学界说

英美学者对警察的早期研究，形成了警事社会学的知识基础，如韦斯特利（W. Westley）和斯科尔尼克（J. Skolnik）撰写的两部经典著作分析了警察、社区公众和其他组织之间的重要关系。① 近年来，关于警事现象的社会学研究越来越多，但因研究视角不同、研究立场各异，有关“警事社会学是什么”的问题仍然是混沌不清的。基于此，本章将从警事相关概念出发，对警事社会学的基本概念和知识框架进行分析界定，对社会学的警事观点进行梳理和阐释。

第一节　警事社会学的概念和框架

“警察”“警务”“警事”是三个相互关联的基础性概念。厘清这三个概念，是讨论警事社会学的前提。为此，有必要追溯警察概念的源流、分析警务概念的意涵，并在此基础上清晰界定警事概念。

一、警事相关概念

（一）警察概念溯源

警察的通俗含义是一种职业，主要职责是执法、维护公共安全、保护公民生命和财产安全。但作为一个学术概念，目前尚无统一定义。“警察”的英文词源有两个，即希腊语 polis 和拉丁文 polita，其原初含义中有“社会秩序”和“公民权”的内容。所以，亚里士多德对警察下的定义是“良好的秩序，城市的管理与组织，对人民的支持，是给予人民的所有礼物中最伟大

---

① ［英］霍尔达韦、夏伯铭：《警务社会学》，载《现代外国哲学社会科学文摘》1987 年第 6 期。

的，最首要的"。[①] 这两个词源向 police 的演变经历了三个阶段：首先是名词，含义为城堡，并由城堡延伸为国家或城市；其次是演变为动词，含义为城市管理、行政管理及对人民权利的支持；最后是到 1829 年，罗伯特·皮尔创建了伦敦大都市警察，police 一词的现代警察意义——职业化、专业性维持治安和秩序的组织及过程才最终确立。[②]

警察一词的中文词源古已有之，但其现代意涵则源于日本。有研究认为，日语"警察"一词最早出现在日本明治五年 9 月，可见于川路利良考察欧洲警察制度回国后提出的建议书中。[③] 我国清朝年间，在改良派和维新派的思想推动下，于 20 世纪初向日本学习现代警政，引入了这一名称。

以警察的中英文词源分析为基础，王智军认为，对警察内涵可作两个方面的理解：其动态内涵是"特定的国家机关或力量维持秩序和治安的过程和行为，这既包括警察在特定时间、特定场合用特定手段维护国家安全、保证国家意志的实现，也包括警察这一组织依照法律授予的权力制止、预防公民个体的违法犯罪行为，避免和阻止个体公民对他人权利的侵夺和妨害等"；其静态内涵是"维护社会秩序和治安的组织和个体的总称"。[④]

从警事社会学角度看，警察是一个名词概念，意指国家为维护社会秩序、保障公共安全而设置的功能组织及其组成人员。美国学者查尔斯认为，politics 来自希腊词根 polis，表示城市、管理方法、公民身份及政府、管理等意思；而 police 则是其衍生的单词，意思是管理城市的人，即警察。按照亚里士多德的最初理解，politics 就是城邦科学，即"追求公民与城邦的善"，而"现代警务是这种善的实践者"。[⑤] 1829 年之后，"各国纷纷效法英国或法国建立起本国的警察行政体制。过去寓于军队、多种行政机关、审判机关之中的警察行为，这时已主要集中于专门的警察行政机关。从此，'police'才专指警察行政，并逐渐成为各国共同使用的'警察'称谓"，[⑥] 即"从事维护社会公共秩序以及预防和解决犯罪等问题的官方组织或其组织中的成员"。[⑦]

---

① 王大伟：《英美警察科学》，中国人民公安大学出版社 1995 年版，第 48 页。

② 王智军：《警察的政治属性》，社会科学文献出版社 2009 年版，第 18 页。

③ 余秀豪：《警察学大纲》，商务印书馆 1946 年版，第 3 页。

④ 王智军：《警察的政治属性》，社会科学文献出版社 2009 年版，第 19-20 页。

⑤ ［美］查尔斯·R. 史旺生等：《警察行政管理：结构、过程与行为》，匡翠冶等译，中国人民公安大学出版社 2013 年版，第 125 页。

⑥ 李宁：《警察概念论析》，载《北京人民警察学院学报》2003 年第 4 期。

⑦ 商务印书馆：《牛津高阶英汉双解词典》，商务印书馆 1997 年版，第 1136 页。

（二）警务意涵分析

在警事社会学的用语中，“警务”与警察的动词意涵有所关联，意指警察组织的功能输出和警方人员的公务实践。在当代英语中，“police”的动词含义就是指“在（某地）动用警察或者说如同动用警察以维持秩序的行动”。①

由于现代警务产生于英国，所以其创始人罗伯特·皮尔的“九条警务原则”是讨论警务本质与定义的基础。这“九条警务原则”是：（1）警察的基本使命是预防犯罪和无序，而不是用军事力量和严厉的法律惩罚来镇压犯罪和骚乱。（2）警察履行其职责的能力，有赖于公众对警察的存在、行为以及获得并保持公众尊重能力的认可。（3）警察必须获得公众心甘情愿的合作，他们必须自愿地遵守法律，才能得到和保持公众的尊重。（4）警察得到公众配合的程度高低，与为实现警察目标所需要使用的武力与强制的多少成反比。（5）警察不靠迎合公众的意见，而是靠展示他们对法律绝对公正的忠诚来寻求和保持公众的喜爱，他们靠乐于不分种族与社会地位的为所有的社会成员提供个人服务与友谊，靠礼貌、友谊和乐于牺牲个人以捍卫和保护生命来获得公众的喜欢。（6）警察只有在说服、建议和警告都不足以实现警察的目标的情况下才能使用必要程度的武力以确保法律得到遵守和秩序得到恢复。并且，警察应该在任何情况下都仅仅使用最低限度的武力以实现警察目的。（7）任何时候警察都应该和公众保持这样一种关系，以实现警察是公众和公众是警察的历史传统。警察仅仅是这样一种公众，他们专职就社区的福利向每个市民负责并由此获得报酬。（8）警察应该一直为实现其功能而行动，而绝不用为个人和国家报仇或武断地审判犯罪和惩罚罪犯的方式篡夺审判权。（9）警察效率的判断标准是没有犯罪和骚乱，而不是警察为对付他们而采取的行动的那些看得见的证据。②

20世纪90年代以来，新公共管理改革运动催生了一些警务新概念。世界各国的警务改革主要在两个方面同时进行：一是逐渐实现集权与分权的平衡，而不再是完全的集权或完全的分权；二是机构、职能的社会化或私有化，许多国家的警察机构都在进行一些警务社会化的尝试，将警察内部的一些业务承包出去，如在英国有将押送犯人的工作“承包”给私人保安公司

---

① 商务印书馆：《牛津高阶英汉双解词典》，商务印书馆1997年版，第1136页。

② ［英］罗伯特·雷纳：《警察与政治》，易继苍等译，知识产权出版社2008年版，第22页。

的尝试。[①] 在警事社会学看来，现代警务虽历经改革，但始终没有改变"警务"作为警察组织功能输出和警方人员公务实践的基本性质。

(三) 警事概念界定

警事社会学中的"警事"意谓"涉警之事"。对于这一全新和稍显复杂的概念，只有立足于社会安全的内在规律性，着眼于国家、组织、个人的全面（整体）性视角，触及警事制度安排的深层内涵，才能进行多层次、全方位的正确理解。

1. 警事概念立足于社会安全规律。有资料表明，上海社会科学界曾倡导警事学研究，其中，张竹、苏联睦、卜安淳是最早关注和研究警事学的学者。按照卜安淳的观点，"人类社会安全问题既是社会的群体的安全问题，又是个体的安全问题，既包括人类群体和个体的生命和健康的安全问题，又包括人类群体和个体的财产及其他各种权利的安全问题"。基于此，"警事既可能为人类社会中某些政治利益主体谋求利益，但更普遍的是为整个人类社会中的所有合法的利益主体谋求安全利益"。也就是说，"警事学正是关于如何守护人类社会安全的学问，研究的正是实现人类社会安全的一种途径——警事"[②]。理论和实践都表明，社会安全是有规律可循的，其中既包括涉及国土安全、社会安全的宏观规律，也包括具体安全事件的发生学和演化论问题。而立足于社会安全内在规律的警事概念，则是警事学术研究的逻辑起点。

2. 警事概念涵盖了全民涉警之事。目前，人们在提及"警察事务"时往往将责任主体归属于国家。这种将"警事"等同于"警务"的用语习惯，与长期以来存在的警察即国家的社会现实有关。对此，可以从两个角度去理解："一是警察与国家同起同源。警察在其源头上就是国家存在的标志并作为国家权能释放的保证。二是警察的发展与国家的发展相生相随。警察的性质、功能以及制度变迁都伴随着国家在性质、功能及制度方面的演变。"[③] 事实上，警察即国家虽是长期的社会现实，却并不符合罗伯特·皮尔立警的最核心思想——"警察即公众，公众即警察"。近年来，世界各国警察所进

---

① 韩晓虎：《罗伯特·皮尔"9条警务原则"价值评析》，载《湖南公安高等专科学校学报》2010年第6期。

② 卜安淳：《关于警事科学的几个基本问题》，载《江苏警官学院学报》2004年第1期。

③ 王智军：《警事治理：国家警事社会化的新理解》，载《中国人民公安大学学报》2005年第1期。

行的种种改革尝试都汇聚于一点，就是逐渐“让权于民”和“还权于民”。[1] 这并不是简单地回归罗伯特·皮尔，而是确立全民警事思维。王智军将国家警事社会化的世界性潮流定义为“警事治理”，认为这是“社会组织和社区公众共同参与防控违法犯罪行为、维护社会治安秩序活动”，“寻求的是警察与社会组织的互动、警察与社区居民的合作，以增进公共安全、提升警务效益”[2]。可见，无论是警务实践还是学术研究都在孕育着一个可以涵盖全民涉警之事的警事新概念。

3. 警事概念内隐着制度安排意涵。向池山认为，“现代警务概念包括物质或‘技术’层面的内涵，更重要的在于它的理念层面和它的制度层面的内涵”。[3] 一般认为，目前存在三种警事制度：一是地方自治型，强调“自治”和“分权而治”，没有全国统一的最高警察领导机构，该体制起源于英国，美国、比利时、加拿大、荷兰、瑞士也在采用。二是集权型，强调“中央集权”和对警察的统一管理，警察组织内部实行自上而下的垂直领导，该体制起源于法国，意大利、芬兰、以色列、泰国、爱尔兰、丹麦、瑞典也在实行。三是结合型，即将前两种体制结合使用，由中央政府和地方政府共管警察事务，日本、澳大利亚、巴西等国家在实行。我国的“统一领导，分级管理，条块结合，以块为主”亦属这种体制。应该说，警事概念内隐着制度安排意涵，或者说，警事制度安排是警事意涵中的重要内容。随着警事、警事治理等相关概念的确立，人们会不断发现并遵循社会安全的内在规律，不断吸收和运用警事科学的最新成果，从而使警事制度安排逐渐显化为热门议题。

二、如何理解警事社会学

（一）警事社会学的定义

本书将警事社会学定义为：运用社会学概念、原理和方法解释涉警现象、研究警事规律、分析警事政策的应用社会学科。对于此概念，应从以下四个方面进行准确把握：

---

① 韩晓虎：《罗伯特·皮尔“9条警务原则”价值评析》，载《湖南公安高等专科学校学报》2010年第6期。

② 王智军：《警事治理：国家警事社会化的新理解》，载《中国人民公安大学学报》2005年第1期。

③ 向池山：《关于现代警务概念的理论探讨》，载《广州市公安管理干部学院学报》2006年第1期。

1. 警事社会学是社会学的一个分支学科。警事社会学是警察学与社会学的结合，但站在不同的角度会产生不尽相同的认识和观点。由此便形成了定义警事社会学概念的两个基点，分别是警察学本位和社会学本位。警察学本位的警事社会学，就是站在警察学的立场来看待警事问题，并形成与之相应的学术理念。一般认为，警察学（the police theory）是关于如何预防、察知、警报和及时抗击侵害社会安全的事物的学问，其主要范畴有警察、安全、危害、犯罪等。以此为基点的警事社会学是警察学的内生部分，主要解决如何引进社会学理论和方法来研究警察学问题。而社会学本位的警事社会学，则是站在社会学的立场来看待警事问题，并形成与之相应的学术理念。此时，警察行为仅仅是社会行为的一个亚属，警察组织也是社会组织的一种类型。以此为基点的警事社会学并非警察学的内生部分，因此要跳出警察之外来研究涉警问题。本书的定义属于社会学本位，即将警事社会学看作社会学的一个分支学科。

2. 警事社会学使用社会学语汇解释涉警现象。同一种现象可以有不同的解释，而不同的解释则表明了各自的学科属性。当我们将警事社会学看作社会学的一个分支学科时，就表明了它的学科属性。此时，社会学的概念就是警事社会学的“母语”，社会学的原理就是警事社会学的“逻辑”，社会学的方法就是警事社会学的“武器”。以此为基础，警事社会学可以在“母语”系统中共享、使用社会学语汇解释涉警现象并与其他社会学分支学科无障碍分享。当然，警事社会学也可以在多学科、大平台上进行展示，说明社会学的警事理念并与相关学科进行交流。

3. 警事社会学将研究警事规律作为学术旨趣。所谓规律，就是客观事物发展过程中的本质联系，是千变万化的现象背后相对静止和稳定的东西。警事现象千差万别，有的涉及自然规律，需要透过自然界各种不自觉的、盲目的动力关系来发现其内在联系；有的涉及社会规律，必须通过人们的自觉活动深入探求；有的涉及思维规律，是人的主观思维形式对物质世界的反映。毫无疑问，警事现象虽纷繁复杂但也是有规律可循的。警事社会学的学术旨趣就在于：解释各种警事规律的存在形式、作用方式及其支配性后果，分析警事规律的普遍作用及其适用于不同阶段、社会、领域、层次的制约条件，说明应该怎样应用警事规律来优化警事制度、改良警事行为、改善警事生态。

4. 警事社会学通过分析警事政策来干预社会实践。作为一门应用社会学科，警事社会学不仅要以理论形态存在，还要采取适当的方式干预社会实践。其中，最重要的一种干预方式就是警事政策分析。警事政策分析的核心是对具体警事问题进行科学界定，对警事政策的产生原因、效果和本质进行全面分析，从而发现新的政策方案和解决途径。事实上，警事政策分析不同于涉警现象说明，其重点不在于描述而在于研究和比较，一般要通过对不同地区、不同国家采取不同警事政策的效果比较，寻找涉警问题的内在规律性，提出新的警事理论和政策措施。

（二）警事社会学的框架和内容

1. 警事社会学的"三分法"框架。随着法治中国建设的深入推进，警事科学研究将成为亟待拓新的学术领域。无论是学科建设所及还是教学工作所需，都要求我们去认真梳理"警事社会学"的知识框架。所谓"警事社会学"的知识框架，是指它作为一本教材或学科体系所呈现出来的总体架构、章节安排及其背后的逻辑线索。弄清楚这个框架，也就掌握了警事社会学的大体范围和内容。但是很显然，不同研究者会有各自的思维逻辑，因而会给出不同的逻辑线索，也就会出现形态各异的知识框架。

事实上，我们可以按照孔德的做法将"警事社会学"区分为静态警事社会学和动态警事社会学两部分，其中，静态警事社会学从横断面上去分析涉警的各个领域，动态警事社会学则从纵向上去分析涉警活动的演化过程。我们也可以循着沃德的思路，将"警事社会学"区分为纯理警事社会学和应用警事社会学。甚至借鉴索罗金的做法，将其划分为普通警事社会学和特殊警事社会学。考虑到警事社会学在总体上偏于"应用"并且相对而言也属"特殊"，以及它与警察学的亲缘关系，本书更倾向于采用"三分法"架构。具体而言，就是在概念界定、警察变迁等引论部分之外，将"警事社会学"的主体知识划分为"警察之人""警务之事""警事之论"三个部分。

2. 对"警察之人"的社会学解读。从一定意义上说，"涉警之事"即"涉警察之事"，因此警事社会学首先要研究"警察之人"。一方面，由于与邻近学科如犯罪社会学的不同分工，警事社会学主要从警察一侧来分析"涉警之事"，并通过这种分析来理解罪错者、受害人、社区等相关各方。另一方面，由于学科属性的原因，警事社会学并不像警察学那样将警察作为特定的职业人来看待，而是将其视为与其他社会成员一样的社会人。这其中比较重要的内容有：（1）警察与警事权，包括警察的角色定位、警察的职务权力、警事中的自由裁量权；（2）警察关系，包括警察的社会关系、警事的工作关系、警局的媒介关系；（3）警察文化，包括警察的工作人格、街头型警察文化、管理型警察文化、警察亚文化；（4）警事伦理与警察越轨，包括警事伦理、警察越轨、警事的法律规制等。

3. 对“警务之事”的社会学审视。警务即警察的任务或实务，其实际内容大体包括日常治安、刑事侦查、专项维稳、网络治理、国土安全等，这在相关学科之间差异并不大。因此，以什么视角分析这些“警务之事”，应是各学科的标识和学科间的分野。在警察学看来，警务管理从属于政府行政管理，它是“运用依法获授的公共权力，以承担公共责任为前提，以合法、科学的方式为手段，以追求警务绩效为目标，对国家公共治安事务和社会公共事务进行控制和协调的活动，是政府公共管理的重要组成部分”①。若对“警务之事”进行社会学审视，则显得稍微复杂一些。如从功能论出发，可进行警务的正功能、负功能、非功能分析；从冲突论出发，可分析警务与社会分层的关联，以及如何通过警事调处社会冲突、促进社会发展；从互动论出发，可讨论警事符号系统建构与使用的一系列问题。此外，还可以将“警务之事”置于后现代主义、新制度主义、复杂性理论等前沿视界之中。

4. “警事之论”的社会学关切。在社会学语境之中，有关警事的热门话题是无穷无尽的，如性别与警事的关联，警察的职业倦怠，人类学视野下的警察，国家、意识形态与警察权力，社会分化与警事分层，警事治理及其后现代转向等。一般而言，这些“警事之论”既可宏大叙事亦可小家情怀，也都各有其意趣。但从总体上看，“警事之论”集中体现着社会学对警事问题的理论关照。在当代中国，用社会学理论关照警事现实，回应改革开放和法治中国建设中的警事问题，用警事社会学理念和最新成果指导警事实践，是一个非常有意义的理论问题和实践问题。显然，这要求警事社会学本身具有开放性和时代性，还要具有开阔的世界眼光和历史的纵深感。

第二节　经典社会学警事观

经典社会学有三个为人们所熟知的理论基点：功能论、冲突论和互动论。它们或认为社会是一个动态、稳定、完整的实体结构，每一单元都有其必要的功用；或认为社会是一个为获取稀有资源而竞争的场域，不同群体之间充满了紧张和冲突；抑或认为社会就是人类的日常生活，即那些被视为理所当然的互动关系。将这三种理论观点延伸到警事社会学，就形成了所谓经典社会学警事观。

---

① 王舒娜：《警务管理概念辨析》，载《江苏警官学院学报》2006 年第 5 期。

一、功能论警事观

（一）功能论警事观的基本看法

功能论的代表人物主要有孔德、斯宾塞、涂尔干、帕森斯、默顿等，他们把社会看作一个有机体，它不仅具有生命而且可以进化，它的每一部分都发挥着维护有机体存续的功能，从而在总体上保证了社会的动态稳定和完整协调。从这个角度看，警事社会学的议题应是警事部门的设置和功能输出问题，主要包括警察机构作为保持社会稳定的强力部门而存在的依据，警察部门将产生何种功能输出（警务），以及警事自身能否构成一个相对完善的有机子系统等内容。

1. 警察机构是为了保持社会稳定而建立起来的强力部门。任何社会都需要某种维持秩序的手段，因而警察的社会作用是得到普遍确认的。警察一词的现代含义是指，“为了维持治安调查犯罪而组织起来的人员”①。《现代汉语词典》将警察解释为“具有武装性质的国家治安行政人员”②；《中国警察辞典》将其定义为“根据国家统治阶级的意志，依靠国家暴力强制手段，并运用公开的和某些特殊的秘密手段，维护国家安全和社会秩序的武装性质的国家治安行政力量，是实现其阶级专政的重要工具”③。在功能论警事观看来，警察（机构）应该是体现国家作用的强力部门，即运用指导、服务、强制、惩戒等国家行政手段，依法维护公共秩序和社会治安，保护社会公共利益。

2. 警务是警察这个强力部门的功能输出。一般来说，一个国家警察职能的重心是随着这个国家社会主要矛盾的变化而转变的。自现代警察产生以来，无论是在中国还是在西方各国，其职能重心总是随着各自国家社会主要矛盾的变化而转变，并且大都经历着从“政治镇压”到“打击犯罪”再到“公众服务”的转变过程。可见，警察职能转变是政府职能日益扩大的结果，既有共性又有个性。在政府强化公共服务的背景下，警察服务职能的泛化就是政府职能扩张的延伸。

3. 警事是一个相对完善的有机子系统。从国家和社会的宏观角度看，

---

① 《简明大不列颠百科全书》编辑部：《简明大不列颠百科全书（第 4 卷）》，中国大百科全书出版社 1985 年版，第 443 页。

② 中国社会科学院语言研究所词典编辑室：《现代汉语词典（第 7 版）》，商务印书馆 2016 年版，第 692 页。

③ 张文清：《中国警察词典》，沈阳出版社 1990 年版，第 1713 页。

警察之人和警务之事共同构成了一个相对完善的警事系统，并且与其他子系统如经济子系统、教育子系统之间形成必要、充分的功能互换。从警察和警事的微观角度看，警事系统自身也是一个相对完备、分工细致的有机系统。在我国，国家安全、公安、监狱和司法等警事部门相互协同，涉警各方有效互动，从整体上形成了良性运作的国家警事子系统。

（二）警事的显功能和潜功能

功能论的一个基本前提是，社会的所有要素都为一个目的服务，也都是社会存续不可缺少的。在这个前提下，社会各子系统之间相互耦合和适应，形成了内在的功能互换关系。默顿认为，根据主观目的与客观后果是否一致的情况，可以将某一事项的社会功能划分为显功能和潜功能。“显功能是有助于系统调适、为系统参与方期望和认可的客观后果”，而“潜功能是无助于系统调适、系统参与方不期望也不认可的客观后果”。[①] 前者是指某一具体单元（人、亚群体、社会系统和文化系统）的那些有助于其调适并且是有意安排的客观后果，后者是指同一层次上的无意图的、未认识到的后果。[②]

循着默顿的思路，可以分析警事的显性功能，这不仅有利于全面认识警事子系统的功能作用，还有助于从积极方面来理解警察和警务活动。事实上，警事的显性功能建立在社会需求之上，因为其具有国家行为的本质特性。概言之，警事的显性功能主要是社会管理职能，即运用警事行政管理手段，保障现有社会制度的有序运行，既包括对危害社会的刑事犯罪的惩罚与制裁，也包括为维护社会生活秩序而进行的管理和服务工作，如户籍、交通、消防、救死扶伤、排忧解难等。

与显功能不同，警事的潜功能是人们没有预期甚至无法预料的社会后果。比如，警事子系统为退役军人和大学生提供了就业市场；警察和警务活动塑造了公众的法律人格，强化了社会成员的道德感；警事子系统为相关专业提供了研究需求和经费渠道；警察和警务活动促进了社会和谐，加强了社会凝聚力等。这些潜功能虽不是国家预先计划和刻意追求的目标，却成了某种客观结果。默顿认为：“有某种证据表明，正是社会学家将研究的注意力

---

① ［美］罗伯特·K. 默顿：《社会理论和社会结构》，唐少杰、齐心译，译林出版社 2006 年版，第 130 页。

② ［美］罗伯特·K. 默顿：《社会理论和社会结构》，唐少杰、齐心译，译林出版社 2006 年版，第 145 页。

从显功能转移到潜功能时，他们作出了独特而重要的贡献。”[①] 可以预见，警事潜功能研究将是一片亟待开垦的沃野。

(三) 警事的正功能、负功能和非功能

根据默顿的划分，还可以根据“多重后果和总后果的净差额的概念”，将某一事项社会功能划分为正功能、负功能和非功能。默顿指出，“一种功能分析理论必须明确一定社会功能依托的社会单位，并且我们必须承认文化事项有多重后果，有些是正功能的，有些也许是负功能的”。[②] 具体而言，正功能是有助于调适系统的后果，负功能是削弱系统调试的相反后果，而那些不相关性的后果就是非功能。如同潜功能研究一样，对警事子系统进行正功能、负功能和非功能分析，也具有重要的理论意义和实践价值。此外，还可以将显功能、潜功能研究与正功能、负功能、非功能分析交叉起来，进行诸如显性正功能、潜性正功能、显性负功能、潜性负功能、显性非功能、潜性非功能等多元化警事功能分析。

二、冲突论警事观

(一) 冲突论警事观的基本看法

冲突论的代表人物主要有马克思、齐美尔、达伦多夫、科塞、柯林斯、米尔斯等，他们把社会看作一个竞技场，强调社会冲突对于社会秩序、社会稳定和社会发展的积极作用。如果说功能论把社会看作一个稳定系统，视冲突和变迁为社会的病态，那么冲突论则把冲突和变迁视为社会的常态，强调社会冲突对于社会的巩固与发展所起的有序化积极作用。中国古代思想家提出的“治”，就表示社会的有序状态和社会秩序的维护与巩固，“乱”则表示社会秩序的破坏和社会的无序状态。从这个角度看，警事社会学的议题应是警察与社会秩序的关系问题，主要包括警察在维持社会秩序中的地位和作用，警务与社会分化、社会分层的关联，以及如何通过警事调处社会冲突、促进社会发展等内容。

1. 警察是维持社会秩序的常态工具。社会秩序是指人们在社会活动中必须遵守的行为规则、道德规范、法律规章，以及由此而达致的有序化社会

---

① ［美］罗伯特·K. 默顿：《社会理论和社会结构》，唐少杰、齐心译，译林出版社 2006 年版，第 149 页。

② ［美］罗伯特·K. 默顿：《社会理论和社会结构》，唐少杰、齐心译，译林出版社 2006 年版，第 129 页。

状态。社会学认为，社会秩序的基本内容表现为三个方面[①]：一是社会结构的相对稳定，即所有社会成员都被纳入一定社会关系的体系，每一个人都被置于一种确定的社会地位，各成员及各种社会地位之间的关系都被社会明确规定。二是各种社会规范得以正常施行和维护，这些规范和规则直接体现着它们所代表、维护的社会秩序，遵守与维护这些规范、规则，即是遵守和维护有关的社会秩序。三是把无序和冲突控制在一定的范围之内，一个社会不可能没有冲突和无序的现象，但把它们控制在一定的范围内，也是一种社会秩序。事实上，社会秩序是一种社会控制因素，在社会控制中发挥着重要作用，而警察则是维持社会秩序的常态工具。

2. 警务是社会冲突的一个面向。持此立场的西方学者认为，社会的秩序并不是群体共同性的反映，而是不同利益群体间相互冲突和竞争的结果。而这也反映于司法过程之中，整个立法和执法实质反映的是占主导地位的群体的利益和主文化。因此，犯罪和执法一方面是强势群体对弱势群体利益排斥的制度化结果，[②] 另一方面也是少数群体按照自己的文化逻辑而违背所谓主流文化行动的结果，实质是一种文化歧视和偏见。[③]

3. 警事是通过调处社会冲突促进社会发展的积极因素。社会冲突是人们关于价值观、信仰以及对于稀缺资源的争斗。社会学认为，冲突产生于社会报酬的分配不公以及人们对这种分配不公表现出的失望，只要不直接涉及基本价值观或共同观念，那么，它的性质就不是破坏性的，而只会对社会有好处。科塞从齐美尔“冲突是一种社会结合形式”的命题出发，广泛探讨社会冲突的功能。他认为，冲突具有正功能和负功能。在一定条件下，冲突具有保证社会连续性、减少对立两极产生的可能性、防止社会系统的僵化、增强社会组织的适应性和促进社会的整合等正功能。基于科塞的分析，警事可以作为促进社会发展的积极因素而存在和运作，并通过调处社会冲突来发挥正功能。具体而言，警事可以借调处冲突整合社会和群体结构，稳定社会运行秩序，促进新社会机构的形成，激发新规范、新制度的建立，平衡社会利益等。

---

① 中国大百科全书编辑部：《中国大百科全书·社会学》，中国大百科全书出版社1991年版，第353-354页。

② Vold, George B., Bernard J. Thomas & Jeffrey B. Snipes, Theoretical Criminology, NY: Oxford University Press, 2002.

③ Thorsten Sellin, Culture conflict and crime, NY: Social Science Research Council, 1938.

（二）警事分层问题

社会分层理论的核心是回答“谁得到了什么”以及“为什么会得到”的问题，其中，马克思的阶级分析和韦伯的阶层分析被视为两种经典范式。运用这两种经典范式去研究警事分层问题，是警事社会学的分析视角之一。

马克思的阶级分析范式揭示了社会不平等的根源，认为阶级的存在是一种历史现象，自私有制出现后社会就分化为不同的阶级，而阶级斗争则构成了历史发展的直接动力。依据这个范式，社会分工应是阶级的起源，分工的规律就是阶级划分的基础。在此基础上，生产资料的占有关系和劳动过程中的地位和作用是阶级划分的标准，是否占有生产资料或劳动决定着人们的阶级属性。此外，共同的生活方式、阶级利益和受教育程度是划分阶级的必要条件。赖特认为，马克思的阶级分析范式实质上是一种“关系理论”。所谓“关系”，在这里被定义为以财产关系为核心的生产关系，即在生产过程中基于对生产资料的占有关系而形成的雇佣与被雇佣、统治与被统治、剥削与被剥削的不平等关系。[①] 显然，马克思的阶级分析范式既可用于分析历时性警事演化问题，亦可用于理解现实中诸多警事分层现象。比如，警事的重心为何要经历“政治镇压”到“打击犯罪”再到“公众服务”的转变？再如，在同一个社会的不同人群中，为什么会出现警事资源的不平等分配？等等。

韦伯的阶层分析范式主张综合运用经济、政治和社会三个标准来进行社会分层，被人们称为“三位一体分层理论”。在讨论共同体内部的权力分配时，韦伯区分了阶级、身份群体和政党这三种共同体形式，认为人们频繁生活在这三种共同体中，其中阶级由经济决定，主要依据市场状态划分；身份群体由社会声望决定，根据某种特殊“生活方式”分层；政党则由权力决定，主要寻求一种统治职能。在韦伯看来，身份群体具有更实质性的意义。由于生活机会不同，人们形成了具有地位差异的身份群体，他们由那些分享着共同生活方式和行为模式而且具有类似声望地位的人组成，相互之间会形成更具实质意义的社会关系。有趣的是，韦伯的阶层分析范式也可用于分析历时性警事演化问题和现实中诸多警事分层现象，但出发点和有关结论与马克思的阶级分析范式明显不同。

---

① 陈鹏：《经典三大传统社会分层观比较》，载《社会科学管理与评论》2011 年第 3 期。

（三）社会运动与警事

社会运动（social movement）是指“有许多个体参加的、高度组织化的、寻求或反对某些特定社会变迁的体制外政治行为”。[①] 冯仕政认为，西方社会运动研究的领域非常广泛，理论视角也比较复杂。不过，就大的格局而言，基本上可以分为两大范式：美国的“资源动员”（resource mobilization）理论和欧洲的“新社会运动”（new social movements）理论。两种理论范式在理论兴趣、基本假设以及由此而来的问题设定方面均存在着很大的差异。[②] 资源动员理论较多关注“how”，即个体是怎样作出行为选择的；新社会运动理论更多注“why”，即为什么会发生社会运动。[③]

社会运动一般包含三个要素：一是持续、有组织地向目标当局公开提出群体性诉求；二是为特定目标而出现专门的协会、联盟、公开会议、游行、集会、示威、请愿、声明、口号等常规内容；三是参与者协同一致所表现出的价值、统一、规模和奉献。由于社会运动意欲改变或重建社会秩序，因此与警事存在着密切的伴随关系。从类型学上看，社会运动可分成四种，即改革运动、革命运动、反动运动和乌托邦运动，每一种类型都对警事服务提出了有针对性的个性化要求。从历时过程看，争夺社会控制权是一切社会运动发生与发展的共同之处，“不同之点只是社会运动不同，或同一社会运动中的社会集团及社会组织不同，其争夺社会控制权的范围、方式及手段有所区别而已”。[④] 在此过程中，警察的作用十分重要，警务的效果也非常明显。

（四）种族（民族）、性别与警事

在冲突论看来，矛盾不可避免，冲突随处可见。20 世纪 60 年代以来，社会不安定因素凸显，各种社会运动如女权主义运动、政治斗争如水门事件、各种争论如堕胎争论等层出不穷，使得冲突理论备受关注并有长足发

---

① 赵鼎新：《西方社会运动与革命理论发展之述评——站在中国的角度思考》，载《社会学研究》2005 年第 1 期。

② 冯仕政：《西方社会运动研究：现状与范式》，载《国外社会科学》2003 年第 5 期。

③ Neidhardt，Friedelm & Rucht，Dieter，The Analysis of Social Movements：The State of the Art and Some Perspective for Further Research，in Rucht，D.（ed.），Research on Social Movements：The State of the Art in Western Europe and the USA，Frankfuit/M and Boulder，CO：Campus and West view Press，1991，pp. 421-464.

④ 肖宁灿：《论社会运动的定义及特性》，载《西南师范大学学报（哲学社会科学版）》1997 年第 5 期。

展。在警事社会学领域，种族（民族）与警事、性别与警事等冲突论语境下的热门话题久谈不休。

延续了马克思的理论传统，冲突论者往往通过回答“社会如何维护特定群体的特权并将其他群体置于被支配地位”的问题分析社会不平等机制。在美国，种族与警事是冲突论社会学家的一个经典议题。多数研究者认为，无论是警察还是法官都不能一视同仁地对待所有种族。其结果是：当加害人为少数族群而受害人为白人时，美国的犯罪司法体系更倾向于重罚少数族群犯罪者；反之，白人犯罪者则可能被从轻处罚。

近年来，女性主义在西方逐渐兴起并影响了警事社会学关于性别与警事的话题。一些激进的女性主义者认为，只要是男性主导的社会，女性就不可避免地处于受压迫地位。有些研究显示，几乎所有的女性犯人都有过被虐待的成长经历，而且大多数曾有过受强暴的经历。这类研究不仅丰富了警事社会学的学术积累，而且会影响到社会对女性犯罪的理解。

三、互动论警事观

（一）互动论警事观的基本看法

互动论的代表人物主要有库利、米德、戈夫曼、布鲁默等，他们认为，社会是由互动着的个人构成的，对于诸种社会现象的解释只能从这种互动中寻找。如果说功能论把社会看作一个宏观结构，将主观能动性从社会行为中抽离出来，那么互动论则把行动者的认识、行动和互动直接构成社会学的理论命题。从这个角度看，警事社会学的议题应是警事符号系统建构与使用问题，主要包括如何在社会互动过程中赋予警察客观意义，警务相关者怎样对特定事项进行理解和应对，以及警事自身的意义何以随社会互动过程而发生改变等内容。

1. 警察的客观意义是在社会互动过程中被赋予的。互动论从日常生活中的面对面接触以及小团体行为入手，以微观视野来理解社会。它的一个核心观点是：人对外界事物所采取的行动是以该事物对他的意义为基础的。也就是说，对事物赋予的意义是人的行动基础，赋予的意义不同采取的行动也不相同。在日常生活中，发生纠纷的人为什么找警察，因为警察被赋予维护公共秩序的意义；出现人身威胁时为什么喊警察，因为警察被赋予保护公民安全的意义。同样，歹徒见了警察为什么要逃跑，因为警察是正义的载体；穿制服的警察为什么更加威严，因为警服是威慑力的符号。

2. 警务是相关者对特定事项的理解和应对过程。互动论的另一个重要观点是：事物的意义来源于个体与他人的互动，而不存在于这些事物本身之中。因此，没有社会互动过程就不会产生事物的意义。近年来，警事越来越成为社会大众关注的焦点，警察形象与其社会定位有差距，警务效果也常受到社会质疑。互动论的解释是，警事的客观意义及其具体映象并非取决于宏观社会定位，而是体现在警察与公众的社会互动过程中。事实上，人们正是通过日常生活中的语言、文字、手势、表情等象征符号来实现对警察的理解，来判断警务的实际效果和意义所在。

3. 警事的意义是可以随着社会互动过程而发生改变的。互动论还有一个重要论点：事物的意义不是固定的，而是通过解释过程不断加以修正的。换言之，当个体在应付他所遇到的事物时，总是通过自己的解释去运用与修正这些意义，不同的人可能会有不同的解释。比如，监狱是警事集合之地，但监狱警事的意义却是因人而异并不断修正的。对于狱警来说，当初不过是工作之所和工资收入之源，但可能因投入渐增而被赋予某些价值感和成就感；对于服刑人员来说，起初也只是个度过刑期、自我救赎的地方，但可能因岁月流逝被赋予人生意义和生活感悟；而狱警和服刑者的关系，也会在“管”与“被管”的基本符号之上不断加进人类生活世界的常规内容。

（二）警事符号系统

互动论也被称为符号互动论，它认为社会是一个由无数有特定意义的“实体”所组成的世界，这些实体包括有形物质、行动、他人、人际关系，甚至符号本身。由于具体社会（共同体）要以全体成员共享同一个符号系统为基础，因此符号是人类沟通最重要的手段，也是一个共同体互动的基础。警察也有自己的沟通符号，并且在警察与罪犯、警察与旁观者、警察与媒体等相关者之间，都存在一定程度的符号沟通问题，从而在总体上形成一个复杂的警事符号系统。从一定意义上说，这个警事符号系统的发育程度和内部构成，应该是警事文化的一个面向；而能否正确、有效地运用这个警事符号系统，则是观察警察素质和警务效果的一个指标。

（三）警事特殊规范

警察分工复杂，警务领域繁多，因此除大范围通用的警察文化、警事符号系统外，还存在警事特殊规范。比如有西方警察研究者认为，警务实践工作中的一个中心原则就是“你不能按照书上说的做”。这使得“警察部门有特殊的资产……警察越是处于这一组织的底层，其自由裁量权就越大”。[①]还有西方学者提出，在监狱高墙内存在着一种与外界隔绝的文化，遵守着某种警事特殊规范。一是监狱化（Prisonization），犯人被投进监狱后，会或多或少地接受并遵守监狱内的各种规章制度、习惯习俗，从而产生监狱文化，这是对其犯人身份认同、对监狱内行为规范的教化过程；二是被剥夺性（Deprivation Model），监狱的高墙无论从外在物质还是内在精神上都有一种限制功能，这种被剥夺感并非由外在的制度造成，而是产生于犯人内心；三是诡计性（Game），每一个犯人都需要凭借自己的能力来改善他们在监狱内的生活，这需要他们接受、掌握一些不同于监狱外部的诡计（Game）并巧妙地运用监狱的各种规则（包括显规则与潜规则）。[②]

（四）有效的警事沟通

警察的良好形象、警务的预期效果，都有赖于有效的警事沟通。其中包括正确使用社会共享符号系统、熟练使用共同体专有符号系统、遵守运用警事特殊规范等多方面的内容。有时，看似简单的沟通过程，甚至会对警务结果起到决定性的作用。如在美国社会，对于执法者而言，在与母语不是英语的人交流时，产生的问题日渐严重。专家认为，少数群体中的大多数人都会对他们察觉到的屈尊、耍弄及伪善极为敏感。为此，有些警察局雇用双语警察，有些警察局则会邀请专业翻译人员，许多警察局安排了文化知识培训。例如，在洛杉矶一些法院，可提供多达 78 种语言的翻译。[③] 此外，警察还被要求正确使用体态语言、注意异性差别等。

第三节 当代社会理论与警事

当代社会理论流派甚多，其中的三个理论即后现代主义、新制度主义和复杂性理论不仅广为流行，而且与涉警现象关系较大。用这三种当代社会理论审视现实警事问题，是警事社会学的重要内容。

---

① ［英］罗伯特·雷纳：《警察与政治》，易继苍等译，知识产权出版社 2008 年版，第 103 页。

② 高庸：《西方监狱文化管窥》，载《学术月刊》2014 年第 2 期。

③ ［美］查尔斯·R. 史旺生等：《警察行政管理：结构、过程与行为》，匡翠冶等译，中国人民公安大学出版社 2013 年版，第 429-431 页。

一、后现代主义与警事

（一）后现代社会理论

后现代主义（post-modernism）产生于20世纪60年代并在80年代达到鼎盛，目前尚无统一定义，而且后现代理论家大多反对用约定俗成的形式去界定或者规范这个概念。但是，我们可以在不同维度上理解后现代概念：作为一种社会历史的分期，后现代是指现代社会之后的所谓“后工业社会”，即信息时代的后现代时期；作为一种社会思潮，后现代反映了人类在现代社会中的感受及其反思，是对一个物质和技术至上、自由和自主受到压抑、生存环境与和平理想遭到破坏的思考；作为一种哲学流派，后现代是对17世纪以来“启蒙哲学”的批判，它反对西方现代性片面理解人性、滥用人的理性等启蒙精神。根据邹吉忠①、乐国林②、盛宁③等人的归纳，后现代主义思潮中蕴含着丰富的社会理论，主要有：

1. 福柯对现代社会权力运作机制的解构。福柯对现代社会的否定贯穿于一系列“解构”之中，从知识考古学到权力运作系谱学，从宣布人之死到知识/权力和规训社会的分析再到主体的重建和自我技术的练就。他在对“真理”进行解构分析时认为，真理是权力斗争的产物，是为权力的攫取者服务的，“我们从属于由权力产生的真理，我们不能行使权力，除非我们能创造真理”。④ 福柯把社会看作“一种包括话语、制度、建构形式、管理决策、法律、行政手段、科学陈述及哲学、道德和慈善事业——一句话，不可胜数的一切——在内的完全异质综合体”。⑤ 在他看来，现代理性通过社会制度、话语和实践等方式来对个人实施统治，通过建构系统的知识和话语体系来将一切个人经验和实践整合进社会秩序之中。在此过程中，社会将那些有悖社会秩序的现象如精神病/疯癫、性行为等视为异己，并严加监视和控制。

---

① 邹吉忠：《后现代主义社会理论初探》，载《浙江学刊》2000年第3期。

② 乐国林：《后现代的社会理论与后现代之下的社会工作》，载《社会科学辑刊》2002年第4期。

③ 盛宁：《人文困惑与反思》，北京三联书店1997年版，第272-274页。

④ 冯承伯、王纯：《后现代主义与现代化进程》，载《天津社会科学》1997年第1期。

⑤ ［美］D. 凯尔逊、S. 贝斯特：《后现代理论》，张志斌译，中央编译出版社1999年版，第34页。

2. 德勒兹、加塔利的“解域化”与多元社会。德勒兹和加塔利在解构和批判现代性中，提出了一种关于“欲望”的社会理论。在他们看来，我们生活的世界是由生产性的、不可总体化、无限多样的欲望造成的、变动不居的动态世界。在这样的世界中，欲望是一种颠覆一切压迫性制度和社会形式的革命力量，具有非中心化、片段、动态、多元性的特征。德勒兹和加塔利赞成行动主义，呼吁“民主的重建”并提出了“解域化”和“解码”的政治策略。认为运用“分裂分析”方法，可以解构各种压制欲望的现代制度、话语、权威和专家体系，从而实现身体和欲望的解域化；可以将精神从现代制度和话语组织之中“分裂”出来，从而找回“无组织的躯体”，以实现欲望的彻底解放。

3. 鲍德里亚的后现代社会图景。在对高科技社会反思的基础上，鲍德里亚分析了社会发展的阶段性，描绘了后现代社会的图景。首先，后现代社会是一个幻象时代。随着后工业时代的到来，人们生活的社会失去了物质性和现实性，成为一个由符号构成的“幻象的世界”。社会基本秩序不再以物质产品为基础，而是由模型和符号构成，人们生活在一个不知实在为何物的幻象世界之中。其次，后现代社会是一个消费社会。传统的清教道德为纯粹的享乐主义道德所取代，消费广告成了道德的主宰。在这个社会中，是消费而不再是生产塑造着社会，把社会带进“超现实”的符号运作过程中，对整个社会按消费需求进行重新分类，以使消费者获得一种“自由”或“自我实现”的感觉。最后，后现代社会是一个没有未来、历史已经终结的社会。人们不知过去，没有未来，信奉彻头彻尾的“现在主义”，及时行乐是人们对待生活的唯一选择。这是一个“事物的后纵欲状态”，人们所能做的一切就是拼装文化的碎片。

4. 利奥塔的多元公正观。利奥塔严厉批判了宏大叙事和真理叙事，认为它们都是一种不公正的特权叙事和忽略了多元存在的总体性叙事，预设了一个大的唯一的真理。他提出的多元公正观认为，公正是暂时的、随具体情境而改变的，没有任何话语应当取得霸权地位。但现代性话语违反了公正规则，建立起话语领域中的霸权地位。面对这一现实，我们可通过“悖谬推理”，为现代话语制造困境和悖论来瓦解并打破它的霸权地位。不过这种话语领域的“造反”并未触及现代社会现实本身。

（二）后现代视域中的警事

邹吉忠认为，后现代主义在社会理论切入问题的角度各不相同，但却可互为补充：“福柯以其《规训与惩罚》为中心，对现代社会的权力压迫机制进行深刻历史研究和理论透析，他展开其社会理论的独特视角是对现代社会压迫机制的揭示；德勒兹和加塔利运用改造过的弗洛伊德欲望理论，从微观（个人）的角度，对现代社会进行全面的批判和瓦解；利奥塔从维特根斯坦语言游戏理论出发，运用语用学方法，从话语理论的角度重新诠释后现代社会状态；鲍德里亚的独特视角是对人在未来社会生存策略的设计，他主要考虑的是高科技社会的一般特征以及人在这一社会的生存状况。”[①] 经过后现代理论家的解构，我们对现代社会的发展特征有了更深刻的认识，传统警事的后现代转向也由此进入警事社会学视界。

1. 警事问题的界定。传统警事观认为问题是客观存在的，其思维习惯是“问题在那里，我们去解决”。由于我们相信每一个个体都是理性的社会人，也相信现代理性可以通过制度、话语和实践等方式来实现社会秩序，因此传统警事以问题和个体为取向，将那些有悖社会秩序的现象和失范行为者视为异己，并对其严加监视和控制。但是，后现代主义认为，问题来自话语建构，它首先要问“谁有问题、谁建构了问题”。正如福柯所言，“在任何一个社会中，话语的生产总是受到一些程序的控制、筛选、组织和分配”。[②] 这意味着，后现代警事观承认对警事问题的界定不是唯一的，这在一定程度上开放了对警事问题的解释权，也意味着可以就同一警事问题接纳多元化解决方案。

2. 警察价值介入与警事多元公正。在现实生活中，警察的工作必然会存在价值介入。后现代主义认为，“人的规定会被其自身摧毁，但是，人却定会由此获得尊严，只不过这不是人的尊严”，“你以为你是什么，那是别人告诉你你是什么；不是因为你是什么，其实你什么都不是；你是什么，不过是社会认为的结果”。[③] 这样一来，就有一个如何看待和运用警察话语优势的问题。其实，每一个群体都有自己关于公平、正义和美好社会的看法，很难由一个普适性法律得以体现，也很难用某种执法模式来承载。基于此，后现代警事主张恢复个人、组织、社区的权力和责任，尊重文化、伦理、宗教、精神的多样性，努力创设出多元公正的警事话语环境。

3. 警事权威与交互主体。警事的目标是社会秩序，而秩序离不开规则。与以往相比，现代社会在规则来源、产生方式、表现形态等方面均发生了巨

---

① 邹吉忠：《后现代主义社会理论初探》，载《浙江学刊》2000 年第 3 期。

② 解占原、文兵：《反中心化：后现代主义哲学的总体特征》，载《新视野》2005 年第 5 期。

③ 周湘斌：《政府与市民关系的社会工作介入——一个香港社区工作案例的后现代主义观察》，载《北京科技大学学报（社会科学版）》2007 年第 2 期。

大变化。后现代主义认为，我们不再有一个权威的、统一规则的制定者，规则只能由相关群体通过平等交流与对话协商去制定与调整。因此，有效的社会治理一定要正视差异，尊重差异，能够协调多元化的利益诉求。在后现代警事观看来，规则能够在利益相关方的协商交流中产生。在此过程中，要正视科层制局限，弱化警事权威；更要扩大公众参与，构建互为主体的警事格局。

4. 边缘群体的警事服务。在福柯看来，由于一切话语都内含权力，因此对话语的反抗不能用话语，必须用“反话语”，以使那些被边缘化和压制的声音从话语的缝隙和断裂处迸发出来。依此来看，后现代警事要更为关切边缘群体、弱势群体的生存状况、社会处遇和心理状态，要关注社会如何对边缘性群体进行技术、身体的形塑和规训，要提出如何为边缘群体进行警事服务的机制和途径。

二、新制度主义与警事

（一）社会学新制度主义

目前，新制度主义已经成为超越单一学科，通行于社会学、经济学、政治学乃至整个社会科学的分析范式。其中，影响较大的是社会学制度主义、理性选择制度主义、历史制度主义和规范制度主义。社会学制度主义可以追溯至 20 世纪 70 年代，被认为是社会学理论向新古典主义的转向，正如维克多·尼所说：“方法论上的个人主义代表了现代实证社会学的主流。这一遗产是社会学中的新制度主义所寻找的基础。”① 事实上，社会学新制度主义不是简单地假定制度存在，而是力图解释制度，其要点是：

1. 制度的宽泛性。社会学新制度主义倾向于在更广泛的意义上界定制度，如斯科特就认为，“制度包括认知、规范和管理的结构和活动，这些提供了一种稳定并使社会行为充满意义”。② 换言之，制度“不仅包括正式的规则、程序、规范，而且还包括为人的行动提供‘意义框架’的象征系统、认知模式和道德模板等。这种界定打破了原本就互相投射的制度与文化概念

① Mary C. Brinton and Victor Nee, eds., The New Institutionalism in Sociology, Stanford University Press, 2001.

② ［美］盖伊·彼得斯：《社会学制度主义》//何俊志等编译：《新制度主义政治学译文精选》，天津人民出版社 2007 年版。

之间的界限，从而倾向于将文化本身也界定为制度”。[①] 这意味着，个体与制度之间可通过某种“实践理性”来相互关联，个体或组织可用社会适应性的方式来界定并表达其身份。以此为基础，任何行为都离不开背景环境，任何行为都处于制度的框架之内，这就为行为的制度解释提供了更广泛的空间。

2. 制度与行为的双向互动。社会学制度主义试图回答“组织为什么采取一套特定的制度形式、程序或象征符号”的问题，认为制度的变迁并不完全是人为的影响和设计。正如马奇所言：“任何有意识地把制度转变为某种形式都会导致很多问题，有大量的事实记载了政治制度变迁的困难。例如，有意识地改变国会的结构是少见的，几乎在西方民主体制中没有听说过。”[②] 在社会学制度主义看来，制度与行为之间存在着双向互动机制。一方面，某种特定制度被确立下来，是因为其在所处的文化环境内更具根基和价值。制度的“合法性”或“社会适应性”，实质上是一个文化权威的来源问题。人们为了更好地解释和解决共同的制度问题而相互交流，在这一过程中建立了相同的认识地图，而这里面就包含了相互适应的制度实践模式。[③] 另一方面，行动并不是理性化的选择，而是对规范性的适当行为的确认，是对特定制度的遵从。制度影响行为并不仅是规定什么是某人该做的，而且指明了某人在既定的背景下能够把自己想象成一个模板中的角色。[④] 首先，行动者采取行动前要确定自己的身份、行为的意义和目标的价值，这就是“认知模板”，它是由制度塑造出来的。其次，“规范模板”为行动者提供了必要的道德范本，使个体的行为受到规范的约束，遵从社会规则的要求。

3. 制度的同形性。现代组织在形式和实践上表现出极大的相似性，一旦组织领域形成，就会产生同质性的巨大动力，这就是所谓的制度同形性（isomorphism）。社会学制度主义认为，由于互动的个体建立了支撑集体行

---

① ［美］彼德·豪尔、罗斯玛丽·泰勒：《政治科学与三个新制度主义流派》//何俊志等编译：《新制度主义政治学译文精选》，天津人民出版社 2007 年版。

② Jame G. March and Jonan P. Olsen, Rediscovering Institutions: the Organizational Basis of Politics, New York: The Free Press, 1989.

③ David Strong and John W. Meyer, Institutional conditions for diffusion, Theory and Society, Vol. 22, No. 4, 1993 (8), pp. 487-511.

④ ［美］盖伊·彼得斯：《社会学制度主义》//何俊志等编译：《新制度主义政治学译文精选》，天津人民出版社 2007 年版。

动的共同框架和共同认知，而且只有在这种情况下，社会生活才成为可能。[①] 制度同形性包括三种基本形式。第一是强制同形性，源于其他组织以及社会文化期望施加的正式或非正式压力，如强力、说服或邀请共谋。第二是模仿同形性，源于不确定性产生的强大力量，当组织技术难以理解、目标模糊时，或者当环境产生象征性不确定性时，组织就有可能按照其他组织的形式来塑造自己。第三是规范同形性，主要源于职业化，而这又主要是基于大学创造的认知基础上的正规教育。[②]

（二）新制度主义下的警事

近年来，“回归制度”已成为社会学研究的大趋势。其中，运用社会学制度主义分析社会转型中的重大事件是社会学者越来越重视的研究内容。这一独特视角，将凸显出警事社会学一些重要论题的广度和深度。

1. 制度性风险中的警事问题。我国的深化改革是在现代风险社会环境下进行的，因为它“导入了一些先前年代所知甚少或者全然无知的新的风险参量。这些参量包括后果严重的风险，它们来源于现代性社会体系的全球化特征”。[③] 这样，处在转型期的中国社会就面临着一系列制度性风险。比如，由社会利益多元化引起的生活风险，由弱势阶层危机感产生的安全风险，由利益集团矛盾格局引发的冲突风险等。尤其重要的是，我国在通过制度建设不断推进社会良性运行的同时，制度本身也制造了某些新的矛盾，这在一定程度上加剧了制度性风险。这样一来，就要求警事社会学在一个更宽泛的层面上思考现代警事议题，深刻理解具体制度建构对社会秩序的正负效应，有效预判制度内容可能引发的社会风险，正确应对制度性风险中的警事问题。

2. 社会秩序背后的价值观建设。我国正处于深化改革的转型社会，人们面临利益调整和利益冲突在所难免，维护社会秩序既是基础任务也是核心目标。为此，加强制度建设已成为官方和学界的共识。社会学新制度主义认为，制度虽然表现为文本化的法令规章和非文本化的行为规范体系，但支撑该体系的是一种为所有社会群体所认可的文化认知。如果把制度比喻成一棵

---

① Berger，Peter L. and Thomas Luckmann，The Social Construction of Reality，New York：Macmillan，1967.

② 陈家刚：《全球化时代的新制度主义》，载《马克思主义与现实》2003 年第 6 期。

③ ［英］安东尼·吉登斯：《现代性与自我认同》，夏璐译，上海三联书店 1998 年版，第 4 页。

大树，共同价值观就是它的根。站在这个立场上看，许多社会问题虽然和社会转型过程中的制度缺失有关，但根本还在于认知体系的不健全，集中表现为对利益的过度关注和对共同价值观建设的忽视。事实上，当人们失去稳定的社会性指导准则时，维系社会秩序和社会稳定也便无从谈起。因此，抓好社会秩序背后的价值观建设，是做好制度建设的基础，也是稳定社会秩序的前提。

3. 警事制度创新的关节点。社会学新制度主义的分析方法和理论观点，对我国警事制度创新具有重要的提示意义。一是具有整体主义视野，把警事制度创新放在法治中国建设和司法体制改革的大背景、大趋势之中；二是进行全方位思考，既要明确现代警事制度的规则体系和意义框架，也要在具体警事制度设计上全面考虑社会环境的制约因素；三是形成良好的警事组织场域，不仅要厘清警事相关行动者及其复杂的网络关系，而且要明晰组织合法性机制与组织生存资源的来源；四是强化对警事制度的认知，使各警事主体深入理解与警事制度的相互关联性；五是寻求最佳平衡点，深刻认识各警事主体及其相互关系的复杂特性，充分考虑各个层次的警事制度类型，努力找到警事制度条文与警事社会环境之间的合理平衡点。

三、复杂性理论与警事

（一）复杂性理论

复杂性科学（Complexity Science）兴起于20世纪80年代，是当代科学发展的前沿领域之一，但至今尚未形成“复杂性”概念的严格定义。一般认为，复杂性科学就是运用非还原论方法研究复杂系统产生复杂性的机理及其演化规律的科学。复杂性科学在方法论上的突破是一场思维方式的革命，著名物理学家霍金曾预言“21世纪将是复杂性科学的世纪”。目前，它不仅引发了自然科学界的变革，而且也日益渗透到哲学、人文社会科学领域。根据陈一壮的归纳梳理，复杂性理论的发展过程呈现出三个主流阶段或学说①，它们共同演绎出复杂性理论的精髓。②

① 陈一壮：《复杂性理论：科学方法的第三个梯级》，中国网，http://www.china.com.cn/chinese/zhuanti/xxsb/908348.htm。

② 陈一壮：《试论复杂性理论的精髓》，载《哲学研究》2005年第6期。

1. 莫兰与复杂性方法。1973年，法国哲学家埃德加·莫兰在《迷失的范式：人性研究》一书中正式提出"复杂性方法"的概念，成为系统阐述复杂性思想的当代第一人。莫兰认为，系统论超越了还原论，复杂性理论又超越了系统论，它们代表着科学方法论依次达到的三个梯级。他用"多样性统一"的范式来纠正经典科学的还原论，用"有序性和无序性统一"的观念来批判机械决定论。他认为，在一个只有无序性的世界里任何事物都将化为乌有而不可能存在，而在一个只有有序性的世界里万物将一成不变，不会有新东西发生。所以，世界既不可能是纯粹有序的，也不可能是纯粹无序的，其基本性质是有序性和无序性的交混。莫兰将控制论专家冯·弗尔斯特所谓"来自噪声的有序"（order from noise）赋予哲学方法论意义，构成其"复杂范式"的一个基本原则。该原则可用一个事例表述如下：任意摇动一个散乱放置磁性小立方体的盒子，小立方体就会在充分运动之后根据磁极的取向互相连接成一个有序的结构。在此过程中，任意摇动盒子是无序的，不足以导致小立方体形成整体有序结构；小立方体本身的磁性只是产生有序性的潜能，还须借助无序因素的辅助或中介才能得以实现。这个例子说明，世界既不可能是纯粹有序的，也不可能是纯粹无序的，因为无序性既有破坏秩序的消极方面，也有为创造出一个新的更高级的秩序提供可能性的积极方面，它还是构成主体能动活动的条件之一。

2. 普里戈金与耗散结构理论。1979年，普里戈金在法文版《新的联盟》一书中提出了"复杂性科学"的概念和耗散结构理论，① 这是普里戈金等人在长期研究复杂系统演化的过程中形成的一种自组织理论。普里戈金实质上是把复杂性科学作为经典科学的对立物和超越者提出来的。他说："在经典物理学中，基本的过程被认为是决定论的和可逆的。"② 而今天，"物理科学正在从决定论的可逆过程走向随机的和不可逆的过程"。③ 长期以来，人类对其自身的变化一直迷惑不解：人体从细胞到胚胎，通过不断摄取营养（大都是无序的小分子）变成了大分子有序的蛋白质，食物中杂乱无序的小分子物质形成了高度对称、结构有序、思维有序、功能有序的人体结构。按照"耗散结构理论"的揭示，一种远离平衡态的非平衡系统在其外参数变

① 此书的英文版和中文版均改名为《从混沌到有序》。

② ［比］伊·普里戈金、［法］伊·斯唐热：《从混沌到有序》，曾庆宏、沈小峰译，上海译文出版社1987年版，第42页。

③ ［比］伊·普里戈金、［法］伊·斯唐热：《从混沌到有序》，曾庆宏、沈小峰译，上海译文出版社1987年版，第224页。

化到某一值时，通过系统与外界连续不断地交换能量和物质，系统可以从原来无序性状态转变到空间、时间和功能上都有序的结构。这种远离平衡态的非平衡系统，可以是生物的、物理的、化学的，也可以是社会的，人体就是这样的复杂系统。

3. 圣菲研究所与复杂适应系统。1984 年成立的美国圣菲研究所，被誉为当今世界复杂性问题研究的中枢。圣菲研究所以复杂适应系统为研究对象，形成了“适应性造就复杂性”的思想。复杂适应系统反映了生物、社会等高级系统能动的自组织机制，它们能够通过处理信息从经验中提取有关客观世界的规律性的东西作为自己行为的参照，并通过实践活动中的反馈来改进对世界规律性的认识，从而改善自己的行为方式。圣菲研究所提出的“混沌的边缘”原理认为，“复杂适应系统在有序与无序之间的一个中间状态运作得最好”。① 它们是一些多元的或多主体的系统，大量具有主动性的个体积极地相互竞争和合作，在没有中央指挥的情况下，通过彼此相互作用和相互适应也能形成整体的有序状态。也就是说，系统不是被动地接受环境的影响，而是能够主动地对环境施加影响。因此，重要的不是客体或环境的复杂性，而是主体自身的复杂性，即主体复杂的应变能力以及与之相应的复杂结构。

（二）复杂性思维下的警事

1. 警事治理与警事社会化。张连国认为，“虽然治理理论涉及各个领域，治理学家也莫衷一是，但作为一种新兴的社会管理理论，其理论主旨是清晰的：它的理论焦点由传统的国家政治控制，转移到民间社会之间、民间社会与国家政府之间的良性互动网络机制和体系”，“关注的是社会政治、管理系统的复杂性机制，其本质应属于后现代复杂科学范式”。② 在复杂性思维下，警事治理将是国家警事转向的必由之路。

韦克菲尔德的《社会发展与警务变革：公共领域的社会化警务》③ 一书运用社会学与犯罪学关于社会控制变迁的理论来说明社会发展促进私人保安业发展的现实，并探讨了已有的各种警务概念和社会化警务问题。根据王智军的理解，“警事社会化是基于公众参与的警务模式变革”，其“具体模式

① ［美］盖尔曼：《夸克与美洲豹》，杨建邺等译，湖南科学技术出版社 1971 年版，第 364 页。

② 张连国：《治理理论：本质是复杂科学范式》，载《学术论坛》2006 年第 2 期。

③ ［英］韦克菲尔德：《社会发展与警务变革：公共领域的社会化警务》，郭太生译，中国人民公安大学出版社 2009 年版。

包括社区警务战略的推进、治安自组织和保安公司的发展、社会治安综合治理的强化、辅警制度的推广以及私人侦探业、警事志愿者的普适等”，而警事治理就是“以治理理论作为分析国家警事社会化的理论框架”。①

在更普遍的意义上，复杂性理论及其所提供的具体概念模式如非线性、耗散结构、自组织、涌现、远离平衡态、动态演进、复杂适应系统等，为我们揭示警事治理的复杂性事实提供了强有力的理论支撑和分析工具。首先，要破除固有的警事理性假设，认真评估通过警事干预来控制和引导社会行为的理性能力。其次，要采用整体主义方法论，关注多元主体、问题、环境之间的复杂联系及其对警事过程所造成的影响。最后，要冲破传统的实证主义定式，正确理解警事过程中的诸多非线性现象。

2. 大数据分析与警务管理综合集成。大数据（big data）是由数量巨大、结构复杂、类型众多的数据构成的数据集合，可以概括为 4 个 V，即 Volume（大量）、Velocity（高速）、Variety（多样）、Veracity（真实）。2012 年 3 月 22 日，美国总统奥巴马宣布投资 2 亿美元拉动大数据相关产业发展，将“大数据战略”上升为国家战略，美国政府甚至将大数据定义为“未来的新石油”。

所谓大数据分析，是指对规模巨大的数据进行分析。相比现有的其他技术而言，大数据分析在“廉价、迅速、优化”这三方面的综合成本是最优的，这为警务管理综合集成提供了无限的潜能。钱学森等人曾提出“复杂巨系统”概念②，并在应用层面提出了综合集成方法论。③ 陈巍遵循钱学森等科学家的论述，将警务管理综合集成方法具体化为图 1-1 所示的流程和以下几个基本步骤④：

---

① 王智军：《警事治理：国家警事社会化的新理解》，载《中国人民公安大学学报》2005 年第 1 期。

② 钱学森、于景元、戴汝为：《一个科学新领域——开放复杂巨系统及其方法论》，载《自然杂志》1990 年第 1 期。

③ 于景元、刘毅：《复杂性研究与系统科学》，载《科学研究》2002 年第 5 期。

④ 陈巍：《复杂巨系统及其方法论与现代警务管理》，载《江苏警官学院学报》2008 年第 3 期。

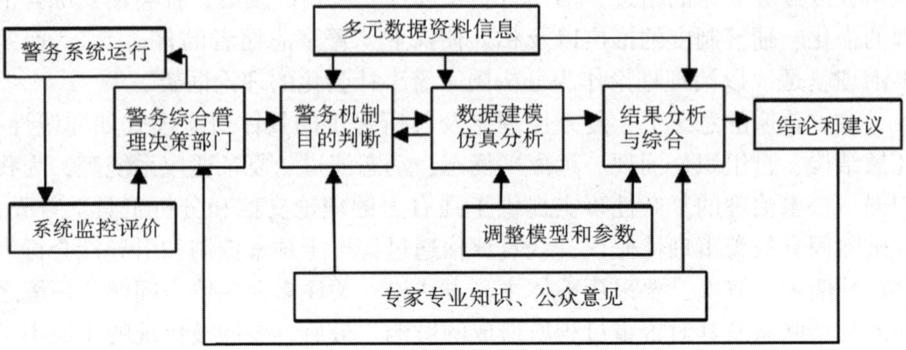

图 1-1　警务管理综合集成流程

（1）警务管理中的定性综合集成。由不同警务管理职能部门、社会各领域专家组成专家体系，对所研究的警务问题进行多专业、全方位的交叉研究和分析，提出经验性假设，形成定性判断。它之所以是经验性判断，是因为其正确与否还没有用严谨科学的方式加以证明。

（2）警务管理中定性定量相结合综合集成。建立基础数据、各职能部门数据和信息体系，构建解决管理问题的指标体系、模型体系。利用信息化手段，通过数据挖掘、系统仿真和模拟实验，对前一步提出的经验性假设的正确与否给出定量诊断和描述，增加新的信息。这个过程可能反复多次。

（3）警务管理中从定性到定量综合集成。由警务管理者和各领域专家对系统仿真和实验的结果进行综合集成，通过人机结合、反复对比、逐次逼近，直到得到专家们认为定量结果是可信的，也就完成了从定性到定量综合集成。如果定量结果否定了原来的经验性判断，那又是一种新的认识，会提出新的经验性判断。

（4）警务管理中从定量结果到定性决策管理。通过指标体系、模型构建、系统仿真和模拟，对警务管理系统的状态得到定量的描述。警务管理者和各领域专家可根据这些定量的分析，对警务管理中的问题实现量化。在此基础上，再由定量的结果上升到定性的决策管理，最终用来指导警务综合管理、保障警务系统的稳定运行。

大数据的意义是与人类日益普及的网络行为所伴生的。在互联网、云计算时代，计算机技术可以将一切信息都归结为 0 与 1，社会和人的一切存在都可变换为数的排列组合。因此，运用大数据方法对警务管理进行综合集成，可以从海量数据中“提纯”出有用的信息。例如，美国 Pred Pol 公司通过与洛杉矶和圣克鲁斯的警方以及一群研究人员合作，基于地震预测算法的变体和犯罪数据来预测犯罪发生的概率，可以精确到500平方英尺的范围。在洛杉矶运用该算法的地区，盗窃罪和暴力犯罪分别下降了33%和21%。[①] 可见，大数据分析与警务管理综合集成的真正意义不在于掌握庞大的数据信息，而在于对这些含有警事意义的数据进行专业化处理和精细化应用。

① Tech Target 中国：《CIO 必须知道的十个大数据案例》，中国教育和科研计算机网，http：//www. edu. cn/cio_ 6540/20131224/t20131224_ 1056164. shtml。

第二章　警察的历史变迁

人类古代虽无警察和警察机构可考，但就其职能和具有这种职能的机构来说，可以追溯到阶级的形成和国家产生的最初时期，而“警事”则可以更加往前追溯。在人类尚未进入阶级社会之前，社会的安全是由私人、家族或氏族公社来维护的。人类历史上的警察及其职务最早可追溯到距今2500年前的中国西周时期，当时就曾出现过具有类似现代警察性质的职业。我国伟大的思想家、教育家孔子就曾担任过鲁国的大司寇；汉高祖刘邦曾担任过泗水亭长。“亭”是秦始皇统一中国后，在县乡两级创设的我国历史上最早的专门的治安机构。研究我国的警事现象及其变动规律，必须把中国警事放到一般的世界警事的历史与现状中研究。本章从“警事”的视角介绍“警察”的产生、发展，以及警察制度的历史变迁过程。

第一节　公共安全与早期警察

一、警察的产生

在人类进入阶级社会之前，原始社会是以血缘亲族为基础形成的氏族公社，其全部生产资料都是公有的，氏族成员平均分配生活用品，没有私有财产，没有多余的产品可以被私人占有。因此，在氏族公社内部，没有保护私人财产的需求，但有保护氏族共同利益的需要。氏族内部都有武装组织，它代表氏族公社和全体成员的利益，主要承担狩猎、自卫和对外掠夺职能。氏族内部的人际矛盾、利益纠纷以及一切事务均由氏族长老等处理。氏族长老是马克斯·韦伯认为的传统型统治者，其统治权力建立在习惯和古老传统神圣不可侵犯的要求上，氏族的武装力量当然也会在维持氏族内部秩序方面发挥一定的作用。这种原始氏族武装不是现代意义上的警察，因为在原始社会，没有私有制、阶级和国家，也就没有军队、警察、监狱、法庭等强制机关，但其工作职能中有“警事”的成分。

当人类社会由原始社会发展到奴隶社会以后，社会上出现了阶级的差别与对立，阶级矛盾逐渐成为社会上的主要矛盾。当阶级矛盾发展到不可调和的时候，专门为统治阶级服务、用于维持社会秩序的“警察”随着国家的产生而产生了。警察的产生主要是为了解决对抗性的阶级矛盾，警察成为奴隶主阶级维护政治统治和阶级特权的一支特殊武装力量。警察作为一种“经常的强制机构”，运用其特殊的强制命令手段，迫使人们遵守法规，惩治随意侵犯统治阶级意志和侵犯有产者财产的犯罪。与同属统治阶级统治工具的军队、法庭、监狱等相比，警察在控制犯罪、维护社会秩序方面发挥的作用更直接、更有力。但是，在古代社会，对于任何国家、任何政府而言，由国家财政支持的职业“警察”力量都是有限的，“警察”只是诸多警事治理主体中的一员，对警察在警事治理主体结构中的地位与作用的考察成为透视社会变迁的一面镜子。

与马克思主义警察历史观相反，西方学者还有“警察自然起源论”的观点：一种意见认为，有人类就有警察，“警察是人类与生俱来的道德行为”，“警察将永远伴随着人类”。这种观点把警察说成是自有了人类就有的，并且是永恒的。另一种意见认为，警察起源于社会、政治、经济、文化进步的自然结果。美国警察学学者黑伦在《警察学》一书中认为：“人类日益文明，居住在同一社会的人们，因彼此之间互助而组成各个团体，互相约定负有驱逐和逮捕罪犯义务，并采用互相呼应的制度。但时间一久，人们感到这种制度也有弊端，就是平时用于看护财产的时间过多，影响大家的工作和生活，便建立新的制度，雇用专职人员在夜间担负守望之责。以后这种雇用专职卫士的组织日渐完备，并穿着特别的制服，以便人们一旦有事容易寻找和报警。在实践中又发现这种专职卫士，有时必须穿着便衣进行秘密侦查。这样一来，警察组织便日益发展且趋向完备，并分为公开和秘密两种警察。”① 从马克思主义的历史辩证法来看，上述观点否认了警察等国家统治工具的历史性和阶级性，是用唯心主义的观点解释人类社会的历史，没有抓住警察的阶级属性本质。

二、古代警察

古代警察是对奴隶社会和封建社会中执行警察职能的机关和官吏的总称。古代警察是指在警察职能产生以后，直至资产阶级近代警察产生以前这

① 肖毅、但彦铮：《警察学》，群众出版社 2010 年版，第 26 页。

个时期的警察。在漫长的奴隶社会、封建社会，中外各国的警察职能、特点等均有不同的特色。

在古代，无论是在西方还是在东方各国，都出现过类似于执行近代警察职能的行政机构和人员。在西方奴隶社会里，除古希腊有步行和骑马的弓箭手组成的宪兵队以外，公元前1000年前后，古埃及的孟菲斯（Memphis）与特普斯（Tiepes）等古城有类似警察的保安队，其工作与现代的警察职务类似。在罗马，则有保护州长的警卫官（Lictors）[①]，他们负责逮捕人犯、执行刑罚。进入封建社会以后，在漫长的历史时期里，仍是由地方行政官兼管司法、治安等；有的采取地方官分派居民轮流义务值夜守望，负责消防和治安。在中世纪以后，随着欧洲国家新兴城市的普遍建立，由地方转入城市施行统治的贵族和封建领主，依靠自己所豢养的骑士队来维护治安，行使警察职能。这一时期，在以古城堡和封建僧侣采邑为中心构成的城市国家里，出现了身着甲胄、手执长矛的佩剑骑士，他们平时负责维持国家治安，战时对外征伐，身兼国家守卫、征税、镇压农奴反抗和使平民服役等强制性警察职能。英国亨利二世（1133—1189）开创金雀花王朝，发布了九条武装敕令，骑士、自由民和平民可以组建武装团体参与国内治安防范工作。

在10世纪前后，英国就建立了统一的地方行政机构，全国分为若干郡，每郡又分为若干百户区，百户区下面是村镇和庄园。那时广大农村社会治安的维持、罪犯的缉拿逮捕，主要是由“十户团”的乡村自治组织来进行的。“十户团”设团长一人，由采邑刑事法庭选任，负责本地区的治安。其执法的主要根据是盎格鲁-撒克逊习惯法。这种以“人人自警、连坐互保”为特点的农民自治治安组织，是当时颇为有效和主要的治安机构。后来，这种“十户团”制度在诺曼底时期被英格兰人用“十户连保制”（Frankpledge）[②]取而代之，一直持续到英国资产阶级大革命的条件成熟、资产阶级的警察制度建立。

中国古代警察职能的萌芽，始于原始社会解体和第一个奴隶制国家夏王朝的确立时期。在中华人类文明历史上，从原始社会过渡到第一个奴隶制国家，经历了一个从血缘性的氏族部落到地域性的部落联盟，从部落联盟议事会转变为贵族议事机关的过渡时期。据史书记载，继尧之后，舜任部落联盟的首领，这时已处于原始社会的解体时期，出现了阶级和国家的雏形和萌芽。据《史记·五帝本纪》和《尚书·舜典》的记载，舜时在部落联盟议

① 警卫官（Lictors），手持吏棒为长官开道并协助处罚罪犯的小官。

② 肖毅、但彦铮：《警察学》，群众出版社2010年版，第28页。

事会中设有九种官，其中，与警察职能有关的是“司徒”和“士”：司徒，由契担任，管教化人民；士，由皋陶担任，掌管兵刑。司徒承担了今天警察所担负的处理民事纠纷这一部分的职能，士是既管军事又兼管狱讼。到中国第一个奴隶制国家夏朝建立时，行使警察职能的官职已有“司徒”、“司马”和“士”。其中，司徒，执行治安警察的某些职能；司马，执行了武装警察和边防警察的某些职能；士，执行了刑事警察和狱政警察的某些职能。继奴隶社会以后，中国的封建社会经历了一个确立和发展过程。随着国家机器的进一步发展，尽管没有“警察”的称谓，但执行警察职能的机构和官吏不仅数量上有了增加，组织机构更为健全，而且其分工也越来越明确具体。但是，因为封建社会以自然经济为基础，人口居住分散，城市经济不发达，当时除个别大城市已设立专门机构行使警察职能外，大部分地区未能建立成体系的警务机构和体制。古代警察的职能尚未集中于统一的专门机关，几乎是由军队、审判机关、行政机关，甚至乡村自治组织等同时行使。古代警察的职能以保卫皇帝及其皇室、宫廷为重点，强调对京师及近郊的治安管理，政治镇压职能突出，社会管理较弱。相对来说，地方的治安机构和人员比较少，也较少注意地方治安管理。另外，古代警察行使职权在法律上极不严格，神权、皇帝或长官的意志起决定作用。

三、中国古代警察制度的发展

中国古代警察制度随着第一个奴隶制国家夏朝的建立而产生。夏朝不仅产生了刑法、建立了专职军队，还设有监狱及“警察”。《尚书·甘誓》记夏启与有扈氏之战说：“大战于甘，乃召六卿。”据《尚书大传·夏书》郑玄注说：“所谓六卿者：后稷，司徒，秩宗，司马，士，共工也。”可见夏代兵、刑已经分职，由“司马”管军，“士”专管刑狱。《左传·昭公六年》有关于夏代已经产生刑法的记载：“夏有乱政，而作禹刑。”而且有囚禁罪犯的监狱。由王室直接管辖的监狱，叫“夏台”或“均台”，在今河南省禹县。[①] 所以，夏代行使警察职能的已有“司徒”“司马”“士”三种官职。监狱和牢房的产生是警察实质性权力产生的开始，这些都说明当时的奴隶社会已经产生了监狱、法律和维持其统治秩序的警察。[②]

继奴隶社会以后，封建社会经历了一个确立和发展过程。在商代和两周，警察职能也分别掌于管民事、刑狱和军事职官的手中。《周礼》中有许

---

① 常兆儒、俞鹿年：《中国警察制度史初探》，载《学习与探索》1983 年第 2 期。

② 肖毅、但彦铮：《警察学》，群众出版社 2010 年版，第 29 页。

多具体执行警察职能的职官出现。

民事管理。"司民"，秋官之属，"掌登万民之数目，自生齿以上，皆书于版"。也就是说，男孩出生八个月，女孩出生七个月，都要上户口簿。并且是户分城乡，人分男女，每年统计出生和死亡。其管辖的事务，颇类似于今天的户籍管理。"司市"，地官之属，主管市场的"治教政刑、量度禁令"。其职能类似于今天维护市场治安的公安人员。

治安管理。"司虣"（古暴字），地官之属，"掌宪市之政令，禁其斗嚣者，与其虣乱者，出人相陵犯者"。也就是负责维持治安和社会秩序，禁止暴乱。"司稽"，地官之属，主管巡市。司察其犯禁者及拘捕盗贼等事。"禁暴氏"，秋官之属，掌禁民之好侵陵、称诈、谩诞者，以及聚众犯禁者。以上三职，相当于今天的治安和刑事警察的职务。

消防管理。"司烜氏"，秋官之属，掌管用阳隧（日光下取火的镜）取明火于日，用镜取脾水于月，供祭祀用。有大事，供大烛庭燎，并掌火禁。"司爟"，夏官之属，"掌行火之政令"，"……凡国失火，野焚莱，则有刑罚焉"。以上两职，类似于今天的消防监督。

交通管理。"野庐氏"，秋官之属，"凡道路之舟车轚互者，叙而行之"，掌通达道路，以便往来，类似于今天的交通警察。

刑徒管理。"司厉"，秋官之属，主管没收盗贼的兵器、财物和把他们充作奴隶。"司隶"，秋官司寇所属，负责管理奴隶、俘虏，以给劳役，捕盗贼。"司圜"，秋官之属，管理监狱和刑罚。具体执掌看守任务的则有"掌囚"，具体行刑的有"掌戮"，负责死刑的执行，所谓"掌斩贼谍而搏之"，犹如后世的执刑队。除了负责死刑的斩、戮、杀、刎、烧、磔外，墨、劓、刖、宫等刑罚的执行也由掌戮负责。这些职务类似于今天的监狱警察。而"司隶"的捕盗任务，又兼有今天的刑侦职务。

边防警戒。"司险"，夏官之属，平时掌管开路架桥；国有事，负责设立路障，派所属守卫，类似于今天的边防警察。

上述情况表明，当时不仅有警察职能的主管官员，而且具体执行警察职务的官吏数量也已不少。春秋战国时期执行警察职能的官吏名称各异，但与现代警种的分工已有相似之处了。这一点，从当时的史实中也可以得到一些验证。例如，只要看一看春秋时齐国户口编制的严格情况（见《国语·齐语》和《管子》），就可以相信"司民"的登记户籍职能的存在。春秋战国时期，各国商业逐渐繁荣，从商业发达的情况来推测，当时"司市""司虣"等执行市场管理和公安任务的官吏实际上是存在的。再从"刑徒"管理的职能来看，由于近年来云梦秦简的发现，现在已可考见战国时期的秦国关于刑徒管理的制度已很严密，《周礼》中关于管理刑徒职能的记述也可佐证。

另外，春秋战国时期军队的组织已向专门化发展。春秋时，楚国国王有其专门的亲军组织，一方面充作国王的卫队，另一方面作为正规军的后备。战国时，赵、韩、齐、秦、楚等国就专门设“郎中令”掌管宫内的传达和警卫，秦国并专设“卫尉”掌管宫门的警卫。军队分工加细，就有可能抽出一部分军事力量来专管治安工作。

秦代是我国第一个统一的中央集权的封建王朝，由于国家机关分工的加细，具体执行警察职能的部门和官吏已可考。关于京师治安，秦代在中央设“中尉”一官专管。《汉书·百官表》说：“中尉，秦官，掌缴巡京师，有两丞，候、司马、千人。”所谓缴巡，是巡禁盗贼，候、司马、千人都是“中尉”属员的官名。汉武帝时改名“执金吾”。崔豹《古今注》说：“金吾，棒也，以铜为之，黄金涂两末。”是以此官所执之杖而言。执金吾手执“金吾”，以示权威所在，禁卫京师的北军归其统率。其属官有中垒、寺互、武库、都船四令丞，其职史无明文。曹魏时又改执金吾为中尉。南朝不设，隋叫“候卫”。唐又采用古名设左右金吾卫，设上将军、大将军各一人，将军各二人，掌京城巡警。所属有左右街使，分掌六街之巡警，每日按鼓声启闭坊市门。唐代掌管京师治安工作的还有御史台派出的左右巡使。唐制，京城以承天门朱雀街为界，分左右巡，常以殿中侍御史或监察御史掌之，察其所巡地区不法之事。唐代京师还设有东西两市，各有“市令”，“掌交易，禁奸非”（《新唐书·百官志》），市场设置卫兵五十人，维持秩序，以察意外而防危险。可知“市令”兼管市场治安，而卫兵五十，就是维持市场秩序的警察。

宋代掌管京师治安的机构为左右军巡司。《宋史·职官志》所载开封府所属有“左右军巡使、判官各二人，分掌京城斗争及推鞫之事，左右厢公事干当官四人，掌检覆推问”。南渡后，“内外城分南北左右厢，各置厢官，以听民之讼诉，分使臣十员以缉捕在城盗贼。……分六都监界，分差一百四十八铺以巡防烟火”。辽、金、元都设警巡院为京师的治安机构。《辽史·百官志》只载辽代五京均置警巡院，长官称某京警巡使与某京警巡副使，职掌阙如。《金史·百官志》则载“诸京警巡院，使一员，正七品，掌平理狱讼、警察别部，总判院事。副一员，从七品，掌警巡之事。判官二员，正九品，掌检稽失，签判院事”。左右警巡使并兼中都市令。元代于上都、大都设警巡院，各有达路花赤及使、副使等。元顺帝时还在大都城的四隅，各设立警巡分院。元代又有大都路兵马都指挥使司，掌京城盗贼奸伪鞫捕之事，设都指挥使、副指挥使为主管，知事及提控案牍为事务官。明沿其制，改为中、东、西、南、北城兵马指挥使（简称五城兵马司），设指挥、副指挥，添设吏目。明代在京师还有专门侦查人民反政府言行的特务机关——锦衣卫与东厂、西厂，合称“厂卫”，明洪武时设锦衣卫亲军都指挥使司，原为护卫皇宫的亲军，掌卤簿仪仗。其他各卫均统军士，而锦衣卫则统校尉、力士，皇帝临坐则夹陛而立，乘辇则扶辇而行，接触既近，遂成亲信。明太祖为加强专制统治，特令兼管刑狱，赋予巡察缉捕权力。最高长官为指挥使，常由功臣、外戚充任，设同知、佥事、镇抚司镇抚等官，其下有校官，专司侦查。初制，锦衣卫设镇抚司，原掌本卫刑名，永乐时增置北镇抚司（以原设为南镇抚使），专理诏狱，直接取旨行事，用刑尤为残酷。成祖于永乐十八年（公元 1420 年）在北京东安门北设立东厂，用宦官提督，属官有掌刑千户、理刑百户各一员，由锦衣卫千户、百户充当，称为贴刑官；隶役、缉事等官校亦由锦衣卫拨给，诸事可直接报告皇帝，权力在锦衣卫之上。宪宗于成化十三年（公元 1477 年）在东厂以外增设西厂，用太监汪直为提督。其人员、权力超过东厂，活动范围自京师遍及各地。后因遭到反对，被迫撤销。

清代对明代的五城兵马司承而不改，其他官职都有满人参与，只有这一机构全为汉人。指挥及副指挥号为六、七品官，其实被看作卑贱无足齿数。步军统领的全称为提督九门巡捕五营步军统领，为清代特设。其统率的军队有两部分：一部分是八旗的步兵（组为步军营），另一部分是京城绿营的马步兵（组为巡捕五营）。步军统领是清初设的，专管满洲、蒙古、汉军八旗步兵。到康熙十三年（公元 1674 年）兼提督京城九门事务（原由兵部管理），康熙三十年（公元 1691 年）又兼管巡捕三营事务［初有南北二营，顺治十四年（公元 1657 年）添设中营，原由兵部督管］，至此才名为“提督九门巡捕三营步军统领”。到乾隆四十六年（公元 1781 年），巡捕营又增加兵额，改为中、南、北、左、右五营，其统领的官衔众多，也就改为“巡捕五营”了。到嘉庆四年（公元 1799 年）又添设左右翼总兵二人，协助步军统领办事。步军统领衙门的职掌，除防守、稽查、门禁、缉捕等事务外，尚有断狱、编查保甲等事。当时人们以其审理案件如同刑部，又因其官署设在北城，称它为“北衙门”（意指设在南城的刑部为“南衙门”）。它兼有后来北洋军阀统治时期的警备司令部与京师警察厅的职权。清代参与京师治安工作的还有巡视五城科道一职，满汉各一人，掌弹压地方，厘剔奸弊，分中、东、西、南、北五城，布其禁令而听其狱讼。大事奏闻，小事移刑部，由给事中、监察御史中简派。

关于地方治安，一般由行政长官兼管。如《汉书·百官志》载郡国长官的职守，“凡郡国皆掌治民，进贤劝功，决讼检奸”。县令“皆掌治民，显善劝义，禁奸罚恶，理讼平贼”。汉以后在城市中设立的市令，也是管理市政和兼管治安。后世府县长官除管民政外，都兼管狱讼和治安。府县衙署中的吏役，有许多都是具体执行各项警察职务的人员。地方机关中也有一些专管治安的机构存在。如汉以后，历代的城镇巡卫军均包含有警察的职责。宋代于沿边或关隘要地，设署巡检一官，或管数州数县，或管一州一县，以军官充任，仍属州县指挥，唯海南及归峡荆门等置都巡检使。金元时期，则多限于一县之境，明清的巡检，各州县都有，多设司于距城稍远之处。清代在各省的绿营兵中有捕盗营的组织，专负地方治安之责。

至于基层治安工作，秦汉时由乡官担任，有乡、亭两个系统的组织。乡官中的啬夫职掌听讼，游徼巡禁盗贼，具有一定的警察职能。而亭可以说是基层专门的治安机构，亭长下的“求盗”，则可以说是具体的公安人员了。乡官在魏晋以后虽仍存其名，实质上已若存若亡。北齐变为“邻长”“里长”“党长”，唐变为“里正”“坊正”“村正”。据《唐令》里正掌按比户口，课植农桑，检察非违，催督赋役，则由职官而变为职役了。至北宋熙宁三年（公元 1070 年）实行保甲法以加强治安，为后世统治者所沿用。清代以十户立一牌头，十牌立一甲头，十甲立一保长。户给印牌，书其姓名丁口，出则注其所往，入则稽其所来，寺观客店亦然（见《清通考·户口考》）。

基于有限财政基础上的有限统治能力，秦后古代中国历代政府都在企图建立“一竿子通到底”的官僚体制与不得不实行“皇权不下县，县下行自治”之间摇摆，基层治理实际上实行的是“双规政治”。① 在费孝通看来，传统中国社会的治理是通过两条平行的轨道进行的：一条是自上而下的中央集权的专制体制的轨道，它以皇帝（君主）为中心建立起一整套的官僚体系，由官员与知识分子来实施具体的治理，最后可以到达县这一层（“皇权不下县”）；另一条是基层组织自治的民主体制的轨道，它由乡绅等乡村精英进行治理，士绅阶层是乡村社会的实际“统治阶级”，而宗族是士绅进行乡村治理的组织基础。乡绅对乡村社会长期存在的族权、神权拥有某种控制力，对乡村社会的治安拥有管理与裁判权。通常情况下，族长由乡绅综合宗族意见推举产生，或者得到乡绅的合作认可；有的乡绅本人就是族长，对一族拥有道德上、名义上的首席权。神权的柄杖也大体如此，由于乡绅文化程

① 费孝通：《中国绅士》，中国社会科学出版社 2006 年版，第 48-52 页。

度相对较高，其与政治和文化地位的结合，产生了神权上执行、解释的可信度。此外，乡绅出资办地方治安队或团练，大多还自任头领，对乡村社会治安进行控制、操纵，特别是在边远乡村，乡绅的军事控制权尤其明显。传统乡村自下而上的自治机制是很发达的，“通过宗族、家乡、根脉等等的文化观念的建构，并通过掌握有一定文化知识的乡绅或者精英们的灌输和组织，基层治理的权力牢牢地掌握在这些地方精英分子的手中”。①

“双规政治”是中国传统乡村在大多数时间内的一种实然状态的权力治理结构，但自下而上的轨道并不被官方正式认可，相反，中国传统社会的历代政府均希望建立官府直接对接属民个体的统治网络。为有效维持广袤乡村地区的地方秩序，对全体乡村居民进行什伍编制，以“什伍相保”“什伍连坐”为基本组织原则的乡里制度，成为中国古代县以下的各级基层行政区划的基本制度形式。乡村社会实行乡里制行政管理，这是古代中国不同于中世纪西欧的地方。乡里制度具有宗法性与行政性的高度整合，集中反映了中国古代社会结构的一些特殊性。它是皇权专制国家政权结构中基层的行政单位，拥有按比户口、宣布教化、督催赋税、摊派力役、维持治安、兼理司法的职权，被称为“治民之基”。2700多年前的管仲在他的《管子·立政》中就详细介绍了一种“里甲制”的管理模式，其主要内容为：居民每五家编为一伍，设一伍长，五伍为里，设一里长。然后逐级增加户数，并设立相应管理者。这样，从穷乡僻壤直到中央皇帝，形成了一张巨大的网络，一切都在最高统治者的管理控制之中。商鞅变法将管仲的什伍制传承光大，实行“什伍连坐制”，如《汉书·百官志》：“里有里魁，民有什伍，善恶以告。”注曰：“里魁掌一里百家，什主什家，伍主伍家，以相检查，民有善事、恶事，以告监官。”“什伍法”将什、伍作为基层行政单位，按照编制，将人口登记并编入户籍，责令互相监督。一家有罪，九家必须连举告发，若不告发，则十家同罪连坐。夏商周三代是中国乡里制度的起源时期，至春秋战国，乡里制度初步定型。自秦汉以来，乡里制度经过长期的演变逐步由乡官制变成职役制，如周之乡大夫、乡师、党正、族师、闾胥、比长，汉之三老、有秩、啬夫、游徼等皆为领俸位尊的乡官，隋唐以后多为无俸役职，一直延续到明清两代。历朝历代乡里制度在名称上、形式上虽有变革，但作为乡村社会实行乡里制行政管理的基本形态是一直沿袭的。

对居民进行什伍编制的里甲制、保甲制过于僵化，在实践中往往难以持

① 赵旭东：《乡村社会发展的动力问题——重新回味费孝通的“双轨制”》，载《探索与争鸣》2008年第9期，第45页。

续，故为乡村自治空间的发展提供了可能。如果官府在一定时期过于强调里甲制或保甲制，则会对乡村自治空间构成打压。如费孝通所说，保甲体系可以直达每家每户，事实上，这个体系可以说把国家的警察体系引进了每家每户。[①] 严格意义上讲，中国古代并没有专门的警察制度，地方行政、司法不分，由府、县行政长官兼管社会治安和司法审判等事宜，只是在府、县衙门内设有巡守、捕快等类似现代警察职能的人员，负责社会一线维持治安、抓捕人犯等工作。在职业“警察”数量有限的情况下，广袤乡村的警事工作事实上主要由基层自治组织承担。

第二节　近代以来警察的历史变迁

近代警察，是指国家建立警察行政制度以来的警察机构及其人员。封建社会后期，随着社会生产力的发展，资本主义生产方式开始萌芽，城市经济有很大的发展，城市间的交往也密切起来，需要加强治安管理。西方近代警察在产生及发展过程中，形成了海洋型与大陆型两种警察体制。可以这样说，从近代以来，这两种类型的警察制度分别主导了世界警察制度的不同发展方向；其不同阶段的变化，代表了各阶段世界警察制度的发展趋势。因此，对这两种类型警察制度的认识和研究，是把握世界警察制度动态、理解不同国家警种设置及警察职责范围等现象的重要线索。

一、海洋型警察体制与大陆型警察体制的产生

从古代警察过渡到近代警察，在欧洲的某些资本主义国家中经历了漫长的过渡时期。但近代西方各国由于政治法律制度、警察历史传统和治安状况等社会环境和社会背景的不同，所建立的警察制度在形式上又有很大差别。根据这种差异，西方警学界把第二次世界大战前的近现代西方警察制度分为两大主要类型：一类以法国、德国、奥地利等为代表，因其地处欧洲大陆，又都是大陆法的继承者，其警察制度被称作大陆型警察制度（the Continental Model 或 the Police System of Civil Law）；另一类以英国、美国、澳大利亚等为代表，因其地处海洋环抱中，又都沿袭了海洋法（普通法），故其警察制度被称作海洋型警察制度（the Anglo-Saxon Model 或 the Police System of

① 费孝通：《中国绅士》，中国社会科学出版社 2006 年版，第 54 页。

Common Law)。[①]

(一) 海洋型警察体制的产生[②]

海洋型警察体制以英、美等国家为代表，英国是世界上最早建立海洋型警察体制的国家。英国现代警察制度的建立以1829年伦敦大都市警察的成立为起点。在此之前，英国并没有职业的组织机构进行犯罪预防等社会治安维持活动，维护社会治安是地方责任。1285年的《温彻斯特法案》(Statue of Winchester) 确立的治安维护体系实行于自诺曼征服至伦敦大都市警察建立的600年间。它所确立的原则主要有“(1) 每一个人都有维护国王和平的义务，每个市民都可以逮捕犯罪人；(2) 没有报酬的、兼职的治安官(constable) 更具有这样的责任，在城镇治安官的工作受到守夜人(watchman) 的帮助；(3) 如果犯罪人没有被现场抓获，那要鸣金捕贼(Hue and Cry)；(4) 每一个人都要准备好武器以参加鸣金捕贼行动；(5) 治安官有义务将犯罪人带到治安法院(Court Leet)”。[③] 显然，这是一种地方民众集体对治安负责的机制。英国近代警察起源于“人人自警”“十户团”之后的地方低级警察和教区警察，并在各市镇设有守望人员。到16世纪，英国在郡下设保安官，指挥城镇居民的百人团，负责地方治安。随着资产阶级革命条件逐渐成熟，英国的政治、经济和法制等各个领域较其他欧洲国家都居于领先地位。1597年，在“圈地运动”将大批农民赶离土地后，英王颁布了惩治流浪汉和长期乞丐的法令。法令规定，凡被认为是流浪者、长期乞丐或不受约束者，不论是在王国或威尔士亲王领地内任何地方被逮捕的人，都必须服从治安法官、警官和巡警的命令。这时治安法官、警官、巡警已从军事武装中分立出来并且各自都有一定的执法权力。随着资产阶级革命的发展，16~17世纪一些资产阶级学者打出“自由、平等、博爱”“天赋人权”的口号和要求，以及“三权分立”的政治主张，以限制封建君主的权力，反对封建主任意侵犯臣民的权利，西欧各国陆续制定了一些“警察条例”和建立了“警察委员会”。但是，当时“警察”含义较广，包含着生活领域的各种规范。1714年，英国颁布了镇压骚乱法，法令规定：聚众12人以上，并

① 马亚雄：《大陆型与海洋型两大类警察制度的特征、演变和影响》，载《公安大学学报》1993年第4期。

② 肖毅、但彦铮：《警察学》，群众出版社2010年版，第37-38页。

③ T. A. Critchley，A History of Police in England and Wales 900-1966，Constable and Company Ltd，1967，p. 7，转引自夏菲：《论英国警察权制约的组织基础：警察负责制》，载《法学杂志》2009年第11期。

进行超过12小时的非法暴动、骚乱集会而使公共秩序遭到破坏时，只要有治安法官一个人签署的命令就可以给予驱散或实行镇压。而且在这种情况下，执行命令的警察或巡警即使杀死了集会者也不予追究。这时，治安法官及其指挥下的警官、巡警就是近代警察的萌芽。

随着资本主义的发展，英国原有的治安法官制度在动荡不安的社会冲击之下逐渐失效。特别是1825年爆发了第一次世界经济危机，独立的工人运动蓬勃兴起，社会更加动荡不安，全国出现了一个镇压与反抗的骚乱局面。1829年，英国国会通过了内务大臣罗伯特·皮尔提出的警察法案，取消分区守望制，正式设置专职行政警察，并首先在伦敦设置首都伦敦警察厅。从此，在伦敦桥畔和市区街头开始出现了身着正规警服，分班执勤巡逻的专职警察。1835年，英国议会又通过法案，要求其他城市也效法伦敦建立专职警察，及至1839年英国各郡才普遍建立专职警察。但在警察管理上，除了伦敦警察厅直属内政部领导外，各郡的警察机关都归郡政府领导，并受国家内务部的监督，明显带有地方自治性质。

英国式警察制度的建立，创立了自治体或分散型警察的先端，现在许多英联邦国家和前英殖民地国家依然采用这种警察体制。

（二）大陆型警察体制的产生

大陆型警察体制以大陆法系国家为代表，主要包括法国、德国和亚洲的日本（“二战”后日本警察体制经美国改造，具有大陆型与海洋型的综合特征）。现以法国近代警察的建立为例来说明这个问题。

法国在14世纪中叶的1356年成立了骑警队，负责追捕逃兵，处理公路上发生的一切犯罪行为，这标志着法国近代警察的开端。然而法国近代专职警察的建立过程是与法国资产阶级大革命的进程直接关联的。1789年，法国资产阶级大革命爆发，发表《人权宣言》，根据制宪会议决定，实行了资产阶级共和国的警察行政制度，地方上设有与县地方自治政权相适应的县保安官制度，负责其辖区内的治安。1790年，议会改革了警察行政，在巴黎单独设置了属于地方自治团体的市政警察。1792年，随着资产阶级革命的发展，雅各宾派执政的第一共和国颁布了1793年宪法，并设置公安委员会。1796年，由“热月党”人组成的督政府为加强对地方的控制，废除了地方自治制度，预示着自治体警察将要被更适合于资产阶级强权统治的新警察体制所代替。1796年10月24日，拿破仑督政府颁布了法律，对警察职能作出规定，警察必须以维持公共秩序、个人的自由权利与安全为目的，并从组织上开始提出行政警察与司法警察两种基本形式。确认两者既拥有单独拟定有关警察规章制度和行使强制性命令的职能，又赋予警察执行警告、预防、取缔、驱散、镇压、罚款、行政拘留、提起公诉的权力。1799年，拿破仑第一次执政时期，建立起统一的资产阶级国家，实行中央集权制，为了巩固政权，镇压反抗者，于1800年创建了巴黎警察厅。这是近代第一个专设的警察机构。1801年，又根据警察法在全国各市、县建立起专门的警察机关，由政府的内务部统一领导，形成全国统一的警察体系。这种与拿破仑中央集权的强大帝国相适应的近代专职国家警察体制，是警察发展过程中的一个里程碑，并对后来世界上采取国家警察体制的国家产生了深刻的影响。

二、海洋型警察制度与大陆型警察制度在世界上的影响①

由于分属于前述两大类警察制度的西方各国在世界近现代史上占据着重要地位，因此其警察制度也随之在世界上产生了重大影响。

首先，不论是大陆型还是海洋型警察制度，其影响都具有广泛性。这些西方国家或是通过对众多落后国家和地区的殖民侵略和渗透，把它们的警察制度移植或搬到了殖民地、半殖民地国家和地区；或是通过宣传自己警察制度的有效性，为一些后进的资本主义国家提供了仿效的模式。通过这样两种方式，起源于法国、德国和奥地利的大陆型警察对欧洲的意大利、比利时、瑞士和卢森堡等国，对非洲的阿尔及利亚和摩洛哥等国，对亚洲的日本和中国等国，共30多个国家的警察制度产生了直接或间接的影响；而起源于英国的海洋型警察制度对欧洲的爱尔兰，对非洲的尼日利亚和赞比亚等国，对亚洲的印度和马来西亚等国，对北美洲的美国和加拿大，对大洋洲的澳大利亚和新西兰等国，共40多个国家的警察制度产生了直接或间接的影响。

其次，大陆型与海洋型警察制度的影响又分别具有单一性和多样性的特点。受大陆型警察制度影响的国家，不论其警察制度是由大陆型国家在该殖民地建立的（如非洲的阿尔及利亚等众多国家），还是在近代发展过程中自己主动仿效建立的（如亚洲的日本等国），都具备着与大陆型警察制度相同的基本特征，这就是所谓大陆型警察制度影响的单一性。受海洋型警察制度影响的国家，则呈现出两种不同的特征：在由英籍移民组成的新国家中，如美国、加拿大、澳大利亚和新西兰，移民们照搬或仿效了其故土的警察制度，其警察制度都具有地方性、文职性和职权有限性等海洋型警察制度的基本特征；在那些原本有自己的民族和文化传统而被英美以武力征服的殖民地国家，如欧洲的爱尔兰，亚洲的印度、马来西亚和菲律宾，以及非洲许多国

① 马亚雄：《大陆型与海洋型两大类警察制度的特征、演变和影响》，载《公安大学学报》1993年第4期。

家，为了维护殖民统治和有效地镇压当地人民的反抗，英美建立了与其本土警察模式完全不同的、具有高度中央集权和准军事性特征的警察制度，这种特征在这些殖民地国家独立后仍保留了下来。这就是所谓海洋型警察制度影响的多样性。

最后，大陆型与海洋型警察制度的影响还具有复合性。这是指有些国家的警察制度曾先后受过大陆型与海洋型警察制度的明显影响，兼具两大类警察制度的特征，如日本，先是基于自己的国情，在明治维新时期自觉地学习和仿效法国和德国的警察制度，建立了高度中央集权的、统一的、拥有广泛职责和权力的近代警察制度；“二战”失败后，在美军的高压下，不得不仿效美式“民主”警察制度，把警察组织和权力分散，建立了地方自治警察，创设了世界上罕见的警察民主管理机构公安委员会，大幅度削减了警察的职权；在恢复主权后，又对“矫枉过正”的仿美式警察制度进行了矫正，既恢复了统一的警察制度又保留了地方政府和各级公安委员会在警察民主管理方面的作用。

三、第二次世界大战后警察制度的演变及当代变革

（一）第二次世界大战后大陆型与海洋型警察制度的演变①

在近代，大陆型与海洋型两大类警察制度的差异和各自的特征都保持着相对的稳定。但第二次世界大战结束后，作为轴心国成员的大陆型国家成了战败国，其政治法律制度受到了美英等战胜国的影响，其警察制度也随之发生了两种不同程度的变化。

第一种是法国、意大利和奥地利等发生的局部变化。随着这些国家走上资产阶级“民主政治”的道路，其警察的职责和权力受到了很大程度的削减和削弱。在警察的职责方面，诸多非治安行政管理职责和社会福利保障职责，如市场物价监督、卫生及食品监督、建筑监督、新闻出版监督、社会救济及养老院管理等，都移交给其他专门的政府机构或公共部门。在警察的权力方面，原先大陆型警察所特有的警察规则权，都相继移交给了本国议会或政府当局；原先大陆型警察所特有的违警处罚权，都相继移交给了本国相应的法庭（这是因为大陆型国家都把原先的违警行为作为违警罪或微罪，以单独立法或与刑法融合的形式，重新加以确定）。尽管法、意、奥等国仍保

① 马亚雄：《大陆型与海洋型两大类警察制度的特征、演变和影响》，载《公安大学学报》1993 年第 4 期。

持着战前大陆型警察制度的部分特征，但上述变化表明，在由警察的地位作用观所决定的警察职权观方面，它们与英美等海洋型国家接近了。这是“二战”后主要资本主义国家在资产阶级民主观上走向一致的反映。

第二种是德国等发生的整体性变化。“二战”后，在美英等盟军监督下，西德仿照美英的政治制度进行了政治上的“民主”改革。根据战后制定的基本法，西德确定了中央与地方分权的联邦制国家结构形式。在这一新的国家结构形式下，联邦政府和各州政府分别依不同的警察法组建了自己的警察机构，互不隶属，各自独立。联邦级警察机构主要有联邦内政部所属的联邦刑事警察局和联邦边防警察指挥部，联邦交通部所属的联邦铁路警察局和联邦水上警察局等。联邦级警察机构只能在基本法规定的联邦政府的职责范围内活动，不得干预各州警察权的行使或指挥各州警察。各州警察都由州内政部之下的警察厅统辖，但由于各州各有自己的警察法，所以州与州警察之间也很不一致。除了组织体制由集权制改为分权制外，西德警察的职责和权力也像其他大陆型国家的警察一样，进行了削减和移交。在美英的改造下，西德原有的大陆型警察制度特征已丧失殆尽，并与美英海洋型警察制度融为一类。

（二）警察制度的当代变革①

有学者将西方国家现当代警察制度的改革与发展划分为四个阶段，并称其为四次“警务革命”②。第一次警务革命以1829年伦敦大都市警察的建立为标志，其核心内涵是建立现代制服职业警察，强调打击犯罪与保护自由的价值统一，重视警察与民众的关系，增加警察的公共服务职能等。第二次警务革命以美国警察的专业化建设为标志，其核心内涵是警察专业化建设和去政治化，明确警务的中心使命是执行法律和侦查犯罪，注重加强对警察的专业训练，减少社会公共服务警务。第三次警务革命在欧美各国普遍地得以开展，其核心内涵是警察装备的现代化、巨幅增加警力、快速反应警务等方面。第四次警务革命肇始于20世纪70年代，这场警务革命的动因是犯罪率急剧增长、警察腐败事件的大量发生和公众对警察信任度的急剧下降。第四次警务革命又叫“社区警务改革模式”，是以社区警务为主要内容，以全社会的力量打击与预防犯罪为重点，追求“自我警务”“人人皆警”的模式。与传统警务方式相比，社区警务以社会化、主动性、综合性的警务特征显示

① 韩德明：《警察职业化的理念要旨和制度历程》，载《中国人民公安大学学报》2006年第1期。

② 王大伟：《英美警察科学》，中国人民公安大学出版社1995年版，第265页。

出理念革新和制度优势。[①]

引发这四次警务革命的警察哲学基础在于：（1）警察专业化运动将警务重点定位为执行法律和侦查犯罪，大大提高了犯罪控制能力，但是，专业化运动的负面结果是阻隔了警察与社会的沟通渠道，疏远了警察与民众的联系，进而使得警察无法真正实现犯罪控制和防范社会风险的职能，无法保证民众的安全感，警务无法与社会秩序的变动保持同步，更无法主动介入良性社会秩序的形成过程。（2）“赞同式警务”[②]（policing by Consent）并不能充分构成警察的合法性辩护理由，并容易导致警察职权的地方政治化，警察的合法性不应当仅仅来源于民众的赞同和授权，社会秩序保障和打击犯罪的实际所需应当成为新时期警察合法性的重要基础。（3）警察队伍建设和装备改进不可能是无限度的，在警务资源受限制的现实条件下，应该确立“无增长改善论”立场，将制度经济学理论引入警察制度建设。（4）被动式警务无法适应节奏更快、社会日趋分层且关系日益多元、社会风险因子更多和犯罪率迅猛增长的社会环境，“问题导向警务”[③] 和预防性警务应该得到深入贯彻。

对于当代西方国家警务革命的基本现状和未来趋势，有学者从以下几个方面进行了系统的理论概括：（1）警力的无增长改善论；（2）“机器人”警务模式向“传统更夫”警务模式的转型；（3）被动警务与主动警务的合理兼顾；（4）警务重心由专业化警务领域向社区警务领域转移；（5）评价警察工作绩效的指标多元化并重视民众的反应；（6）犯罪防范主体由警察变更为社会（制度）；（7）警察的中央集权化趋势加强；（8）加强警察行

---

① 王大伟：《从杆石桥模式到世界警务改革的大局势》，载《公安大学学报》2001年第1期。

② 所谓“赞同式警务”，是指英国早期大都市现代制服警察的权力来源和合法性基础源自公众的支持而非仅仅是法律的授权。参见［英］罗伯特·赖纳：《警察组织与警察责任》//［英］麦高伟、杰弗里·威尔逊主编：《英国刑事司法程序》，姚永吉等译，法律出版社2003年版，第16、18页。

③ “问题导向警务”的理论基础是犯罪学界所提出的“破窗”理论。按照犯罪学“破窗”理论，秩序混乱的表象和真实的犯罪之间有直接的联系，一个地区只要一扇窗户破损，就等于给犯罪发出了一个信号。“破窗”理论是所谓零容忍管制的理论基础，在这种理论要求下，犯罪控制对警察的要求就是可以定义什么是“秩序混乱”，进而就可以干预一切看起来可能引发犯罪的社会关系，并且将社会中容易滋生犯罪的关系领域作为警察工作的重点。参见［英］安东尼·吉登斯：《社会学》，赵旭东等译，北京大学出版社2003年版，第271页。

动的地区合作以及国际合作；等等。[①]

第三节　中国近代以来警察的发展脉络

严格意义上讲，中国古代并没有专门的警察制度。中国真正意义上的现代警察制度是直到清末才出现的。

一、清末警察制度

中国近代警察制度，是在外国近代警察制度影响和中国封建警察组织的基础上建立的。[②] 中国近代开埠以来，鉴于租界巡捕制度的优良以及西方警政思想在中国的传播，中国一部分上层人士开始倡议采用西方的警察制度。中国近代警察的历史，则是在戊戌变法的高潮中，由维新运动最活跃的省份——湖南，首先揭开序幕的。

主张变法维新的黄遵宪（当时任湖南按察使），十分重视设置警察，认为“警察一署，为凡百新政之根柢，若根柢不立，则无奉行之人，而新政皆成空言”。在湖南巡抚陈宝箴的支持下，黄遵宪参照日本警视厅和上海等地租界巡捕制度，于光绪二十四年（公元 1898 年）六月初九日，在湖南省城长沙创设了湖南保卫局。[③] 根据《湖南保卫局章程》，该局的职责为“去民害，卫民生，检非违，索罪犯”。湖南保卫局已初步形成一套警察组织系统，权责较专，有了一批专职人员和必要的章程制度。这是它有别于旧式的保甲组织，初具近代警察机构规模的重要标志。但是，它在某些方面又和后来的警察机构有所不同，最显著的有两点：其一，保卫局不是完全的官方机构，而是官绅合办的组织；其二，保卫局混司法与行政为一体，它既是维持社会治安的机构，同时又拥有审判权，可以直接审讯和处断因违反该局禁令、罪犯徒流的案件。随着“百日维新”的失败，湖南保卫局也于创办的当年九月被清廷降旨裁撤，只存在了三个月。尽管时间短促，但它的创建却成了中国近代警察制度的萌芽，从历史发展的角度看，应当说是有一定意义的。[④]

清朝政府正式建立警察制度，仿照外国人在中国设立的警察机构。八国

① 王大伟：《英美警察科学》，中国人民公安大学出版社 1995 年版，第 266 页。

② 肖毅、但彦铮：《警察学》，群众出版社 2010 年版，第 40 页。

③ 《湘报》第一百二十号，光绪二十四年六月出版。

④ 常兆儒、俞鹿年：《中国警察制度史初探》，载《学习与探索》1983 年第 2 期。

联军在侵占北京期间，曾经在各自占领的区域内，建立所谓“安民公所”，用以镇压中国人民，维持侵略秩序。其所长、事务官和宪兵统由外国人担任，只雇用中国人充当巡捕。显然，这是典型的殖民地式的外国警察机关。腐败的清王朝在与八国联军议和之后，为了应付国内的严重危机，加强对人民反抗斗争的钳制与镇压，为了作出新的姿态博取列强的信任，切实保障帝国主义的在华利益，以慈禧太后为首的清朝统治者决定在全国设立警察，并把它作为实施“新政”和预备立宪的措施之一。在光绪二十七年（公元1901年）联军退出北京，“安民公所”自然解体以后，设立了“善后协巡营”，不久改称“工巡总局”，作为维持京师治安、执行警察职能的机构。工巡总局直隶于皇帝，由工程巡捕事务大臣统辖。工巡总局一方面掌理京师警察事务，同时兼管工程设施。其具体职权为：（1）执行京师城内的警察事务；（2）审决“杖”以下之犯罪；（3）处理简易民事案件；（4）受理京控；（5）审理关系外侨的民刑案件；（6）经营土木工程事务。工巡总局的这些职权表明，它还不是权责专一的警察机构，而是市政、司法和警察混合为一的机关。但是，由于其警察职能已经十分突出（在六项职权中居于首位），因此可以视为清末京师警察制度的发端。[①] 自1901年清政府创办警察制度以后，中国警务制度从此告别了传统的“捕快”概念。

光绪三十一年（公元1905年），清政府有意于统一全国警察系统，加上是年八月发生一起举朝震惊的事件，即革命党人吴樾在北京火车站用炸弹袭击出洋考察政治的五大臣（即载泽、戴鸿慈、徐世昌、端方和绍英），袁世凯利用这一事件，出于夺取京师警权、安插亲信的目的，建议设置巡警部。于是，同年九月清廷决定在中央设置巡警部，从而产生了中国最早的中央警察机关。袁世凯最早建立了我国真正意义上的“现代警察”。据《清史稿·职官六》载，巡警部置尚书，左、右侍郎，左、右丞和参议各一人，设警政、警法、警保、警学、警务五司。它是全国专管警察事务的最高指挥监督机关。最早的警察首脑人物是曾历任清朝商部左丞、兵部左侍郎、军机大臣、民政部尚书等职的巡警部第一任尚书——徐世昌。该部成立后，奏准裁撤绿营，连同巡捕一律改编为巡警。自此，“巡警”名称一直沿用到民国初年。

光绪三十二年（公元1906年）九月，清政府实行官制改革，改巡警部为民政部，除巡警部原掌职务外，将步军统领衙门的职掌，户部掌管的疆里、户口、保甲事项，以及工部所掌之城垣、公廨、仓廒、桥梁等工程都划

---

① 常兆儒、俞鹿年：《中国警察制度史初探》，载《学习与探索》1983年第2期。

归民政部管理，并相应设立民治、警政、疆里、营缮、卫生五司。其中，民治司“掌编审户口，兼司保息乡政”；警政司“掌巡察禁令，分稽行政司法”。由于警政只是民政部综理的事项之一，因此警察事务实际上已成为内务行政的一部分。随着中央巡警部和民政部的建立，原京师的工巡总局改组为京师内、外城巡警总厅。内、外城巡警总厅还分别组建了侦缉队，隶属两厅司法处管辖。依照《侦缉队章程》，侦缉队主要侦缉命盗和其他刑事案犯，以及奉旨严拿的要犯和长官指名的要犯。其队官和队兵凭借侦缉队执照可以直接搜查逮捕现行犯和逃犯，对于非现行犯和逃犯，如侦知其犯罪有据则禀报司法处饬令搜捕，但在案件应守秘密或不及禀报时，可以先行搜查逮捕，事后补报司法处。当时，侦缉队侦破重大案件有一定限期，逾期不能破案者，要受到惩罚。此外，这个时期还正式成立了消防公所，组建了一支逐年扩大的专业消防队。消防公所直隶于民政部，由该部的习艺所员外郎兼任消防队总理。这是我国消防警察的由来。①

关于清末的地方警察机构。光绪二十八年（公元 1902 年），由直隶总督袁世凯奏准清廷试办，在天津设立巡警局。当时，袁世凯聘请日本警视厅警官三浦喜传为警方顾问，委派赵秉钧为总办，参照“东西成法”，于天津市内和近郊四乡分别建立巡警总局，总局之下另置分局和若干区。同时在保定也创办了巡警局，组织起一支数百人的巡警队，活动于保定城乡内外，维持反动秩序。光绪二十八年八月，八国联军以种种苛刻条件交还天津，其中一条就是中国军队不得在天津城周二十里以内驻扎。袁世凯一方面要尊重帝国主义的规定，另一方面又要对人民实行镇压，便将其训练的新军三千人改编为巡警，半数驻扎天津，成立“南段巡警局”，半数分驻塘沽、北塘、山海关等地，成立“北段巡警局”。② 后来在北京设巡警厅，正式把中央机关与地方警察机关分开。③

根据清政府筹建地方警察机构的通令，各省及上海、青岛等市效法直隶纷纷倡办警察，相继废除原来的保甲组织，于省城或市政要地设立警察机构。一般情况是，各省先在省城试办，然后推广到各州县。设于省城的，为主管一省警政的领导机关，称“省巡警总局”或“省警察总局”。总局置“督办”“总办”“会办”“提调”各官，在督抚的统一指挥下，执行省会的警察事务，并监督所辖州县的警察机构。设于州县的，叫作“巡警局”或

① 常兆儒、俞鹿年：《中国警察制度史初探》，载《学习与探索》1983 年第 2 期。
② 常兆儒、俞鹿年：《中国警察制度史初探》，载《学习与探索》1983 年第 2 期。
③ 肖毅、但彦铮：《警察学》，群众出版社 2010 年版，第 41 页。

“警察局”。它们具体办理州县地方的警察行政；其官吏由省巡警（警察）总局遴委，活动受总局监督。当时，各省（市）虽然仿照直隶成规，但更多的是参酌本地区情形，所以机构设置不一，系统分歧，办法互异。以上海为例，于沪南设置警察所，由市公安所管辖；闸北则设立巡警局，属江苏巡警道管理；浦东设置总巡一员，另受上海道的指挥。

光绪三十三年（公元1907年）以后，清政府为划一地方警察机构，决定设置巡警道，作为一省警政的主管机关。它直接由督抚节制，间接受民政部监督。随着巡警道的设立，原省巡警（警察）总局改为巡警公所，其一切设施均秉承清政府的旨意和法令。各州县原设的巡警局或警察局则改为巡警署，由警务官、分区区官和巡官、巡长、巡警组成，归当地行政长官统辖。这样，清末的地方警察机构渐趋一致。当然，这只是大体的统一，至于各省（市）警察机构的内部组织，仍是各自为政，不尽相同。至于边远省区，则根本没有试办。

二、北洋军阀和国民党统治时期的警察机构①

1912年，中华民国成立，南京临时政府废除了“巡捕”“巡警”的名称，正式改称警察，以内务部警政司管辖全国的警察行政。临时政府仅存在三个月，国家权力就被袁世凯篡夺，中国进入了北洋军阀统治时期。这个时期的警察机构，在中央，仍以内务部总揽全国警政；在京师，改组清末的内、外城巡警总厅为京师警察厅，并为“补警政所不逮”，扩大步军统领衙门的机构和权力，使之掌理京城四郊的警察事务，弹压京师发生的意外事变，地方各省则裁撤巡警道，设立警务处，并于省会及商埠设置警察厅，各县设置警察所。

袁世凯确立的这一套警察系统，既是清末警察机构的沿设，又是清末警察机构在新的历史条件下的充实与发展。这个时期警察机构的特点：第一，直接服务于北洋军阀的军事独裁统治，往往同赤裸裸的军事镇压相互联结，警察职能带有强烈的军事色彩。第二，鉴于辛亥革命后人民反帝反封建斗争不断高涨，民主观念日益深入人心，警察机构把扼杀民主生机、镇压人民革命运动作为突出的任务。不仅公开禁止人民群众集会、结社、讲演、游行，而且连集体游戏、张贴文书图画也要严加取缔。第三，充当租界巡捕房的附庸，疯狂迫害从事反帝爱国斗争的进步人士，不遗余力地保护帝国主义列强

---

① 常兆儒、俞鹿年：《中国警察制度史初探》，载《学习与探索》1983年第2期。

的在华利益和殖民统治。第四，强化司法镇压职能，警察官署可以不履行法定程序，擅自判决由它查获的人犯。

1916年袁世凯倒台以后，北洋各派军阀为扩大各自的势力范围，特别是为争夺北京中央政权，分别投靠美、英、日等帝国主义，展开内战。各派军阀除了直接凭借军队彼此抗争和维持割据局面外，也重视利用警察维护专制独裁统治。但在警察制度的建设上很少进展，且在一定程度上破坏了先前袁世凯煞费苦心建立的警察系统。

国民党政权在其建立到灭亡的二十二年中，曾经把它的警察机构扩张到惊人的程度。在中央，以内政部为全国最高的警察主管机关，部内专设警政司管理全国警察事宜，拥有管理各种特务、外事活动登记、检查电影和报纸杂志等出版物、保卫团编练以及“剿匪清乡”等多种职权。各省以民政厅和警务处总辖一省警政，首都设立警察厅，各省省会、特别市以及省辖市、县设立公安局或特种公安局（1937年1月均改名为警察局），市、县之下又设立警察分支机构，在基层则遍设警察派出所。此外，还设置了名目繁多的特别警察，如司法警察、矿业警察、渔业警察、森林警察、铁路警察、公路警察、税务警察等，并且专门设立了女子警察。这一整套庞大的机构，组成了异常严密的警察统治网，其触角伸向社会的各个角落。

考察国民党统治时期的警察制度，有几点是特别值得注意的。首先，国民党政权的警察机构从建立时起，其反革命锋芒始终指向共产党和党所领导的革命事业。这不仅体现于它的全部活动中，也具体表现在警察机构的设置上。例如，1928年内政部决定各省编练警察队，就是专为“剿共”而设置的武装警察队伍。其中尤以江西建立最早，省警察队拥有五个团，并在二十八个县中成立了县警察队，直接配合国民党军队进剿江西苏区。1933年初设立的直接隶属于军事委员会的长江各省水巡总局，也主要是用于“清剿”共产党在长江各省的力量。其次，警察、宪兵、特务结成三位一体的反动势力。特务制度是国民党反动政权实行法西斯统治的重要工具，它以特殊的活动方式破坏革命，迫害人民，并且通过各种渠道打入包括警察机关在内的各个部门。特务渗透到警察机关之中，并发挥其特有的作用，是国民党警察制度区别于清末和北洋军阀时期的一大特点。与陆军编制相同，隶属于军政部的宪兵，由于直接主管军事警察，并且兼管行政和司法警察，因此同警察系统的关系十分密切。警、宪、特的相互结合，形成一种为害最烈的法西斯恐怖势力，同时也是国民党反动政府警察机构法西斯化的重要标志。最后，警察与保甲制度密切结合。国民党反动政权出于反共反人民的目的，于1932年首先在接近革命根据地的地区建立保甲组织，不久普遍推行于全国。这一特设的法西斯基层组织同警察的关系至为密切。一方面，它直接执行警察职能，如清查户口，稽查出入境居民，监视人民言行，实行“联保连坐”，甚至在未设警察的乡村代行警察各项事务；另一方面，警察对它则负有指导协助之责，如邻右连坐暂行办法、邻右连坐切结式以及保甲会议决议案之执行，警察机关都要切实协助，给予指导。这样，就使得警察能够依靠保甲组织在基层实行严密的法西斯统治。

三、我国人民警察机关的发展①

（一）我国人民警察机关的萌芽

我国人民警察工作的历史，是与中国共产党所领导的革命斗争的历史密切联系在一起的，警察工作的历史几乎和党的历史一样长。从中国共产党成立，就有一个在反革命专政下如何保护自己的问题。在我党的一大会议期间便有保卫工作，在党的各支部便有保密员和保卫员。这就是人民保卫工作的雏形。1925 年 6 月至 1926 年 10 月举行的“省港大罢工”运动期间，党领导组织的武装纠察队实际上是罢工委员会的治安保卫机关。在 1925 年至 1927 年的农民运动中，各地农会建立起了自己的权力机关和武装——农民协会和梭镖队。当时，梭镖队实际上是当地农民运动的治安保卫力量。

在第二次国内革命战争期间，也有许多建立安全保卫组织的尝试。在南昌起义中，革命委员会下设了政治保卫处，南昌市设立了公安局。在广州起义中，建立了人民肃反委员会，在秋收起义以及各革命根据地初期，也都建立有肃反委员会。

（二）中央特科的建立

1927 年，蒋介石发动“四·一二”反革命政变以后，党组织转入秘密工作。1927 年 5 月，在武汉，党中央军委下设了以情报工作为重点的“特务工作处”。1927 年 8 月，特务工作处迁至上海。1927 年 11 月，由周恩来负责中央军委工作，在原特务工作处的基础上筹建了党中央的“特科”，开展情报和保卫工作，隶属于 12 月成立的中央特别委员会。中央特科的成立，是中国共产党建立的第一个专门保卫机关。当时，特委和特科的工作主要由周恩来主持和领导。

中央特科设总务、情报、行动、交通四个科。其主要任务是在地下斗争的情况下，保卫党中央机关的安全，搜集敌人的情报，镇压叛徒、特务，建

① 肖毅、但彦铮：《警察学》，群众出版社 2010 年版，第 45-51 页。

立秘密电台，进行秘密交通联络等工作。在此工作期间，中央特科成功地保卫了党在上海的机关召开的重要会议的安全；在敌人的军、警、特机关内成功地建立了情报基础；营救了被敌人逮捕的一些党的负责干部；镇压了严重威胁党中央安全的叛徒特务。中央特科的行动队也叫“红队”，实际上是党的一支秘密武装力量，担负着武装镇压叛徒特务的任务，为之后的治安保卫工作积累了宝贵的工作经验。后来由于当时的中央特科负责人之一顾顺章的叛变而遭到破坏，1934 年 4 月中央特科迁入苏区后停止其工作。在这个时候，中央特科采取“以攻为守，打进去，拉出来”和“剑盾结合，攻守兼备”的战略，成功地派遣钱壮飞、李克农和胡底打入国民党政府情报组织的最高机关，三人被誉为我党情报工作的“龙潭三杰”。

（三）中央苏区的治安保卫机关

自 1927 年的三次武装起义至各革命根据地的初建过程中，都设立有肃反委员会或裁判肃反委员会，担负着侦查、审讯、判决、惩处反革命分子和地主豪强的任务，行使了部分工农民主政权的警察机关的职能，但还不是正式的人民警察机关。

1931 年 11 月，在江西瑞金召开了第一届中华工农苏维埃代表大会，成立了中华苏维埃共和国。苏维埃政权中设立的安全保卫组织有两个系统。一是国家政治保卫局，根据《中华苏维埃共和国宪法大纲》和《国家政治保卫局组织纲要》的规定，国家政治保卫局“在临时中央政府人民委员会管辖下执行侦查、压制和消灭政治上经济上一切反革命的组织活动及侦探盗匪等任务”，“对于一切反革命有侦察、逮捕、预审的权力”。国家政治保卫局设侦察部（下设有侦察科和检查科）、执行部（下设执行科和预审科）、红军工作部和秘书处、总务等部门，后又增设白区工作部。在侦察部下有其精密的工作网，在执行部下有其自己的武装——政治保卫队。二是在苏维埃内务部领导下的行政、市政、交通、社会保证等科内，行政科管理民警厅和刑事侦探局。根据《内务部的暂行组织纲要》的规定，内务部行政局的任务是：管理民警，训练和教育民警，调查户口，登记生死和婚姻，街灯的设立，监督和指导民警维持市面的治安，清洁街道，以及禁止烟赌等；管理刑事侦探，训练刑事侦探人员，侦探和逮捕各种刑事犯。

苏区的安全保卫工作，主要是教育革命群众提高革命警惕性，镇压反革命活动，保卫党、军队和政权以及维护苏区的革命秩序。但是，由于当时根据地初创，安全保卫工作缺少经验，在王明“左”倾错误路线的影响下，盲目照搬苏联模式和吸收了苏联安全保卫工作的消极成分，因此，这个时期的安全保卫工作脱离了党的领导，脱离群众，实行独立系统，垂直领导，搞神秘主义和孤立主义，搞逼、供、信，在肃反中犯有扩大化的严重错误，伤害了许多无辜人员，给革命事业造成了惨重的损失，成为沉痛的教训。

（四）抗日战争时期的人民警察机关

1937 年 7 月 7 日，抗日战争爆发后，出现了第二次国共合作的局面，原来的革命根据地改为国民政府下的边区政府，原工农红军改编为国民革命军第八路军，在边区政府内设有保安司令部和保安处。保安司令部负责绥靖地方、人民武装和保安处干部的任免、编制、训练、调配等事项，实际是武装民警的性质。保安处的职责：一是关于汉奸、敌探之侦察捕缉处治等事项；二是关于人民锄奸之组织指挥领导；三是其他有关地区锄奸工作之事项。保安处实际上主要负责反革命案件和刑事案件的处置以及内部安全保卫工作。

1938 年 5 月，为了维护党中央和陕甘宁边区政府所在地延安市的社会治安和公共秩序，建立了第一支人民警察队伍——延安市警察队，全称是“陕甘宁边区人民警察”，穿着统一的制式服装，佩戴“边警”二字的金属领章，具体负责市区街道的治安、交通秩序；清查户口、旅店；负责党政机关和集会的警卫。

1938 年 9 月，在中共六届六中全会上，毛泽东同志号召开展“厉行锄奸运动”，纠正了王明的错误路线，从组织上加强了初建工作的领导，保证了运动的开展。1939 年 2 月，中共中央书记处作出决定，在党的高级组织内成立社会部，在人民政权中设立保安机构或公安局。同年 10 月 10 日，党中央又作出了《关于反奸细斗争的决议》，同时还决定从中央到地委成立保卫委员会，从政治上、组织上保证和加强党对公安工作的领导，明确了党委对公安机关的领导关系。这一时期的公安保卫工作摆脱了苏联垂直领导的影响，开始走向适合中国国情的中国道路。

1943 年 8 月，《中共中央关于审查干部的决定》中提出了著名的九条方针：“首长负责，亲自动手，领导骨干与广大群众相结合，一般号召与个别指导相结合，调查研究，分清是非轻重，争取失足者，培养干部，教育群众。”这一方针标志着我党对肃反工作的政策更为成熟，使党的保卫工作立足于马列主义科学的原则和方法上，具有重大的意义。

（五）解放战争时期的人民警察机关

1946 年 7 月，开始了解放战争，随着解放区的扩大，各大中城市相继解放，公安保卫工作的重点由农村转向城市。人民警察机关和警察工作有了新的发展。为了有效地维持城市的社会治安秩序，中央社会部于 1948 年 8

月，向全国推广了哈尔滨市公安局公安保卫工作经验，即对新解放的城市实行军事管制，以接管的形式摧毁旧的国民党警察机关，建立新的人民警察机关。

总体而言，解放战争时期基本上沿用了抗日战争时期一些行之有效的经验做法，但也有一些新的发展。这一时期公安机关的主要任务是配合解放战争，保卫党政首脑机关、保卫解放区、保卫革命果实、保卫新建立的人民政府；维护社会治安，建立革命秩序，清除奸细、特务、反革命、盗匪，取缔反动会道门和封建迷信组织，禁止吸毒贩毒等。所有这些做法，对于新解放区人民政府的建设和巩固，对于解放战争的顺利进行，起到了重要的作用，为新中国成立后的公安保卫工作打下了基础。

（六）新中国成立后人民警察机关的建设和发展

1949 年 10 月 1 日新中国成立以后，公安机关开始进入全面建设的时期。公安组织、业务、法制、理论的建设和人民警察的管理、教育培训逐步向革命化、现代化、正规化、军事化方面发展，形成具有中国特色的人民警察。新中国成立以后，中央人民政府委员会任命罗瑞卿同志为公安部部长。同年 10 月 15 日，召开了第一次全国公安会议，统一了全国公安机构的设置和名称，确立了公安机关的任务，并于 11 月 5 日召开了公安部成立大会。随后，地方各级公安机关相继在全国范围内建立，并根据实际工作的需要，在公安机关内部设立了相应的专门业务工作部门。1957 年 6 月 25 日，第一届全国人民代表大会常务委员会通过了《中华人民共和国人民警察条例》，全面规定了人民警察的性质、任务、职责、权限，以及录用人民警察的条件和奖惩制度。

新中国成立初期，公安机关在清剿土匪、镇压反革命、反特防谍等一系列运动中发挥了主力军作用。在党的坚强领导和人民群众大力支持下，旧社会遗留下来的吸食鸦片烟毒、妓馆等现象在短时间内一扫而光，显示了人民公安机关除旧布新、正本清源的强大战斗力。但在随后而来的“文化大革命”中，公检法三机关被砸烂，法制被破坏，一大批公安战线的老领导、老同志受到冲击迫害。由于受到极“左”路线的严重干扰，公安工作无法正常开展。

1976 年 10 月“四人帮”被粉碎。1978 年 12 月召开的中国共产党第十一届三中全会，作出把工作重点转移到社会主义现代化建设上来的战略决策，着重提出了健全社会主义民主和加强社会主义法制的任务，这为警察法制建设指明了方向，使警察法制建设进入新中国成立以来最好的发展时期。党的十一届三中全会以后，公安部研究公安工作中心转移问题，强调要加强社会主义法制、保障人民民主权利。20 世纪 80 年代初期，为了严厉打击严重危害社会治安的犯罪分子，扭转社会治安的不正常状况，各地公安机关针对治安状况和犯罪活动的特点，坚持依法从重从快的方针，严厉打击了严重刑事犯罪活动，因地制宜地开展专项斗争，为改革开放创造了良好的社会环境。

党的十一届三中全会以来，党和国家对公安工作进行了一系列重大改革。其中大的改革有：1983 年，中国人民解放军执行内卫任务的部队与公安机关原有的兵役制警察合并，并组建了中国人民武装警察部队。1983 年，成立国家安全部，原公安部主管的反间谍工作划归国家安全部；同年，原属公安机关的监狱、劳教管理工作整建制移交司法部门。1984 年 9 月 12 日，中央决定将基建工程兵水电、交通、黄金部队也列入中国人民武装警察部队序列，扩大了人民武装警察部队的范围。1986 年，由交通部门掌管的公路交通管理工作移交公安机关，城乡道路交通管理工作统一由公安机关掌管。从 1983 年开始，各级公安机关对新中国成立以来的涉及公安工作的法律、法规及其他规范性文件进行了全面清理，公安机关的法制机构也得到了建设和加强。1992 年，全国人大常委会通过了《中华人民共和国人民警察警衔条例》，公安机关开始实行警衔制。1995 年 2 月 28 日，第八届全国人大常委会第十二次会议通过的《中华人民共和国人民警察法》，对人民警察的职权、任务、活动依据、义务和纪律以及组织管理和警务保障等方面作了明确的规定，同时还对人民警察的执法监督和法律责任作了规定，这是确立和完善我国人民警察制度的基本法律。1996 年 2 月召开的第十九次全国公安工作会议提出，要加快巡警与指挥中心、110 报警设施、技术防范和犯罪情报信息系统的配套建设，要科教强警，提高公安机关的战斗力；同年下发的《“九五”公安工作纲要》首次明确提出了“依法治警”的方针，指出“要用法律规范一切警务活动”。2003 年，《中共中央关于进一步加强和改进公安工作的决定》提出了“完善法律体系”的明确要求，首次明确“执法为民是公安机关执法思想的核心”，提出“牢固树立法律面前人人平等，尊重和保障人权的观念”。2009 年 8 月 27 日，第十一届全国人民代表大会常务委员会第十次会议通过了《中华人民共和国人民武装警察法》，并自公布之日起施行。随着警察法制的不断完善，我国警察逐步走向了正规化、法治化的建设轨道。

第三章　警察权

第一节　警察权概述

一、政治学、法学及公安学角度的警察权界定

警察权力（Police Power）简称警察权，自警察产生以来就存在，并在历史的发展过程中不断变化着。从我国当前学术界研究情况来看，一般是从制度层面界定警察权。但对于警察权的概念界定，学术界并未形成一个统一的、普遍的观点，不同的学科从不同的角度进行界定。

政治学学者认为警察权作为国家公权力的重要组成部分，是统治阶级意志的体现；法律学者从法律规范的角度出发，认为警察权是国家宪法、法律赋予警察机关执行警察法规范，实施警务活动的权力；[①] 从公共管理的角度来看，警察作为行政管理的一种职业，具有维护社会秩序，增强社会管理的职责。

还有学者认为，不能过于简单地单项考察警察权。从实际情况来看，警察权有广义与狭义之分。对此也有两种观点，他们的分歧在于对权力主体的判断不同，一种观点强调国家在警察权力中的主体地位，它强调警察权是国家权力的重要组成部分，直接体现国家暴力，因此警察权的主体当然是国家，而非警察。[②] 基于此立场，广义上的警察权即国家警察权，是指“国家有关警察活动的一切权力，它属于国家基本权力的组成部分，包括国家关于警察工作的立法权、决策权和执行权”，[③] 这些一般都是国家通过《宪法》或基本法确认并赋予警察组织和警察个体维护公共秩序、确保公众安全的权

---

① 惠生武：《警察法论纲》，中国政法大学出版社 2000 年版，第 127 页。

② 张盛国：《警察权力与警察职权初探》，载《公安研究》2003 年第 7 期。

③ 尹伟中：《警察伦理学导论》，中国人民公安大学出版社 2008 年版，第 11 页。

力。而狭义的警察权仅指警察职权，即警察组织和个体根据国家法律的具体规定享有的维护公共秩序、确保公众安全的某项职能。①

另一种观点则更强调警察机关在警察权力中的主体地位，与前一观点不同，他们强调警察权是警察行政职权与警察刑事职权的统一，将警察机关视为警察权的主体。② 此立场认为，广义的警察权是指国家赋予公安机关的一切权力，包括警察履行刑事职能中所运用的一切权力。而狭义的警察权仅指警察的行政权，是国家赋予警察机关在进行警察行政管理中所运用的权力。③

二、三种社会学范式视角的警察权

如社会中所有的权力，从社会学的角度来看，警察权实质也是社会关系的一种体现。在第一章关于经典社会学警事观中，本书提到社会学视角看待警察的三种理论立场。在对警察权力的看法上，功能论、冲突论和符号互动论也持不同的观点。

（一）功能论：警察权与社会秩序

功能论的核心问题是探讨社会秩序如何维系和再生产。其基本观点有二：首先，功能论认为，一切社会要素和制度都具有功能，基于它们对社会均衡与稳定的作用，其功能有正负之分，而对社会秩序起负功能的现象则是社会失调的一种体现。其次，功能论认为，社会各系统之间相互作用，任何一个要素的变化都会引起其他要素的改变。

因此，在功能论的理论视野里，首先，警察权力是维系社会秩序的重要力量，甚至是现代国家必然的功能选择。基于传统的农业社会的特性，社会秩序的维系力量主要依靠风俗、道德和宗教等。但在现代社会，随着工业化和城市化的推进，社会关系出现了从熟人社会到陌生人社会的转变，契约和法律成为社会有序运作的基石，而现代警察职业的出现及其权力的赋予正是基于这种社会功能需求而生。同时，在此过程中，社会还会出现诸如犯罪等对社会秩序具有破坏性的现象，而打击和预防犯罪一直是警察权的核心内容。上述不论是政治学、法学还是公安学，他们对警察权的主流界定基本可

① 李小波、冯道康：《法、德、日警察权考察及其启示》，载《净月学刊》2013 年第 4 期。

② 陈兴良：《限权与分权：刑事法治视野中的警察权》，载《法律科学》2002 年第 1 期。

③ 尹伟中：《警察伦理学导论》，中国人民公安大学出版社 2008 年版，第 11 页。

归为功能论的范畴，其目的是维护国家安全和主权，维护社会治安秩序，预防、制止和惩治违法犯罪活动而依法实施的强制力量。[①] 当然，警察在行使权力过程中也会出现低效乃至权力滥用等情况，在功能论看来，这是警察系统功能失调的表现，但它会实现自我调整，达成新的均衡。

其次，在维系社会均衡的过程中，警察系统也绝非单独发挥作用，其权力配置必须与所处的政治、经济和文化相一致，否则，其正功能难以发挥。从帕森斯的 AGIL 模型来看，警察权对应的是社会整合和社会控制的功能，其功能的发挥还需与其他三个要素实现有效的互动，同时，即便实现这一点，合理的警察权配置也仅仅只是维系社会现状的稳定，社会的持续和维持还需要包括文化、意识形态和宗教等“模式维持”要素的配合。

(二) 冲突论：警察行使权力时站在哪一边

在对社会的基本判断方面，与功能论强调冲突是社会病态、均衡是社会的常态不同，冲突论强调冲突才是社会常态、均衡是非常态。在分析思路方面，冲突论关注的是不同社会亚群体（如阶层、种族、性别和同期群等）的竞争关系。据此，冲突论认为，社会群体依照各自在社会中的地位占有不同的资源，从而在社会中形成各种不平等的关系，由此导致占有资源者对未占有资源者，或者占有资源多者对占有资源少者的控制，权力由此产生。冲突论的代表人物达伦多夫就认为，社会的制度化过程就是一个“强制性协作体”（imperatively coordinated association）的形成过程，这种过程或组织是“以权力关系为特点，其中一小群掌握权力的人强求他人的顺从”[②]，同时，在一定时候，强制性协作体内的权力关系会趋于合法化。

在这种理论范式的指导下，与功能论将警察权力服务于社会秩序不同，冲突论认为，警察实质上代表着社会中统治阶级和强势群体的利益，警察权的规定和配置实质是他们意志的反映。关于犯罪和警察权的冲突论解释有着诸多流派[③]，大体来说可分为保守的冲突论和激进的冲突论两大阵营。保守的冲突论强调通过犯罪和警察权配置来维护强势群体是每个社会冲突的结果，其代表人物有乔治·沃尔德（George Bryan Vold）、威廉·约瑟夫·钱

① 高文英：《我国社会转型期的警察权配置问题研究》，群众出版社 2012 年版，第 22 页。

② ［美］乔纳森·特纳：《社会学理论的结构（上）》，邱泽奇等译，华夏出版社 2001 年版，第 173 页。

③ 需要强调的是，在冲突论的阵营中，关于警察权代表性的讨论通常是置于犯罪社会学的议题下进行的。

布利斯（William Joseph Chambliss）和罗伯特·赛德曼（Rober B. Seidman）等。激进的冲突论则认为这些仅是阶级社会，特别是资本主义社会阶级冲突的结果，其代表人物有理查德·昆尼（Richard Quinney）、巴瑞·克里斯伯格（Barry Krisberg）等。

达伦多夫的冲突论奠定了犯罪社会学和警事社会学的理论基础，美国社会学家乔治·沃尔德则真正地将冲突理论引入对犯罪原因的分析，并由此建构起全新的犯罪社会学理论，而另两位美国社会学家威廉·约瑟夫·钱布利斯和罗伯特·赛德曼则运用冲突论对刑事司法系统的属性进行了专门的论述。因此，本章以此两种理论为代表，梳理他们对警察权的论述。

沃尔德在1958年出版的《理论犯罪学》[①]一书中提出了自己的“利益群体冲突理论”。该理论认为：（1）人类属于社会动物，必须实践群体生活；（2）群体必须维护其成员的利益；（3）社会是在不断地冲突中得以持续地向前推进；（4）犯罪行为是为了控制社会而斗争的不同力量间的直接冲突的结果。[②]根据这些理论假设，沃尔德提出，社会中立法、违法和执法的政治过程，直接反映了不同利益群体间基本利益的冲突，法律反映和代表的是控制立法者群体的利益，由于他们拥有决定哪些行为合法哪些行为违法的决定权，[③]而犯罪则是强势群体强加给违背自己意志的少数派权力群体的行为。虽然沃尔德没有专门对警察在其中的角色进行论述，但我们可从其理论中推论出，警察权实质是强势群体为维护自我利益而设置的，其权力是为控制少数派权力群体，而并非为实现“公共利益”。

1971年，两位美国社会学家威廉·约瑟夫·钱布利斯和罗伯特·赛德曼合作出版了《法律、秩序与权力》[④]，在该书中，他们对警察权力进行了专门的分析，其核心观点认为，刑事司法系统对应的不是以社会共识或一致论为基础的社会模式，而是以冲突论为基础的社会模式。法律保护掌权者和特权者的利益。一方面，法律规则本身建立在立法者的价值观基础之上，而这些价值观倾向于富人，而非中立，同样，包括警察机关在内的刑事司法活动，也是维护他们的利益；而这势必会导致警察在执法时，法律被有差别地

① George Bryan Vold, Theoretical Criminology, New York: Oxford University Press, 1958.

② 张小虎：《当代中国社会结构与犯罪》，群众出版社2009年版，第406-407页。

③ ［美］斯蒂芬·E. 巴坎：《犯罪学：社会学的理解（第四版）》，秦晨等译，上海人民出版社2011年版，第279页。

④ William Joseph Chambliss and Robert Seidman, Law, Order and Power, Reading, MA: Addison-Wesley, 1971.

执行，其控制的对象主要是下层民众。[1]

（三）符号互动论：对警察权力行使的意义理解

功能论和冲突论虽在观点立场上截然不同，但它们在理论取向上颇为一致，即属于宏观分析，而符号互动论则侧重于微观的探讨。前者将警察视为一种角色、机构或系统，考察其与整体社会或其他社会系统的关系；而符号互动论强调的是警察与其他主体如何通过象征符号进行互动，同时，在互动过程中如何建构起意义等议题。

符号互动论是一个非常庞大的理论体系，在诸多符号互动论学者中，布鲁默是最重要的代表人物之一，他不仅提出了“符号互动论”这一名称，而且还奠定了该理论的基本框架。因此，我们可以基于这些假设笼统地考察符号互动论视野下的警察权。

布鲁默认为：（1）人类对事物的行动是建立在这些事物赋予行动以意义的基础之上的；（2）事物的意义起因于某人与伙伴的社会性互动；（3）人们在处理遇到的事物时，在诠释性过程中可以掌握并修订事物的意义。[2]

以此观之，警察权不仅仅是一个制度规定的事实，而且还是警察与民众，警察机关与其他机构间互动的结果。对于任何一个社会而言，警察权顺利实施的前提是警察与民众对警察权力的意义有着某种共识。这可表现为：

首先，在一个相对稳定的社会中，我们在社会化过程中，通过与他人的互动，逐渐建构起关于警察权力的一些“现实”。当这种源自生活世界的“现实”与源自政治世界的规定相一致时，警民关系自然处于较为和谐的状态。当处于一个快速转型的社会时，警察的某些强制性执法则会引起社会的极大不满，其原因就在于包括警察在内的政权机关与社会对同一事件的看法出现了严重的分歧。

其次，由于权力合法性源自各方互动的意义建构，因此，关于警察权力滥用也是一种动态的概念。[3] 20世纪90年代后，随着社会利益的日益多元，以及个体权利意识的觉醒，人们对代表公权的警察权行使的范围出现了新的理解。对同一事件，民众基于当前的社会形势判断，而某些警察仍按之前的理解作出行为，以致出现了权力行使过程中的“滥用”。

---

① 张小虎：《当代中国社会结构与犯罪》，群众出版社2009年版，第408页。

② ［美］鲁思·华莱士、［英］艾莉森·沃尔夫：《当代社会学理论：对古典理论的扩张（第六版）》，刘少杰等译，中国人民大学出版社2008年版，第192-193页。

③ Michael J. Palmiotto, N. Prabha Unnithan, Policing and Society: A Global Approach, New York: Delmar, p. 258.

最后，在面对同一越轨行为，特别是不甚严重的越轨行为时，不同警察在权力的行使方面可能有所不同，同一警察针对不同社会群体的态度也有不同，这些在很大程度上取决于警察对此赋予的主观意义。

（四）探讨警察权力的三个维度

不同的学科、不同的理论对警察权力有着不同的理解，但从理论的角度来说，学者们都公认，警察权是国家公共权力的表现，由特定的警察机构及其警务人员所享有，旨在维护统治和社会秩序，提供社会服务。不过，当我们基于警事社会学的角度讨论警察权时，就应兼顾警事之“应然”与“实然”两方面的面向。因为，正式权力既是一种制度规定，同时也是一种实践。同时，当我们讨论警察权时，我们还应看到，警察不仅是一种职业或机构，同时也是一种社会角色。

就一般情况而言，从角色的表现状态来看，我们通常将社会角色分为理想角色、领悟角色和实践角色三类。理想角色也叫期望角色，是指社会对特定身份所规定的一套权利义务系统和行为规范，它表现为应当如此。领悟角色则是行动者对前述一系列社会规定的主观理解，是个人对所要扮演角色的领悟。实践角色是扮演者在实际行动中表现出来的角色。三者之间可能一致，也可能不一致。[①] 同时，我们还应看到，社会角色的实质属于互动的范畴，对个人来说，角色扮演是为了目的实现，但成功与否在很大程度上还取决于他人的判断，因此，除了基于行为主体而作的此三类划分外，我们还应关注他人对其实践角色的评价。

据此，从警事社会学的角度来看，作为一种社会角色和制度设置，我们认为，警察权力包括三个维度：制度授予之权、警察自觉之权和民众认可之权。前两种对应着角色的三种类型，第三个维度则对应着客体的评价。具体而言，制度授予之权主要指不同国家通过相关的法律和制度，明确规定警察在执法过程中的相关权力范围，而这集中体现于警察权力的配置。警察自觉之权涉及的是作为个体的警察在警务行动中对相关规定的主观理解与运用，这主要讨论的是制度之角色规定与警察自我领悟和实践间的角色差距。民众认可之权则指的是民众对警察权力实施的主动服从性，即警察的权威或警察权力的社会合法性。本章也将从此三个维度对警察权力分别进行论述。

---

① 易益典、李峰：《社会学教程》，上海人民出版社 2007 年版，第 44 页。

第二节 制度之权：警察权力配置

一、警察权的制度设计内容与原则

（一）警察权的制度设计内容

警察权从本质上是一种政治设计①和权力配置，因此，从制度层面来看，警察权是基于一国宪法和相关法律规定，授予警察权、划分警察权限以及建构控制机制的权力分配体系。一般来说，宪法对警察权作原则上的规定，而具体的单行法律则对警察权作具体的设计。这些关于警察权力配置的规定与设计大体来说包括两个方面的内容：

一是警察权的主体配权，主要涉及警察权在不同的国家权力机关以及同一机关不同部门间的配置问题。如根据相关法律规定，我国将警察行政职权基本都归属于公安机关，而将刑事侦查权分配于公安机关、安全机关和检察机关等，在公安机关内部，不同的部门、不同的警种拥有不同的警察权。美国由于没有全国统一的警察力量，因此，其警察权的主体配置与其宪法和相关法律的规定一致，形成了美国特色的警察体制，包括联邦警察机构、州警察机构、市警察机构、特种公共警察和私人警察机构等，而联邦司法局下又有四个不同的警察机构：联邦调查局、禁毒署、联邦法警局和移民规划局。

二是警察的职权范围，警察权属于国家权力，而警察的职权是公安机关等的职务范围内的权力，即警察权的具体化。其内容主要包括②：

第一，固有职权与授予的职权。固有职权是宪法、政府组织法和警察法等相关法律规定的，自相关部门成立之初就依法配置的警察职权。授予的职权则是根据某部法律规定，权力机关配置的特定的警察职权，它可以是永久性的，也可以是期限届满后收回或取消的警察职权。如我国公安派出所根据《治安管理处罚法》取得的治安处罚权；县级以上人民政府公安机关根据《集会游行示威法》取得的审批许可权；等等。

第二，警察行政职权和警察刑事职权。警察的行政职权主要是预防犯罪

① 高文英：《我国社会转型期的警察权配置问题研究》，群众出版社 2012 年版，第 21 页。

② 高文英：《我国社会转型期的警察权配置问题研究》，群众出版社 2012 年版，第 155-159 页。

或围绕治安所配置的行政处置权、处罚权、监督检查权和行政强制权等，而警察刑事职权则重在制裁犯罪。在诸如法国与日本等国家，此两种职权分别对应行政警察和司法警察两个不同的警察系统。我国则是由同一公安机关的不同部门行使。

第三，一般警察职权和特殊警察职权。根据警察职权配置机关和警察职权配置内容是否涉及当事人的人身自由，警察职权通常又分为一般性的和特殊性的两种。一般警察职权不需要法律上的特殊授权，也没有警察职权的主体限制，属于警察的基本职权范围，包括各类警察治安行政管理权和一般刑事案件的立案侦查职权等。特殊警察职权则是“在一般警察职权的基础上，对警察职权主体、警察职权强度和警察职权配置的法律有特殊性要求的警察职权”，包括实施行政强制措施、行政处罚、使用武器、技术侦查和实施刑事强制措施权等。[①]

当然，依照不同的标准，对警察职权的分类还有其他内容，但从普遍性情况而言，上述三个方面是警察职权的核心内容。

（二）警察权制度设计的基本原则

世界各国都有警察，其制度规定虽有不同，但警察权在制度设计和实践中一般都会遵循一定的原则。这种原则包括：警察目的原则、警察公共原则、警察责任原则、警察程序原则、警察比例原则。

1. 警察目的原则。所谓警察目的原则即警察权配置的目的。国外学术界对之有消极说和积极说两种相对的观点。消极说认为，警察权配置的目的是惩治犯罪，铲除危害，因此，警察职权只能被动地发起而不能主动行使。积极说则是强调警察的任务是为社会积极提供各种服务，主动地预防犯罪，保护民众和维护社会秩序。相对而言，消极说占据主导地位。但也有越来越多的学者对这种两分法提出质疑，如“二战”后，西方国家的施政目的经历了福利国家、法治国家和社会国家三个时期，相应地，警察权配置的目的也出现了三种转型。在福利国家时期，警察的任务偏重于预防犯罪，保护人民；在法治国家时期，警察任务的重点放在打击违法犯罪活动上；在社会国家时期，警察既要履行保护人民权益的积极任务，又要承担打击犯罪的消极任务。[②] 为此，存在第三种“综合说”，即警察权力的配置既有积极干预，

---

① 高文英：《我国社会转型期的警察权配置问题研究》，群众出版社2012年版，第158页。

② 汪勇：《警察勤务效率原则浅析》，载《中国人民公安大学学报》1999年第4期。

也有消极应对的目的，至于孰重孰轻取决于所处时期的政治、经济和社会现状。

2. 警察公共原则。警察公共原则又称“私生活自由原则”，是指警察权的行使必须以维护公共秩序为必要，严格限制介入私人领域。[①] 日本学者田口守一认为，警察公共原则包括三项核心内容：不可侵犯私人生活原则、不可侵犯私人住所原则以及不干涉民事原则。[②]

警察公共原则实质强调的是作为公共权力的警察权与作为私人权利的公民权之间的关系问题。从权力或权利的行使宗旨来看，作为公权之一的警察权遵循的是“法无授权即禁止”的原则，而公民权利遵照的是“法无禁止即自由”的原则，因此，两者构成了一对理论上的悖论。这种矛盾实质反映的是公共利益与个人利益、社会秩序与个体自由间的冲突。

与警察权配置的目的一致，在警察权与公民权的博弈历程中，先后出现了“管理论”与“控制论”等不同的观点。管理论认为，应扩大警察权以实现对社会秩序的良好管理，警察权应以效率、秩序为其主要价值目标。控制论则认为，警察权应被严格控制在法律和法规许可的范围之内，公民应有更多的机会和资源来制衡警察权。但在实际生活中，警察权与公民权是否无时无刻都能构成这种“此消彼长”的关系呢？其实问题的关键在于能否实现权利（力）保障和禁止权力（利）滥用间的平衡。[③]

3. 警察责任原则。警察责任原则也是由警察权力的性质决定的，实质是对警察权的法律约束。它包括两个层面的含义，第一是就警察机关及其警务人员而言，强调“权责一致”，即警察机关及其警务人员的权限必须有相应的法律责任相对应；第二是就权力行使对象而言，强调只对负有责任者行使警察功能，具体而言，警察只能对那些破坏公共秩序进行违法犯罪活动的责任者行使警察权，否则就是权力的滥用。因此，警察责任原则的基本要求是：有权必有责，用权受监督，侵权要赔偿。[④]

4. 警察比例原则。比例原则又称“禁止过度”原则，是行政法学中一个非常重要的原则。警察比例原则最先出现于19世纪德国的警察法学，是

---

① 张兆端：《警察哲学——哲学视阈中的警察学原理》，中国人民大学出版社2010年版，第248页。

② ［日］田口守一：《刑事诉讼法》，刘迪、张凌、穆津译，法律出版社2000年版，第37页。

③ 陈晓济：《警察权与公民权的平衡》，载《天府论坛》2008年第1期。

④ 张兆端：《警察哲学——哲学视阈中的警察学原理》，中国人民大学出版社2010年版，第251页。

指警察机关及其警务人员实施警察行为应当兼顾警务目标实现和保护相对人的权益，如果实现警务目标可能对相对人权益造成某种不利影响，应使这种不利影响限制在尽可能小的范围和限度之内，使二者处于适度的比例。[①]

按照行政法学的比例原则，警察的比例原则也包括三个下位原则：第一是适当性原则，指警察机关及其警务人员采取的措施和方法适合于实现的目的与目标；第二是必要性或最小侵害原则，是指警察机关及其警务人员行使权力不能超过必要的限度，应尽可能使相对人权益遭受最小损害；第三是狭义比例或衡量性原则，即警察机关及其警务人员行使权力应对其目的达成的利益与相对人的利益造成的损害进行衡量，只有前者重于后者，其行为才具合理性。[②]

5. 警察程序原则。警察程序原则是指警察权的行使应当严格遵守法定程序。警察权的行使，涉及对公民个人自由与权利的限制，因此，只有经过法定程序才能保证警察权行使的正当性。[③] 这不仅有利于保障相对人的合法权益，也有助于警察机关及其警务人员正确地行使权力。

二、警察权配置的多样性

从第二章警察的历史变迁中我们可以看到，警察权作为一种公共权力的体现，伴随着国家权力的产生而产生，在不同的国家形态中发展起来，因此，警察权在各国不仅有共性的基本原则，还有着很大的差别，警察权的配置在各国也呈现出多样的形式。这种差异性正是基于本国国情，警察权配置才具有不同的特色。要理解和区别警察权配置的差异，则必须考察各国的政治制度、历史传统和国家整体权力配置，而这些因素大体可归为政治制度与文化两类。即不同的政治制度和文化传统会有着不同的警察权配置。

制度是结构性的影响因素，不同的权力制度会产生不同的权力分配形式。警察权作为国家权力结构的重要组成部分，其权力配置必定在国家整体权力配置的框架中运作。中央与地方的权力配置是国家权力配置的重要体现，当前世界各国中央和地方权力配置形式主要分为集权制和分权制。但受历史传统、外部环境以及自身发展等诸多因素的影响，多数国家的行政体制

---

① 姜明宁：《行政法与行政诉讼法》，北京大学出版社 1999 年版，第 41 页。

② 张兆端：《警察哲学——哲学视阈中的警察学原理》，中国人民大学出版社 2010 年版，第 252 页。

③ 陈兴良：《限权与分权：刑事法治视野中的警察权》，载《法律科学》2002 年第 1 期。

均为多种权力结构构成的综合体。[①] 同时，一个制度或者一种权力体系要想生存下去，则必须考虑当时当地的文化传统。因此，文化在警察权配置的发展演进中一直都扮演着重要角色。而在诸多的文化传统中，与警察权关联最密的莫过于该国或地区的政治文化传统和法律文化传统。政治文化传统则主要是考虑国家意识形态对警察权力配置的影响。按照当前各国政权的宪政基础，大致可以分为国家主义和自由主义两种。宪政所关心的核心问题是：国家权力应具有什么样的特质，国家权力与公民权利二者之间的关系究竟应该怎样安排方可塑造一个具有正当性与合法性的国家，以及在法律和政治上应当建设何种制度才能有利于并保证实现国家与公民之间的理想状态。作为国家权力的一种，警察权同样受宪政基础的影响，为警察权的权力基础。国家的法律文化传统则是考察其法律的运作方式。大部分学者把世界上现行法律制度分为海洋型和大陆型这两类。海洋型法律盛行的是普通法，强调的是程序正义；而大陆型法律则建立在法典基础之上，要求的是实质正义。

综上所述，我们将制度划分为：中央集权、地方分权、集权与分权结合；将政治文化划分为：国家主义、自由主义；将法律文化分为：海洋型法律体系、大陆型法律体系。而各国家不同的警察权都受此三者的影响。

（一）制度差异下的警察权配置

人类发展几千年来，经历过不同的发展阶段。警察作为与政治关系密切的社会存在，自然其权力与政治形态拥有着天然的联系。警察权力发展的历史，就是政治发展的历史，也是国家发展在历史幕布上的投影。[②] 作为国家组织制度的重要安排，中央和地方权力关系是国家治理的重要逻辑。中央和地方的权力关系主要表现为集权制、分权制、集权与分权相结合三种。中央与地方的关系比较强，所呈现出的是集权的状态，中央对整个国家进行了一个整体的筹划和安排，地方服从中央的统一调度和规划，是一元化的治理。而分权制则体现的是中央与地方的关系比较弱，中央和地方各自为政，中央不得干涉和插手地方事务，地方有自主权力安排地方事务，是一种多元化的治理格局。集权与分权结合则是中央与地方权力分配，是警察权力分配的制度基础。政治格局和形态的差异对警察权力的配置具有决定性作用。警察权力作为政治权力中的一种，警察权的划分就是政治权力分配的一种重要表现，必须符合当时、当地政治权力状态，受其调控且与其相契合。为此，根

① 赵炜、张光：《警察政治学》，中国人民公安大学出版社 2014 年版，第 55 页。
② 宋远升：《警察论》，法律出版社 2013 年版，第 141 页。

据各国不同的政治生态和制度，当前世界上主要分为中央集权制、地方分权制和集权与分权相结合的三种不同的警察体制。

1. 中央集权警察体制。在集权制的警察权力配置下，警察权力是国家政治权力的重要组成部分，为中央政府直接、统一管理和调度，是一种垂直领导的关系。中央部门的警察权力较大，地方警察在人事、管理和决策等方面具有较小的权力。总体表现为：中央警察机关统筹全国警察力量，对地方警察事务实行垂直领导，拥有决策权和分配权；地方警察受上级领导，在中央警察机关授权下行使相关权力。当前世界中央集权型警察体制的主要代表国家有法国、德国、意大利等。

法国是比较典型的中央集权制国家，其警察权力也呈现出中央集权的特征。在法国，省和市镇是中央派出机构，行使着中央赋予的一些权力，中央对地方具有绝对的支配权。法国警察实行双轨制，主要由国家警察和国家宪兵两大并列警察系统组成。国家警察主要职能是犯罪预防和犯罪侦查，国家宪兵是执行行政警察和刑事警察职能。两大警察系统内部实行的是垂直领导。国家警察属于文官系统，由内政与公共安全部管理，国家宪兵是法国的第一兵种，由国防部管理和指挥。市镇无权调动警察力量，警察组织可以有较大自由来处理市镇对警察需求的请求；作为中央代表的省级部门可以指挥和调动辖内警察组织，但并不对其进行管理，警察的管理仍归属中央有关机构。

在中世纪德国拥有很多的城邦，城邦之间战争不断，为了巩固国内的社会秩序，统治者把警察权作为重要手段。警察权和军权高度统一，专制集权，军警不分。19 世纪初期到 20 世纪初期，随着民主和自治的思想不断深入人心，警察权归入地方管理，但实际负责警察管理的地方政府仍然采取的是集权专制方式。1918 年德国从君主政权变为共和国。首先，推行自上而下的警察体制，力求警察权的统一。在两次世界大战前后警察制度大肆集中，军队和集权化的趋势进一步加强。第二次世界大战结束之后，德国警察权发生了很大的变化。通过立法将警察划属地方事务，保障国家民主和自治，防止权力集中和滥用。其次，将中央集权行使的警察权分散到地方，确立了中央、地方政府和议会共同节制的警察权体制。最后，联邦通过设立警察机关配置警察权，应当有基本法的特别授权。从总体来看，德国的警察权自中世纪的分散、各邦集权和军警不分，到近现代警察权分权后又部分集权，并逐步摆脱军警不分的模式，呈现出的仍是中央集权的一种警察体制。

通过对集权制国家警察制度的考察，可以发现中央对地方通过不同方式进行管理和配置，强化中央权力，削弱地方自治权力。不同国家的警察制度设计深受本国政治权力分配的影响。但随着社会的发展和现代化的推进，集权制在某些具体方面也出现一些分权的现象，不过总体来说其警察制度仍然是中央集权的设计。

2. 地方分权警察体制。地方分权警察体制是建立在中央和地方权力分权的基础之上。就整个国家权力的格局来讲，中央和地方根据法律规定独立自主地管理各自的范围，中央负责整个国家的战略规划，无权干涉地方事务，地方在管理上具有很大的自主权。因此，在警察体制的建构中，中央只负责和中央有关的警务活动；地方独立负责本地区的警察活动，与中央没有隶属关系，中央亦无权管理、配置地方警察权力。基于中央和地方分权的政治形态，当前世界主要采取分权警察体制的国家有美国、澳大利亚等。

美国继承了英国的自治传统，联邦与各州实行分权的权力配置。联邦政府无权干涉地方政府事务，地方政府具有很大的自主管理权。因此，美国警察体制采取的也是分权体制。美国没有一个全国性质的警察机关，各州也没有统一的警察机关，警察机关隶属于地方政府，为地方政府统一调配、管理，相互之间没有管辖关系。

美国警察体制在近代发展以来主要经历了以下四个阶段：一是独立战争之后的初创阶段；二是内战结束后的分权阶段；三是警察专业主义兴起和实施阶段；四是第二次世界大战至今的警察发展阶段。① 独立战争之前，美国警察沿袭英国传统，由夜间巡逻队来负责安保工作，维持秩序。在独立之后的初期，守夜人担负着警察的权力和职责。

19世纪中期，社会发生巨大的变革，犯罪、暴乱和骚动席卷了整个美国。城市化进程不断加快，工业革命的发展带来了社会的重大变化，不断涌进的移民造成了新的社会矛盾。为了解决这种矛盾，警察局开始设立，并被赋予一些权力。美国内战结束后，警察局已经在都市中存在。州议会通过一些法案，将一些管理职权划归警察。

19世纪末20世纪初期，美国开展警察专业化改革运动。主要包括削弱政治影响，打破选区政治权力，提高警察标准，成立专门部门，培养服务意识等。警察专业化改革加强了对警察组织的集中指挥和管理，也促成了两类重要的执法机构，即州警察和联邦调查局的建立。

20世纪中期，警察权体现在两方面：一是警察局内部已经实行集权管理，按照业务功能分工理顺和设置了部门机构，提高了工作效率和效能。二

① 高文英：《我国社会转型期的警察权配置问题研究》，群众出版社2012年版，第42页。

是确立了警察专门、不可或缺的地位。20 世纪六七十年代，美国经历了一个社会秩序失序、犯罪率增长的阶段。警察的工作效率受到民众的抵制。法院通过一系列的裁判使警察权的行使必须遵守严格的程序，同时还必须要与宪法保持一致。20 世纪 80 年代末，由于地方自治和地方主义传统的盛行，警察执法责任分散，渐渐有了分散布置的趋势。

3. 集权与分权相结合的警察体制。集权与分权相结合的警察体制其特点是警察机关实行中央和地方双重领导。一般来说，这种中间型的警察体制在中央政府有一个专门的警察机构，负责全国的警察制度、规范的制定、业务指导、监督审查和经费配置等；在地方，每个地区都有相关警察负责机构，负责地方警察的人事管理、经费预算等。当前主要采取集权与分权相结合的警察体制的国家有英国、日本等。

在英国全境内，拥有很多的警务区，如伦敦警察总局、英格兰和威尔士警务区、苏格兰警务区、北爱尔兰警务区等，每个警务区都有不同的管辖范围和业务范围。基于英国国情，英格兰和威尔士、苏格兰和北爱尔兰这三大地区又存在不同的警察管理体制。苏格兰和北爱尔兰的警察机构对当地政府负责，而英格兰和威尔士的警察机构则由英国内政大臣、地方警察委员会和警察局长三者共同管辖。由于英格兰和威尔士的警务机构是英国警察的主体机构，所以本部分将着重介绍该地区的警察管理体制。20 世纪 60 年代，英国经济进入了滞涨期，公共福利的缩减，失业人口的增加，警察的腐败、滥权等引起了公众的不满和抗议，甚至出现对警察的敌对情绪。为此，1964 年《警察法》确立三方负责制。根据 1964 年《警察法》规定，内政大臣直接对人伦敦警察厅进行管理，同时对其余的 42 个警察局实施有限和部分的控制与管理。其职权包括：为了保证警务效率，有权要求地方警察委员会解除某位警察局长的职务，但应给予该局长事先向其申辩的机会；有权制定有关警察组织的工作条例、行政和管理等方面的法规；有权审批各地方警察委员会上报的各警察局编制定额；有权处理警察违纪案件的上诉；授权从国家税收中支付地方警察机构的一半经费，以维持他认为满意且有效的警察力量，另一半经费来自地方税收。[①] 每个地区都设有警察委员会，其中构成人员中 2/3 是地方议员、1/3 是治安法官。其权限主要有：可以任命当地的警察局长；可以要求警察局长辞职；听取警察局长的意见后，可以决定局长助理和副局长的任命和晋升；决定所辖警察局的经费预算，提供警察局所需的建筑、设备和给养，并决定所需警察的编制。警察局长的职权包括：警员的

① 赵炜、张光：《警察政治学》，中国人民公安大学出版社 2014 年版，第 58 页。

招募和训练，助理局长以下级别的警官的任命、提升和处罚，警力的调配以及统管各种业务活动和行动。警察局长具有警务的主导权，对警察进行日常管理和指挥行动。警察局长对经费和人力、物力资源的使用负责。①

日本地方政府既是国家中央政府的派出机构，也是地方自治机关，拥有双重的属性。在其警察组织设置方面，分为国家警察机关和都道府县警察机关。国家警察机关层面，设有国家公安委员会和警察厅；都道府县警察机关层面，设有都道府县的公安委员会和警察机构。公安委员会是警察机构的管理机关，警察厅、警视厅、警察本部为警察的领导机构。都道府县警察归属都道府县管理，经费来源主要为地方财政，警察也属于地方公务员。但同时都道府县警察还受国家公安委员会和警察厅的指挥和监督；警视正以上的警官由国家进行任免和管理，属于国家公务员；特定经费从国家预算中支出。警察厅掌握着人权、财权、事权，地方警察自治的程度有限。日本警察体制偏向于中央集权，有“三分自治，七分集权”的说法。②

警察机关是政府机关的一部分，警察机关之间的权力配置问题归根到底仍是不同层级政府间的缩影和具体表现，是国家内部权力分化的关系，是以一定国家结构形式为基础的。国家结构形式从根本上决定、制约着一个国家的警察权力分配体制。在当今世界上，实行中央集权型单一制的国家，其警察权力配置体制必然是集权警察体制；实行地方分权自治型的国家，其警察权力分配体制一般是分权警察体制。③

（二）文化传统差异下的警察权配置

文化传统是经过历史累积下来的非制度性因素，对国家的制度设计和权力分配具有很大的影响作用，历史惯性下的各个因素影响着警察权的配置。现代社会对警察权力配置的立法设计，不过是历史累积的因素的法律记载或诠释。④ 警察权配置还必须考察不同的政治法律传统背景等历史性因素。尊重历史发展规律才能促进权力的合理配置以及制度的正常运行。文化传统的差异必然导致警察权力配置的不同。就文化传统来讲，作为国家权力的重要组成部分，警察权受政治传统和法律传统的影响较大。

1. 政治传统的差异。警察权作为国家权力的一部分，与国家的宪政基础存在天然不可分的关系。对警察权的讨论必须要纳入宪政的基础。传统的

---

① 龚驷：《国外警察管理体制概述》，载《公安研究》2002 年第 1 期。

② 龚驷：《国外警察管理体制概述》，载《公安研究》2002 年第 1 期。

③ 陈真、陈合权：《世界警察概论》，四川大学出版社 2008 年版，第 23-25 页。

④ 宋远升：《警察论》，法律出版社 2013 年版，第 169 页。

宪政理论中有国家主义和自由主义两种。国家主义的宪政观主张国家高于社会，更高于个体，个体必须服从国家意志。自由主义的宪政观则从个体出发，强调个体利益和自然权利，国家是为个体服务，促进个体发展的一个载体。国家主义代表的国家有德国、法国等，自由主义代表的国家有英国、美国等。在国家主义与自由主义这两种不同的宪政基础之上，警察权存在根本的不同。在传统自由主义宪政国家，国家权力的核心是议会，警察权不能超越法律。随着法治思想的进一步深化，警察的职权必须取得法律的合法性，即法律授权才可为。在传统的国家主义的宪政国家，作为行政权一种的警察权，其目的在于执行和维护现有权威，如法律、制度等。由于对国家的功能理解不同，两种模式之下警察行政权的作用也不相同：传统自由主义之下，警察行政机关的职能受限，警察自由裁量权的范围很小，自由裁量几乎与专制权力等同；在国家主义思想之下，国家可以主动地作出行为，虽然警察行政机关的行为仍需要法律授权，但其职能范围广泛，警察自由裁量权的范围也得到了极大的扩展，其运用更加富有弹性。

2. 法律传统的差异。就法律传统来归类，学术界主要分为大陆法系和海洋法系。大陆法系注重法典规定的统一法，采取罗马法精神，公权力较为发达，私权利和自治基础较弱。海洋法系注重的是判例，强调普通法，民权思想发达，法律赋予行政机关的权力极为有限。因这两种不同的法律传统，警察制度也有较大差异。

大陆法系国家的警察权在建立之初就带有政治色彩，属于国家暴力机构的重要组成部分。在中世纪的早期，大陆国家盛行的是习惯法，没有一个全国统一的法律。因此，没有法律规范的警察体制运行就比较混乱。随着罗马法在欧洲大陆的推崇，以及大陆法系法典的制定，警察的专业化程度也在不断变化，警察权力在法律的规范下运作。统一的法律规范导致的是集权的权力配置，警察作为中央的重要部门，拥有广泛的权力。大陆法系国家通过一系列的法律明文规定警察权，对其行使的程序、原则都做了规定，让警察权可操作化、精确化。如日本通过《日本警察法》规定了警察的活动、职权等，对警察权都有一个清晰的界定。德国、法国的警察权力在中央的统一管理下，通过一系列的法律法规，对警察的行政和司法权力进行了很好的管理和试行。但大陆法系国家警察执行任务时虽然有一定的限制，但相对自由得多。

在海洋法系国家警察就是民众。警察权力开始是很微弱的，警察权力的来源是民众让渡权力，这种权力仅存在于公共领域，不能僭越私人生活，旨在维护社会公共秩序。与欧洲大陆国家不同，英国主要受到普通法的影响。

在普通法的规范下，警察权实行分权式配置。因此，海洋法系国家的警察权没有一个统一的规定，警察权也相对比较小。根据本国法律及惯例，警察仅拥有保护生命财产、维持治安、预防与纠举犯罪、整理交通等权力。[①] 英国警察权力散落在很多的法律条文中，为此，1984 年通过的《警察与罪证法》比较大范围的集中规定了警察权的一些权力。同时在内政部中也有一些关于警察权力的规定。而美国没有一个统一的警察权配置机构，联邦和地方实行分权治理。美国的警察权建立在限制警察权力以此来保护公民权利的基础上，仅有美国律师协会提出的《关于城市警察职责的标准》对警察权力进行了一些规定。海洋法系国家的警察执行工作时采取谨慎态度，工作程序较为烦琐，慎之又慎，不枉不纵。

另外，警察的行政权在各类型国家中都有，但一般海洋型法律传统的国家警察不具备司法权。海洋型国家的司法权只能由法院来行使，警察局没有这项权力。而大陆型国家警察可以对当事人处以罚款和拘留等司法制裁。

各国的警察权配置存在着不同的特征，但都深深烙印着本国的制度文化印迹。一般来说，有过专制历史的国家，警察配置多采用集中制，而民主制传统的国家，与自治相关联，分权制的警察体制较多。集中制和分权制都有各自的优缺点，都是建立在本国社会经济土壤之中。警察权的变迁与差异是根植于本国的政治、法律制度之上，并深受政府权力运作方式的影响，不断形塑和构建出来的。

受西方国家现代理念中的“人本主义”和“法治思想”的影响，警察功能步入了“民主现代化”。现代各国警察权具有两个共同的特点和发展趋势，第一个特点是权力收缩，立法机关在现行国家法治水平和政府职能下，重新审视警察权的内容和外延，确定警察符合时代需要的核心职责，通过法律进行严格规定；第二个特点和趋势是第一个的补充，即将现有警察权的部分内容和职权进行调整，按照权力分割和制衡的原则，将部分警察权逐渐交到其他行政职能部门或下放民间，分流边缘职能，使警察能更专注于核心职能。第二次世界大战后，各国的警察权都发生了变化，之间的区别逐渐淡化，走向一种融合的趋势。随着社会经济的发展，社会转型和变迁的加剧，警察权的发展变化一方面在集权和分权之间不断平衡，即分权的国家随着社会矛盾的不断加大转而强化警察权力，而集权的国家则随着民众公民权和自由思想的兴起而限制警察权；另一方面在制度层面不断回应文化和传统的要

---

① 孟庆超：《中国警察近代化研究》，中国人民公安大学出版社 2006 年版，第 36 页。

求。作为公权力的警察权，唯有在传统和现代的不断互动中才能正当地实施，保证警察职能的合理发挥，维护社会的长治久安。

三、我国的警察权

警察权具体到警察职位即警察的职权。当然，如前所述，警察机构内部不同的部门和不同的警种，其权能和职责也各有侧重。我国《人民警察法》明确规定了公安机关人民警察的权限，可将之归纳为以下几种①：

（一）治安行政管理权

1. 治安行政管理权。治安行政管理权是指公安机关在治安行政管理活动中，为维护社会秩序和公共安全，依法对特定的人、物、事、场所采取的命令、禁止与取缔、许可等方面的权力。

2. 治安行政处罚权。治安行政处罚权又称治安管理处罚权，是公安机关依法对不履行治安法律法规所确定的义务或者危及社会治安秩序，情节轻微，尚不够刑事处罚的行为，依照治安管理法律法规规定行使的行政处罚权。根据《治安管理处罚法》的规定，治安行政处罚有警告、罚款、行政拘留、吊销公安机关发放的许可证等。对违反治安管理的外国人，可以附加适用限期出境或驱逐出境。

3. 治安监督检查权。治安监督检查权是指公安机关依法对应承担治安责任的组织和个人履行治安责任进行监督检查的权力，如消防安全监督检查、危险物品安全监督检查等。

4. 治安行政强制权。治安行政强制权是指公安机关在进行治安行政管理和实施治安行政处罚时，为保证行为人履行法定义务或接受处罚，对不履行法定义务或不服从治安管理处罚者的人身和物品采取强制手段的权力，如强制传唤、强行带离现场、强制拘留和强制戒毒等。

（二）刑事司法权

1. 刑事立案权。刑事立案权是指公安机关对认为有犯罪事实，需要追究刑事责任，符合刑事案件立案标准的享有管辖权的案件，依法定程序确定为刑事案件的权力。

---

① 此部分内容参见张兆端：《警察哲学——哲学视阈中的警察学原理》，中国人民大学出版社 2010 年版，第 253 页；吕绍忠等：《中外警察法治若干问题比较》，中国人民大学出版社 2009 年版，第 139－144 页；鞠旭远：《警察法学》，中国人民大学出版社 2009 年版。

2. 刑事侦查权。刑事侦查权是指公安机关、人民检察院在办理刑事案件过程中，依照法律采取的专门调查工作和有关强制性措施的权力，如有权收集各种证据、进行侦查实验、采取技术侦查措施等。

3. 刑事强制权。刑事强制权是指为了保证刑事诉讼的顺利进行，由公安机关和其他专门机关依法采取限制或者剥夺犯罪嫌疑人、被告人人身自由的强制权力，如依法有权对犯罪嫌疑人采取拘传、取保候审、监视居住；依法有权对犯罪嫌疑人、被告人实行拘留、提请逮捕和执行逮捕。

4. 刑罚强制权。刑罚强制权是指公安机关有权根据人民法院的生效判决，依法对拘役、管制、缓刑、假释、短期有期徒刑、暂予监外执行、剥夺政治权利和驱逐出境等刑罚进行执行的权力。

（三）警械、武器使用权

1. 警械使用权。警械使用权是指人民警察在依法执行职务过程中，遇有法定情形需要制止违法犯罪行为时，依法定程序使用警棍、手铐、脚镣、警绳、催泪弹等警用器械的权力。

2. 武器使用权。武器使用权是指人民警察在依法执行职务过程中，遇有法定情形需要制止违法犯罪行为时，依法定程序使用枪支、弹药等警用武器的权力。

（四）紧急状态处理权

1. 紧急优先权和紧急征用权。紧急优先权是指公安机关的人民警察依法享有的因履行职责的紧急需要，经出示相应证件，可以优先乘坐公共交通工具，遇到交通阻碍时，可以优先通行，以及公安机关因侦查犯罪的需要，必要时按照国家有关规定，可以优先使用机关、团体、企业事业组织和个人的交通工具、通信工具、场地和建筑物的权力。

紧急征用权是指公安机关根据紧急处理暴力犯罪或者重大治安灾害事故、追捕逃犯、抢险救灾的需要，依法可以征用急需的人员、物资和场所的权力。

2. 紧急排险权。紧急排险权是指公安机关在紧急处理重大灾害事故或者平息叛乱时，在迫不得已的情况下采取非常措施的权力。

3. 管辖权。管辖权分为交通管制权和现场管制权两种。交通管制权是指县级以上人民政府的公安机关为预防和制止严重危害社会治安秩序的行为，可以在一定的区域和时间，限制人员、车辆的通行或者停留，必要时可以采取相应的交通管制措施。现场管制权是指县级以上人民政府的公安机关，报请上级公安机关和同级人民政府的批准，对严重危害社会治安秩序的突发事件，可以根据情况采取相应的现场管制措施。

4. 戒严执行权。戒严执行权是指公安机关在全国人大常委会或者国务院依法作出戒严决定后，对戒严地区依法实施治安控制的权力。戒严执行权除由公安机关行使外，人民武装警察部队也可行使，必要时还可派出人民解放军协助执行。

第三节 实践之权：法规与警务实践

上文对警察的权力设置，即警察的法定权力进行了介绍，但正如法律也有书本之法和行动之法的区别一样，警察在警务工作中，其权力的行使是否与相关的法律、法规和制度的规定完全一致？从警事社会学的角度来看，两者难以完全契合是一种正常的社会现象。基于此判断，本节首先从理论上梳理法律规则与警察权力实践间的关系，然后集中对警察自由裁量这一现实问题进行探讨。

一、关于法规与警务实践的三种理论范式

警学研究是一个跨学科的领域，不同的学科、不同的时期对警务与法律法规间对应关系的探讨也有所不同，大体来说，目前存在着法条主义—科层体系论（legalistic-bureaucratic）、警察文化论（culturalist）和结构主义论（structural）三种理论范式。①

（一）法条主义—科层体系论

法条主义—科层体系论认为，我们可以通过法律规定，以及警察组织内部的科层体制的运作来了解警察的权力实践。具体来说，它包括两层意思：第一，警察的一切警务活动都是按相关的法律规定开展，法律所规定的即是警察所做的。第二，警察的一切警务活动都是服从上级组织的指挥，组织所规定的即警察所做的。这种理论范式主导着 20 世纪六七十年代之前人们对法规与警察权力实践关系的理解。

① David Dixon, Law in policing: Legal regulation and police practices, Oxford: Clarendon Press, 1997. 中文版见［澳］迪克逊：《警务中的法则：法律法规与警察实践》，倪瑾译，南京出版社 2013 年版。译文将“legalistic-bureaucratic”译为“律法尊重—官僚政治论”。

（二）警察文化论

20世纪六七十年代，一种有别于传统法学，强调社会实然的警事社会学在英美得以迅速发展，他们不再仅关注法规对警察权力的规定，而更关注警察的警务活动实际上是如何开展的。他们通过参与观察，对警务实践进行了大量的调查，得出了一个与法条主义—科层体系论全然不同的结论：执法在警察日常工作中只起很少的作用，警察工作的优先目标是提供服务、维持秩序，而这些又通常是由执法之外的手段实现的；[①] 法律仅是警察处理违法行为的方法之一，而且并非是唯一的或最重要的……全面执法只是一种幻想。[②] 此结论最著名的代表人物有英国的米切尔·班顿（Michael Banton）[③]、美国的斯科尔尼克（Jerome H. Skolnick）[④] 和鲁宾斯坦（Jonathan Rubinstein）[⑤] 等。

在文化论看来，警察在警务活动中的这种实际行为在很大程度上受警察文化的驱使。他们汲取新制度主义的思路，认为正式法规是观念性的，是证明警务正当化的条款，但并不真正影响实践。理解警察权力实践的关键在于警察文化，即警察基于警务实践，通过互动发展出的一种亚文化。在这种文化中，警务实践工作中的一个中心原则是"你不能按书上说的做"。如斯科尔尼克认为，警察"工作性格"决定了在警务实践中，警察在行使权力时并非是固定的。一方面，警察面临着各种危险，这些构成了他们的职业压力；另一方面，权威也是警察工作所必需的，但当危险和权威发生冲突，在危险的处境中，警察的权威受到挑战时，警察宁愿选择效率而非合法。同时，严格遵守法律，可能导致更多的嫌疑人到警局犹如"观光旅游"，因此，警察很可能会千方百计地规避这些规则，寻求足以威慑他们的权力实践。

---

① Ericson, R., Reproducting order: A study of police patrolwork, Toronto: University of Toronto Press, pp. 3-11.

② Wilson, J. Q., Varieties of police behaviour, Cambridge, Mass: Harvard University Press, 1968.

③ Banton, M., The policeman in the community, London: Tavistock, 1964.

④ Skolnich, J. H., Justice without trial, New York: John Wiley, 1975.

⑤ Rubinstein, J., City police, New York: Ballantine, 1973.

（三）结构主义论

到20世纪80年代后，文化论遇到各种结构主义[①]方法的批判。他们认为，不论是法条主义—科层体系论还是文化论，两者的观点虽有不同，但其方法论路径却是一致的，即将法规与警务进行二元对立的划分，法条主义—科层体系论仅静态地关注已有的法规条文，但法规的受制对象总会发展出“必然增量规律——无论警察拥有什么样的权力，他们都将超越所赋予的边际”[②]，因此，在现实主义者看来，法条主义—科层体系论是书斋中的警察权论者。结构论者又将文化论者视为“一群天真的社会学现实主义者”，他们又停留于警务实践这端，全然不管法规以及其他影响警务实践的因素，甚至还将警察文化与正式规则对立起来，以至于得出警察的“离经叛道”行为都是合理的之类的结论。对结构主义论者来说，我们应以整体观来看待正式规则与警务实践。

首先，法规的效果实际是依具体环境而定，这种环境模式论认为，法规的作用不能被孤立地看待，在不同的地域、不同的警务风格以及整个社会的政治经济情况等条件下，法规与警务的关系各不相同。[③]

其次，并不是所有的警察行动都可用文化来解释，形成警察文化的根本性因素是在社会秩序中警察被分配的角色，警察的偏见是警察权力区别行使的原因，而非结果，这体现了警察权力的社会结构性特征。[④]

最后，警务实践中警察的一些超越法律许可的行为之源头“并不主要是普通警察亚文化的独立性，而是高级警官、法官和国家精英阶层对于背离法律理念的默认式鼓励。这种默认式鼓励通过表述含糊的法律规则的许可结

---

① 结构主义（structuralism）是法国人类学家、哲学家列维-施特劳斯开创的一个学派，它有很多不同的分支，但其共同点在于探索一个文化意义是透过什么样的相互关系或结构被表达出来。他们认为，一个文化意义的产生与再创造是透过作为表意系统（systems of signification）的各种实践、现象与活动，来找出一个文化中意义是如何被制造与再制造的深层结构。在具体的分析思路上，结构主义特别强调整体优于部分。

② ［英］罗伯特·雷纳：《警察与政治》，易继苍等译，知识产权出版社2008年版，第200页。

③ Baldwin, J. and Kinsey, R., Police Powers and Politics, London: Quartet, 1982.

④ ［英］蒂姆·纽伯恩、罗伯特·赖纳：《警务与警察》//［英］麦克·马奎尔、罗德·摩根、罗伯特·赖纳等：《牛津犯罪学指南（第四版）》，刘仁文、李瑞生等译，中国人民公安大学出版社2012年版，第709页。

构以及将判例法适用于警察实践而实现”[①]。因此，问题的根源更改变我们的法律观，不能将法律视为警务活动的约束性资源，而要将之变成一种积极性的资源。这就要求我们将注意力从底部转移到顶部，从警察转移到有权制定法律的人。但正如罗伯特·雷纳所言，这也并不意味着精英们纵容警察的每一种不端行为，因此，“在确定什么样的规则、在何种情况下、以何种方式可能被曲解方面，结构主义论需要进行限定”[②]。

二、警察自由裁量权

（一）警察自由裁量权的属性

1. 警察自由裁量权的内涵。如前所述，警察及其群体自身的原因，其工作的低可见度，以及警察权力的接受者之相对弱势地位，因此，警务实践与法规规定必定存在一定的差距。当警察面对着嫌疑人，是否逮捕他们？同时，没有任何法律可以告诉警察在所有的时候、所有的可能情形中具体的行为方式，[③] 因此，警察执法必然拥有自由决定权，这也使得警察权在实践时保持了较大的弹性和个人化的特征，当然也带来了因嫌疑人的种族、社会阶层、性别和其他法外变量而进行差别对待的可能，这种现象即是警察自由裁量权（police discretion），以至于有人认为：“自由裁量权不仅是恰当的，而且是警察工作的必要组成部分。”[④]

简言之，警察自由裁量权是指在执行具体法律时，警察所拥有的执行或不执行，以及自己付出多大努力等的权力。它包含三层意思：第一，享有自由裁量权的警察可在多种方案中进行选择；第二，警察在行使自由裁量权时所作出的选择必须为法律所容许；第三，警察在作出选择之时所依照的是个

---

① ［英］罗伯特·雷纳：《警察与政治》，易继苍等译，知识产权出版社 2008 年版，第 199 页。

② ［英］罗伯特·雷纳：《警察与政治》，易继苍等译，知识产权出版社 2008 年版，第 199 页。

③ Delattre, Edwin, J., Character and Cops: Ethics in Policing, Washington, DC: The AEI Press, 2006, p. 49.

④ ［美］罗伯特·兰沃西、劳伦斯·特拉维斯：《什么是警察——美国的经验》，尤小文译，群众出版社 2004 年版，第 22 页。

人的判断。[①]

2. 社会学理论范式下的警察自由裁量权。站在社会学的三种理论范式立场，从功能论的角度来看，警察自由裁量权中警务实践与正式规则的某种偏离既具有正功能，也具有负功能。其正功能在于，首先，自由裁量权使警官和警察机构可以区分警务的轻重缓急，最有效地利用有限的资源；其次，自由裁量权使警察能够对具体司法问题进行具体分析，避免刑法的过度使用；再次，自由裁量权是职业主义的标记，行使自由裁量权为警官提供了一项富有挑战性的工作；最后，警务需要平衡个人自由与社区安全这两种不同的利益，这要求警官能够“调整”对具体问题的反应。[②] 但其负功能也显而易见，它容易催生歧视性执法和警察权力滥用等情况。

冲突论的核心关注点是，谁从警察自由裁量权中获益？因为警察自由裁量权的行使必然会使某些人免于处罚，而另一些人遭受处罚，而在受到制裁者中，也有轻重之分。冲突论的答案是：受益者是有钱有势的社会中上层；警察自由裁量权从本质上讲是阶级冲突在警务中的反映。一个人的社会阶级地位越低，他们的社会生活就会越多地发生在公共空间，[③] 而在中上层群体看来，在公共空间聚集的他们是对社会秩序的潜在危险，因此就需投入更多的警力，且严格监视他们的言行。

符号互动论则会集中关注警察在行使自由裁量权时，警察与权力相对人是如何互动的，在警察长期工作中，他们如何将这些互动最后意义化、符号化，并形成一整套意义体系，即警察亚文化。

不论对警察自由裁量权如何理解，有一点必须承认，自由裁量权实质是所有行政机关进行行政管理时都存在的现象。

（二）西方警察自由裁量权的运行和焦点议题

警察自由裁量权虽有其存在的合理性，但并非从一开始就被法学界所认

---

① Reiss, A. J., Consequences of Compliance and Deterrence Models of Law Enforcement for Exercise of Police Discretion, Lan and Contemporary Problem, 1984, 47 (Autumn), pp. 89-90，转引自张兆端：《警察哲学——哲学视阈中的警察学原理》，中国人民大学出版社 2010 年版，第 255 页。

② ［美］罗伯特·兰沃西、劳伦斯·特拉维斯：《什么是警察——美国的经验》，尤小文译，群众出版社 2004 年版，第 22 页。

③ ［英］蒂姆·纽伯恩、罗伯特·赖纳：《警务与警察》// ［英］麦克·马奎尔、罗德·摩根、罗伯特·赖纳等：《牛津犯罪学指南（第四版）》，刘仁文、李瑞生等译，中国人民公安大学出版社 2012 年版，第 705 页。

可。因自由裁量权的概念更多是从英美法系中产生，而英美又是现代警察制度的重要发源地，因此，我们主要以英美的警察自由裁量权为例。

从时间上来看，19 世纪末 20 世纪初英美警察自由裁量权得到了司法部门的认可，但并非获得行政机构的认可。直到 20 世纪五六十年代后，警察自由裁量权的客观性才被广泛承认。

1. 警察自由裁量权行使的影响因素。警察自由裁量权在行使过程中受到诸多因素的影响，大致包括以下几个因素①：

第一，宏观的社会政治环境。在 20 世纪 60 年代中期之前，西方社会出现了一系列社会问题，各种社会运动风起云涌，此时讨论警察角色的基调是“公民权利”，主流的观点都是将警察的权力以及执法过程与民权问题联系在一起。一方面，西方国家面临着大量的犯罪问题、城市骚乱问题等；另一方面，警察歧视执法、暴力执法现象频现，警民矛盾重重。在此背景下，英美等国都加大了对警察自由裁量权的限制。其中有两个重要的判例，一个是“马菩诉俄亥俄州案”，其结果是，1961 年美国联邦最高法院根据宪法第四修正案，宣布排除规则（Exclusionary Rule）同样适用于各州法院系统②；另一个是“米兰达诉亚利桑那州案”，其结果是，1966 年联邦高等法院确立了保护犯罪嫌疑人的“米兰达警告”③。

1968 年后，“治安政治”成为英美对警察的定位，“公民权利”的立场式微，关注点从警察的不法行为转移到其对犯罪和违法行为控制的有效性

① 此部分内容参照汪勇：《美国警察自由裁量权相关问题研究》，载《公安学刊》2007 年第 4 期。

② 排除规则，又称非法证据排除规则，该规则认为非法证据的取得是以牺牲犯罪嫌疑人的人权为代价的，是与保护人权这一世界潮流相违背的，所以，对非法证据在原则上应予以排除。排除规则在美国是作为硬性的法律要求存在的，美国宪法第四修正案规定：“人民的人身、住宅、文件和财产不受不合理搜查和扣押的权利，不得侵犯。除依据可能成立的理由，以宣誓或代誓宣言保证，并详细说明搜查地点和扣押的人或物，不得发出搜查和扣押状。”而在英国却是通过法官裁量权的方式发挥作用的。

③ 美国刑事诉讼中保护犯罪嫌疑人的一项重要规则，又称米兰达权利（miranda rights）。“你有权保持沉默。如果你不保持沉默，那么你所说的一切都能够用来在法庭作为控告你的证据。你有权在受审时请律师在一旁咨询。如果你付不起律师费的话，法庭会为你免费提供律师。你是否完全了解你的上述权利？”这句话就是著名的“米兰达警告”，即犯罪嫌疑人、被告人在被讯问时，有保持沉默和拒绝回答的权利。

上，[①] 社会对警察自由裁量权的容忍度提高。在美国，20 世纪 90 年代兴起的“零容忍”警务要求[②]更是对警察自由裁量权保持高度的宽容态度。

第二，法律因素。警察的自由裁量权不等于权力的滥用，是在法律允许的空间中灵活运用。而法律并非一成不变，对何种行为构成违法，相应的法律制裁如何等都会有所变化，这也势必影响到警察的自由裁量权。另外，如前所述，在大陆法系国家，其自由裁量权的空间比英美法系国家要小。

第三，工作环境。正如前文所述，警察工作的“低能见度”是警察自由裁量权存在的原因之一，因此，在有他人在场，受公众监督，或者有技术监控（如探头）等地区，其自由裁量权的发挥就会受限。

第四，互动因素。警察自由裁量权的行使必然存在权力行使的主体与相对人，不论是何方，其个体也会对警察自由裁量权有影响。警察的个体差异包括个性、价值观、受教育程度、培训和职业经验等，不同背景的警察个体身处同一犯罪或治安现场，其行动也会存在差异。作为权力的相对人，若其态度无礼，公然挑战警察权威，那么警察就更有可能采取自由裁量行为。

2. 警察自由裁量权存在的主要领域。经过一系列判例的推进以及法律的逐步完善，英美等西方国家的警察自由裁量权之适用范围逐步得以明确，大体来说，警察自由裁量权主要适用于家庭暴力、交通违章、仇视性犯罪、反道德犯罪[③]、轻微违法行为和致命武器使用等领域。

家庭暴力是一种常见的家庭纠纷类型，俗话说“清官难断家务事”。一方面，由于缺乏在场的目击证人，双方当事人各有各的说法；另一方面，这类案件发生在特殊的环境中，涉及的也是特殊的当事人，有些是一时情感冲动，然而当警察到达现场时双方又后悔报警。这些因素都限制了警察接触事实的真相，而且贸然逮捕一方还可能导致家庭的完全破裂。这些源自当事人本身、法律、道德和情感等多种因素，必然会增加警察执法的不确定性。

---

① ［英］蒂姆·纽伯恩、罗伯特·赖纳：《警务与警察》//［英］麦克·马奎尔、罗德·摩根、罗伯特·赖纳等：《牛津犯罪学指南（第四版）》，刘仁文、李瑞生等译，中国人民公安大学出版社 2012 年版，第 702 页。

② “零容忍”是通过对轻微犯罪（特别是公共秩序犯罪）采取强有力的执法措施，以预防更为严重的犯罪，并最终促使犯罪率下降的一种警务运作方式，其理论依据是 1982 年美国政治学家詹姆斯·威尔逊和犯罪学家乔治·凯琳提出的“破窗理论”。1993 年当选为纽约市长的朱利安尼对此予以大力支持，使得纽约的治安得以根本好转。随后英国、西班牙等欧洲国家也开始效仿。

③ 冯磊：《英美法警察自由裁量权的发展》，载《安徽警官职业学院学报》2010 年第 4 期。

交通违章也是警察自由裁量权运用较多的地方。对于轻微或一般的交通违章行为，警察是放其通过、口头警告、开具罚单还是逮捕司机，这受到太多因素的影响。

仇视性犯罪（hate crime）是指犯罪人由于种族、宗教、国籍或性别等偏见而导致针对他人人身或财产的刑事侵犯行为。在反仇视性犯罪的立法中，法律将少数群体基于偏见对社会共同体的侵犯视为对整个社会价值的冒犯。但警察在判断何谓少数群体，何谓社会共同价值等方面会受意识形态以及所处环境等多方面的影响。

反道德犯罪是一种与公共伦理或道德相悖的犯罪，如卖淫、嫖娼和赌博等，这种犯罪具有"无直接受害人"的特征。在现实警务工作中，警方一般不愿将大量时间、精力和金钱放在对这类行为的调查上，而更愿以自由裁量的方式灵活处理。

在美国，轻微的违法行为包括在公众场所饮酒、混乱行为、过失和轻微的人身伤害等。对此，警察拥有充分的自由裁量权，其会根据环境、当事人的态度和受害人的愿望等作出决定。

在致命武器这类强制力的使用上，美国经历了放任警察裁量到逐步限制警察裁量的过程，在20世纪六七十年代，美国警察在执法过程中开枪基本上不受法律限制，警察被允许在鸣第一枪警戒枪后可以直接射杀犯罪嫌疑人，以保护自己的安全。

3. 焦点议题。关于美国警察自由裁量权，除了在法理等方面的论争外，在现实层面，种族歧视与性别歧视是两个最受争议的问题。

在2006年，美国被捕者中有28%的是非裔美国人，而非裔美国人只占美国总人口的13%。警察的逮捕行为是否具有种族歧视？一直以来存在着共识论与冲突论之争。共识论基于结构功能论的基本判断，认为刑事司法系统是公正的，仅只有少数警察个人和刑事司法官员可能有种族偏见，非裔美国人犯罪比例高是因为其较高的犯罪卷入。而冲突论则认为是司法系统对非裔美国人、拉美裔美国人、其他有色人种以及穷人的歧视与不公。

对此，大量的定量研究结果表明，从总体来看，警察并不过度运用警力针对非裔等有色族群。① 但也有基于参与观察的研究发现在警察逮捕过程中，还是存在着种族偏见，如相对于非裔和拉美裔美国人来说，警察倾向于

---

① Bowling, B. and Philips, C., Racing, Crime and Justice, London: Longman, 2002.

在证据确凿的情况下才逮捕白人。①

在性别与警察的自由裁量权方面，警察在执法时是否侧重轻女性重男性的现象？同样在美国2006年的逮捕记录中，有76%的是男性。对此也存在着两个针锋相对的假设。第一个是“骑士假设”（Chivalry hypothesis），该观点认为，男性通常认为女性对社会不构成严重的危害，同时，女性还需要保护，警察亦然，另外，警察在执法时还会考虑若逮捕她是否会影响到其家庭、子女等，因此，在对待女性违法时会手下留情。但“邪恶之女假设”（Evil woman hypothesis）则完全相反，它承认女性一般没男性那般暴力，也更纯洁，因此，若犯罪嫌疑人是女性，那么她就是一个非常罪恶的女性，警察应该更可能逮捕她们。

对此，相关数据表明，在青少年犯罪记录中，女性以较高的比例被捕，或者受到一些青少年管理机构的关注，其原因可能是认为女性应该受到比男性更多的保护。但有关成年女性的证据则更复杂。在娼妓和男性嫖娼者之间，前者更易受到惩罚；但年老的女性相对于年老的男性嫌疑人来说，其被捕的可能性则要低得多；女性吸大麻者比男性被捕的可能性也低。不过，在交通违章处罚方面，性别之间的差异微乎其微。②

虽然两种假设各有支持的证据，但总的来说，在警察行使自由裁量权时，嫌疑人的性别的确是一个很重要的影响变量。

（三）我国的警察自由裁量权

虽然与英美法系不同，但基于法规和警察工作的性质，上述的警察自由裁量权领域在我国也存在。从目前立法和学术界的关注点来看，我国的警察自由裁量权主要体现在行政自由裁量权方面，并以《治安管理处罚法》《行政处罚法》等法律加以确认。根据该法的规定，在治安管理活动中，警察的自由裁量权主要表现为以下几个形式：

第一，警察行政行为方式的自由裁量，即公安机关在对治安管理相对人作出治安处罚时，可在法定的处罚幅度内自由选择，包括对同一处罚种类幅度的自由选择和不同处罚种类的自由选择。如《治安管理处罚法》第三十八条规定，举办文化、体育等大型群众性活动，违反有关规定……情节较轻

---

① Petersillia, J., Racial Disparities in the Criminal Justice System, Santa Monica, CA: Rand Corporation, 1983; Walker, S., Spohn, Cassia and Delone, Miriam, The Color of Justice: Race, Ethnicity and Crime in America, Belmont, CA: Wadsworth, 2007.

② 相关的研究证据详见［美］斯蒂芬·E. 巴坎：《犯罪学：社会学的理解（第四版）》，秦晨等译，上海人民出版社2011年版，第567-569页。

的，处五日以下拘留或者五百元以下罚款。

第二，警察行政程序的自由裁量，即公安机关在对治安管理相对人作出治安处罚时，可在法定的程序内自由选择。如《行政处罚法》第三十三条规定：违法事实确凿并有法定依据，对公民处以五十元以下、对法人或者其他组织处以一千元以下罚款或者警告的行政处罚的，可以当场作出行政处罚决定。当事人应当依照该法第四十六条、第四十七条、第四十八条的规定履行行政处罚决定。

第三，警察行政时间的自由裁量，即公安机关在对治安管理相对人作出治安处罚时，可在法定的时间内自由选择。如《治安管理处罚法》第九十八条：公安机关作出吊销许可证以及处三千元以上罚款的治安管理处罚决定前，应当告知违反治安管理行为人有权要求举行听证；违反治安管理行为人要求听证的，公安机关应当及时依法举行听证。而规定中的“及时依法举行听证”就是赋予了公安行政机关时间上的自由裁量权。

(四) 对警察自由裁量权的控制

警察自由裁量权是警察工作所固有的，因此，它不可能被取消，但这不等于容忍警察权的滥用，而应将其控制在法律许可的范围内。除了完善相应的法律法规，以及警察机构内部的管理机制外，经验证明，警察问责制是控制警察自由裁量权的有效方式，而这又包括向法院投诉和向警察局投诉，其中，又以前者的威慑力更大。

法院接到投诉后，通常有四种规范警察权力的方式：（1）对当事警察进行有罪指控；（2）因警察错误逮捕、攻击嫌疑人或因其履行职责时的疏忽大意而导致伤害和损失时，可能对当事警察提起民事诉讼；（3）法官可对警察违反法律正当程序而获得的证据予以排除；（4）展开司法审查。总之，遭遇警察不公的待遇，犯罪嫌疑人可投诉，追究其法律责任。

第四节 民众认可之权：警察权威

一、警察权威的性质

(一) 权力与权威

马克斯·韦伯对权力与权威进行了精辟的区分，他将权威称为“权力的特殊形式"[①]，权力强调命令，而权威则强调资源的服从，或者说是对权力或权力行使者的合法化信仰。基于此概念，韦伯提出了三种影响深远的权威类型：传统权威、个人魅力权威与法理权威。自此之后，在社会学和政治学等领域，关于权力与权威的关系逐渐形成了两种不同的观点：

第一种观点是坚持权力与权威二分论，并经美国社会学家帕森斯（Talcott Parsons）强化，他将权威明确定义为是一种基于权力对象遵从的权力形式，以区别于具有强制性的服从，[②] 成为此领域研究的主流判断。在这种区分中，权力通常被理解为"赤裸裸的权力"——以强迫为特征的权力，而权威则对应的是"合法权力"或"制度化"的权力。

第二种观点以美国纽约大学社会学教授丹尼斯·H. 朗（Dennis H. Wrong）为代表，他引用韦伯关于在法律与经济行为中，虽有强制，仍然愿意的说法，认为我们不能将韦伯关于权威的概念简单理解为是命令的权力，而应包括命令与服从两方面。"当把权威视为权力的特例，以对象屈从为特征的合法权力或制度化权力，并把权力本身定义为包括施加惩罚或剥夺的能力时，就很难澄清问题"[③]，因为在很多时候，强制与同意并非完全对立，同时，"可以接受，也不可以接受的权威，按照该属于的通常概念很难有资格称为权威"[④]。基于此，丹尼斯·H. 朗将权威分为强制权威、诱导权威、合法权威、合格权威和个人权威等类型。在我国学术界关于警察权威的探讨中，也有学者受此观点的影响，将警察权威视为以警察权力为基础的强制性威慑力。[⑤]

此两种观点皆有所长。第一种观点强调权威的自下而上之性质，而第二

---

① Max Weber, Economy and Society, New York: Bedminster Press, 1968, Volume One, p. 53.

② Talcott Parsons, Politics and Social Structure, New York: The Free Press, p. 361.

③ ［美］丹尼斯·H. 朗：《权力论》，陆震纶、郑明哲译，中国社会科学出版社 2001 年版，第 45 页。

④ Robert Bierstedt, Power and Progress: Essays on Sociological Theory, New York: McGraw-Hill, 1974, p. 249，转引自［美］丹尼斯·H. 朗：《权力论》，陆震纶、郑明哲译，中国社会科学出版社 2001 年版，第 57 页。

⑤ 张兆端：《警察哲学——哲学视阈中的警察学原理（第二版）》，中国人民公安大学出版社 2010 年版，第 267 页；赖锴：《法治视野下警察权威的塑造探析》，载《湖南科技学院学报》2014 年第 8 期；杨志芳、郝薇：《论警察权威建构——以警察权特征为视角》，载《云南警官学院学报》2015 年第 4 期；等等。

种观点突出双向的“交换”关系,[①] 第二种观点阐明，即便是权威，它也是权力的一种，也必须绝对服从，但若将之扩大到强制权威、诱导权威，则似乎又与权力无异。我们认为，两个观点对权威界定的立场实质是不同的，丹尼斯·H. 朗的界定更多是基于“实然”，注重与现实的对应，也正因如此，在划分标准、与权力概念之边界等问题就存在着诸多的似是而非之处。而沿袭韦伯的两分法则属于理想类型范畴，重在对两类理念型的权力进行类型学分析，其缺点在于可能难以完全对应社会现实，但它却有助于我们对人类社会的权力现象进行理论的洞察。

基于上述分析，同时考虑到前文对权力分析的不同切入点，我们立足于警察权的相对人之角度，仍坚持韦伯的路径作警察权力与权威的两分。

（二）警察权威的性质与必要性

警察权威实质是民众对警察权及其运行过程和结果的自愿服从，包括两方面的内容：一方面是人们对警察作为维护社会秩序和国家安全的最主要之社会控制机构地位的认同；另一方面是对警察权的授权来源、权力行使的方式、过程和结果等的接受。换言之，警察权威反映的是警察的社会合法性。

在当代社会，警察是所有社会控制机构中最常见的力量，警察一经产生，从其权力行使的角度来看，由于警察背后有着强大国家机器的支撑，因此，警察权力具有天然的强制性。但这并不意味着民众对警察权威的必然认可。缺乏权威的警察系统只能依赖于强制力，正如博登海默对法律的判断：“如果大多数公民不愿意遵守该法律，那么强制就会变得毫无意义，以强制作为威胁手段也会丝毫不起作用”[②]，而且还对社会的良性运行以及公民的权利等都构成了挑战。

警察力量代表着社会采用和平方式应对霍布斯秩序问题的技术和组织解决方案之一,[③] 因此，警察权威构成了现代法治社会的重要特征之一，民众对警察权力的自愿服从也成为现代文明的重要文化特质之一。[④]

---

① 在丹尼斯·H. 朗的论述中，他大量引用布劳等人的交换论作为自己论断的佐证。

② ［美］E. 博登海默：《法理学：法律哲学与法律方法》，邓正来译，中国政法大学出版社 1999 年版，第 345 页。

③ Liqun Cao，Lanying Huang and Ivan，Y. Sun，Policing in Taiwan：From Authoritarianism to Democracy，Routledge，2014，p. 133.

④ Manning，P. K.，Police Work（2nd ed.），Prospect Heights，IL：Waveland Press，1997.

第一，从社会的角度来看，首先，警察权威是实现法律社会作用的重要保障。法治社会是通过健全而有效的法律来维护的，法律的社会作用是立法者所欲图实现的、体现在法律规范中的，并以法律的实施所达到的社会作用或社会效果。而一般来说，法律社会作用的发挥主要是通过对违法行为的责任追究来实现的。[①] 而在执行违法必究的诸多制度设置中，警察机关及警务人员当是其中的中坚力量之一。“警察与法律，像孪生兄弟一样，同时降生，互相依存。警察的权威性是法律赋予的，法律的权威性是警察保障的，它们统一于反映国家意志的公共权力”[②]。其次，警察权威不仅有助于更有效地维护社会秩序，而且也是社会善治的重要保障之一。关于警察权的目的，不论是功能论还是冲突论，抑或是消极说和积极说，不可否认，维护社会秩序，实现社会的稳定是现代警察的核心任务之一，也是法律实现的基本目的。当然，要实现这一目的也可通过强权，国家可通过警察等强迫相对人接受和服从一定的社会规范，因为强制权是警察权的权限内容之一，警察机关及警务人员可对不履行法律规定义务和有违法行为的当事人采取强制手段。但借此实现的是一种强制性的社会稳定，它可带来一系列的社会问题：由于缺乏权威，因此，国家通过强权对社会进行管理，当人们因惧怕惩罚而服从法律与警察时，民众的守法与服从行为实质是一种权宜之计，即有执法者在场就守法，无执法者就不遵守。为保障国家的意志得以实施，任何法律、法规和制度都须依靠警察等机构执行，警察对社会实施复杂而严密的监控，一方面造成巨大的资源投入，另一方面还必然使得公权不断侵蚀私权，形成所谓的“警察国家”[③]。

警察权威是建立在相对人自愿服从的基础之上，从交换论的角度来看，民众对警察的服从源自警察提供了他们所想要的服务和支持，两者构成互惠关系。在这种状态下，警民间的关系更多是基于一种合作需求而维系，而这

---

① 杨清望：《法律权威：来源与建构》，知识产权出版社 2010 年版，第 98-99 页。

② 康大民：《广义公安论》，群众出版社 2001 年版，第 35 页。

③ 关于中文语境的“警察国家”对应两种英文术语，一是美国瓦尔多（Dwight Waldo）在其 1948 年出版的著作《行政国：美国行政学的政治理论研究》一书中所提出的一个概念，其对应的英文是“Administrative State”，中文既可译为“行政国”，也可译成“警察国家”，指国家为了解决社会矛盾和社会问题，不得不大量增设行政机构和行政人员，从而形成对国家的经济生活和社会生活的全面干预。二是历史学和公安学等学科在描述纳粹德国通过各种警察实施“法治”时的国家状态，对应的是“Police State”，指国家通过无处不在的、公开的和秘密的警察机关，监督与控制社会的一切活动，警察表现出军事化和全能（all-powerful）等特征。本书主要采用后一种界定。

种建立在相互信任的基础之上的关系可以产生大量的社会资本，既可以节省大量的财政开支，而且警察权威的具备还能实现“警力有限，民力无穷”，实现真正的社会公共治理，社会秩序的维护也更具持续性和再生性。

第二，从警事的角度来看，首先，警察权威关乎警事中的核心问题——合法性。通常来说，系统信任实质反映的是民众对其社会合法性的认可程度，[①] 警察信任也属于系统信任，因此，警察权威反映的是民众对警察这一社会角色的接受，并将其行动视为正确的和恰当的。[②] 这为警察职能的实施，警务的顺利展开提供了极大的便利。国外的研究表明，警察权威对社区警务尤其重要。传统观点认为，警察的绩效取决于犯罪率的降低和对违法事件的应对速度等，但越来越多的实证研究显示，除了这些客观的标准之外，民众对警察的主观满意度和信任度也是重要的影响变量，即便是在犯罪率较高的社区，民众对警察合法性的认可也不一定低，其中还有警察如何与民众互动等多种影响因素。[③] 这种结论对于纠正过去过于关注打击和预防犯罪的社区警务工作起着直接的指导作用，社区警务还应定位于警察是社区层面公共服务的提供者之一，关注与居民的互动，及时获取民众的反馈以提高服务水平。其次，警察权威还有助于警务人员自我认同度和职业荣誉感的提升，从而更有效地发挥作用。在现代社会，警察属于高应激、高风险的职业，且在所有应激性职业中，警察工作所承受的心理压力指数高居首位。巨大的职业压力一方面会使警务人员的心理、生理和行为产生一系列的异常反应，如美国学者研究发现，警察群体在自杀和离婚等方面明

---

① ［德］哈贝马斯：《重建历史唯物主义》，郭官义译，社会科学文献出版社 2000 年版，第 287 页。

② Liqun Cao，Lanying Huang and Ivan，Y. Sun，Policing in Taiwan：From Authoritarianism to Democracy，Routledge，2014，p. 134.

③ 此类研究和介绍的论著有：Ren，L.，Cao，L.，Lovrich，N.，and Gaffney，M.，Linking confidence in the police with the performance of the police，Journal off Criminal Justice，2005（33），pp. 55 – 66；Heberton，B.，Jou，S.，and Chang，Y.，Developing public safety and indicators in Taiwan，Asian Journal of Criminology，2010（5），pp. 45–67；Liqun Cao，Lanying Huang and Ivan Y. Sun，Policing in Taiwan：From Authoritarianism to Democracy，Routledge，2014，p. 134；等等。

显高于一般人；[①] 我国有研究也表明，刑警的心理健康水平明显低于正常群体，[②] 这也使得在警务人员中极易出现职业倦怠、心身耗竭（Burnout）等现象。另一方面巨大的压力还会影响警察工作满意感，阻碍其工作积极性的发挥，甚至会使其产生消极的生活态度，给社会带来负面影响。

从客观的结构性原因来看，警察职业压力的主要来源，首先是一系列高标准的角色期待。警务人员的一切行为都得在法律的范围内进行。同时，作为一名组织成员，他们还得遵从各项组织内部的规定，接受各种指标的考核。此外，警察被社会赋予法律的捍卫者与执行者、正义的化身等角色定位，除了前述的法律和制度期待外，社会公众对警察有着道德期望。同时，由于警察是现代社会少有的拥有强制权的职业群体，因此，他们也格外为群众及新闻传媒所关注。而这都给警务人员造成极大的压力。其次是警察繁重的工作任务。随着社会结构以及对警察期望的变迁，一方面，在一些发达国家和转型国家，犯罪高发态势不减；另一方面，作为对社会期待的回应，警务也不断变迁，既要打击和预防犯罪，又要承担社会服务的角色。这也给警务人员造成莫大的压力。

虽然警察权威不能消除这些压力，但若警察权威缺失或者较低，会进一步增强他们的职业压力。心理学和人力资源管理的相关研究证实，每种职业都存在着各种压力，但当其所从事的工作能够得到他人极大的尊重，他就会产生极大的职业荣誉感，从而从主观上缓解职业压力，对于警务工作更是如此。同时，警察权威的提高还有助于职业声望和职业生活经济地位的提升，可以引导更多的有志之士进入此职业领域。

二、警察权威的类型

警察权威作为权威的一种类型，既具备一般权威的特征，同时也具有警察独特的性质，因此，在警察权威的类型划分上，我们也可参照其普遍性和特殊性两种特征进行划分。

---

① Burke, R. J., Work-family Stress, Conflict, Coping and Burnout in Police Office, Stress Medicine, 1993 (9), pp. 171-180; Evans, B. J., Coman, G. J., Stanley, R. O. and Burrow, G. D., Police Offers Coping Strategics: An Australian Police Survey, Stress Medicine, 1993 (9), pp. 237-246.

② 许渭生、徐新旗：《警察心理健康水平的比较性研究》，载《公安教育》2011 年第 11 期；戴静、马渝根、刘协和等：《警察心理健康及影响因素研究》，载《中国临床心理卫生杂志》2002 年第 3 期。

（一）从权威获取的角度

从权威获取的来源角度来看，警察权威可分为传统权威、个人魅力权威和法理权威三类。

韦伯根据政治生活中人们政治认同的依据及合法性基础的不同，将权威分为传统权威、个人魅力权威和法理权威。传统权威是以传统的不可侵犯性为依据，即其权力合法性来源于历史和文化传统。个人魅力权威则是以对个别人的崇拜为依据，其权力合法性源自个人的魅力。法理权威的合法性则来源于法规和制度。这一分类同样适合于警察权威的划分。

在当前社会治安管理系统中，仍然同时存在着这三种权威形式，传统型权威强调的是整个社会的政治文化以及警察权威的积淀。前者突出表现为在具有威权主义传统的社会，其天然就具有对包括警察在内的公权机构的信任基因，而对比之下，西方民主国家的自由主义者认为，民众对待政府的态度不应当是信任，而应当是审慎的怀疑。① 个人魅力型权威凸显的是因个体警察具有感召力的人格，使得民众对其产生尊敬而自愿服从他的权力。而法理型权威则缘起于民众对社会中警察权力配置等法律制度的自愿服从。

（二）从权威的主体角度

从权威的主体来看，警察权威可分为警察机构（群体）权威和警察个体权威。

通常来说，一提到“警察”，其意就包括有作为机构（群体）和作为个体之警察两层意思，因此，警察权威也相应地对照此两类权威。警察机构（群体）权威一般代表着民众对警察机关及群体在社会中整体表现的评价，而警察个体权威则是指社会对某一具体警察的自愿服从状态。两者之间相辅相成、相互影响。

三、影响警察权威的因素

（一）两种不同的路径：“文化影响论”与“制度绩效论”

从警事社会学的角度来看，警察的权威一定程度上可被视为民众对警察的态度，其中信任是最核心的内容。从学界现有的研究成果来看，对于警察权威影响因素的研究基本沿袭着系统信任中的两种不同的分析路径：文化影

① 马得勇：《东亚地区社会资本研究》，天津人民出版社 2009 年版。

响论（culture-based）和制度绩效论（performance-based）。[①]

文化影响论的理论假设强调警察信任的外生性。它认为对包括警察在内的机构信任源自制度领域之外，是根植于社会中的一种信仰和文化，警察信任只不过是人际信任的延伸。该理论也有宏观和微观两种视角之分。微观视角强调个体早期的社会化经历。按照埃里克森的社会化理论，0~1岁的婴儿期是人形成信任的关键期，一旦形成稳定的信任，它就成为个体人格的一部分，因而这个阶段社会化的成功与否会使得一部分人更信任他人，另一部分人难以信任他人。[②] 而宏观视角强调民族文化传统，其先驱者包括托克维尔、约翰·穆勒和韦伯等，后来者有阿尔蒙德、帕特南和福山等人。在警察权威研究中，他们也认为社会中的某种文化传统和生活经历，对警察信任有积极的影响。

制度绩效论的理论假设则强调机构信任的内生性，它以理性为基础，认为警察信任是制度运作，即民众对警察作用满意度评估的结果，[③] 并不受其早期生活经历的影响。如研究东欧社会转型过程中警察信任的成果显示，民众对警察权威的评价在转型前后有着很大的差异，这虽然不能完全证明文化论路径的不足，但至少表明，警察的绩效表现在很大程度上可以克服早期社会化和文化传统的影响。[④]

（二）具体的影响因素与机制

西方学界关于民众对警察权威的实证研究最早始于贝尔曼（Arthur Bellman）[⑤]，但直到20世纪六七十年代，随着美国民权运动的兴起，该议题才真正引起诸多学者的关注。近年来，西方学界逐渐将影响警察权威的因素整合为强调与警察交往的心理学模型和强调社会结构性因素的社会学模型两种生成机制。

---

① Mishler, William and Richard Rose, What are the Origins of Political Trust? Testing Institutional and Cultural Theories in Post-communistsocieties, Comparative Political Studies, 2001 (34), pp. 30-62.

② 也有的学者倾向于将此微观视角单列为信任研究的心理学取向（Newton & Norris, 2000）。

③ Cao, L., Frank, J. and Cullen, F. T., Race, Community Context, and Confidence in the Police, American Journal of Police, 1996 (1), pp. 3-22.

④ Liqun Cao, Lanying Huang and Ivan, Y. Sun, Policing in Taiwan: From Authoritarianism to Democracy, Routledge, 2014, p. 135.

⑤ Arthur Bellman, A Police Service Rating Scale, Journal of Criminal Law and Criminology, 1935, Vol. 26 (1), pp. 74-114.

1. 心理学模型：民众对警民互动关系过程与结果的评价。心理学模式的提出者是美国纽约大学的社会心理学家约翰·R. 泰勒（Tom R. Tyler）。在其著作《人们为什么遵守法律》一书中，泰勒首先将法律服从分为工具性法律服从和规范性法律服从。[①] 工具性服从是以法律的惩罚和威慑程度让公众服从；规范性服从则不是基于个人利益得失的权衡，而是基于道德性和合法性，道德性是指个体通过自身的道德判断认为法律符合道德，代表正义，因而服从，合法性是指执行法律的机构具有权威。合法性服从与工具性服从实质上分别对应着权力与权威的差异。在泰勒看来，规范性的服从更为重要。

在其对规范性服从的研究中，他从微观层面，基于民众与警察直接互动过程中的主观感受，探讨了包括警察在公权机构权威的影响因素与生成机制。在其模型中，他考察了影响司法机构信任的两个关键变量：分配正义（distributive justice）与程序正义（procedural justice）。前者强调结果的正义观，当事者如果觉得法律行为带来的结果是公平的，那么，该行为就是正义的。而程序正义则是基于过程的正义观，它强调的是法律行为所遵循的程序和实施的过程是否对所有的人一视同仁，如果是，那么就是正义的，即便是结果对自己不利。泰勒的结果表明，包括警察在内的公权机构信任更多是建立在程序正义之上。

随后，诸多学者将之专门应用于警察权威和信任的研究。分配正义专门化为当事者对警察处理结果之于自己是否有利的主观判断；程序正义强调警民互动时，警察是否能一视同仁地公平对待当事人，是否能将当事人摆在与自己平等的位置，尊重当事人的尊严。实证研究的结论显示，影响警察权威或民众对警察信任的关键因素是程序正义及警察对待当事人的态度，这在与警察有过冲突和对抗的人群中更是如此。[②] 后续研究还注意到，在现实生活中，与警察直接打交道的人仅是少数，大多数人可能从未与警察有过联系，但都可通过亲戚、朋友和媒体等间接途径获得对警察的认知。基于社会学习理论，罗森鲍姆（Dennis P. Rosenbaum）等的研究证明了在民众对警察态

---

① Tom, R. Tyler, Why People Obey the Law, Princeton: Princeton University Press, 2006.

② Johathan Jackson, Ben Bradford, Betsy Stanko and Katrin Hohl, Just authority? Trust in the Police in England and Wales, London: Routledge, 2013.

度的形成过程中这种间接经验的重要性。①

也有学者将泰勒的模型用于中国社会，但其研究结果却显示，分配正义而非程序正义才是影响国人对包括警察在内的法律机构信任的因素。②

2. 社会学模型：社会结构因素的形塑。与心理学强调与警察互动的主观感受等微观层面的因素不同，社会学模型强调的是社会结构和社会变迁因素对警察权威的影响，而这些影响需要通过某种社会事实得以表现。在具体的实证研究中，在诸多的因素中，西方的研究多集中于三个方面：种族或族群、居住地区背景和媒体。

第一，种族或族群与警察关系一直是西方学者关注的焦点议题之一，因为种族或族群的社会态度，以及他人对特定种族或族群的态度实质是社会的一种规定，这更多是与前述研究警察权威的文化影响路径一致。具体来说，警察权威在不同的种族或族群间是否有差异的问题上，西方学者基本上都是在种族形象定性理论（theory of racial profiling）的框架下考察的，从理论来讲，种族压制理论源自犯罪社会学中的冲突论，它认为美国警察代表着主流白人的意志，因此警察执法实质是种族压制，其后果必然会导致少数种族或族群，特别是黑人对警察的普遍怀疑和低信任。

但对此假设，西方学界并未形成自始至终的一致。大致来说，在20世纪七八十年代，大量的经验研究对此予以了证实，托马斯和海曼在将种族、性别、年龄、收入、教育、职业威望、犯罪的受害程度及其居住因素等变量进行比较后，甚至认为种族是最佳的预测变量。③ 但随后该论断受到各种质疑，许多学者基于种族重要性下降的判断以及统计分析复杂化下的警察信任种族无差异论。其中，有两项关于警察权威与信任的研究引起学者的广泛关注。第一是种族与社会经济地位的交互作用。如有的研究发现，在美国，非洲裔的地位越高，他们对警察的负面评价也越高，特别是处于中产阶级地位的少数族裔要比中产白人对警察的信任度低。因为对地位较高的非洲裔来

① Rosenbaum, Dennis, P., Amie, M. Schuck, Sandra, K. Costello, Darnell, F. Hawkins & Marianne, K. Ring, Attitudes Toward the Police: The Effects of Direct and Vicarious Experience, Police Quarterly, 2005, Vol. 8 (3), pp. 343-365.

② 冯仕政：《法社会学：法律服从与法律正义——关于中国人法律意识的实证研究》，载《江海学刊》2003年第4期。

③ Thomas, Charles, W., & Hyman, Jeffrey, M., Perceptions of Cirme, Fear of Victimization, and Public Perception of Police Performance, Journal of Police Science and Administration, 1977, 5 (3), pp. 305-317.

说，他们的权利诉求更强，对种族不平等更为敏感。[①] 第二是居住地区的差异，这主要有种族、阶层与居住地区的交互影响和地区差异两方面的成果。由于中产黑人通常会选择与中产白人混居，这样更易体会到不平等感。[②] 同时，在不同国家和地区，种族或族群对警察态度也不尽相同。[③]

就我国而言，大城市中的外来人口与本地居民，新生代与其父辈有着不同的利益，经历了不同的社会化历程，他们对警察权威也可能有着不同的理解。基于上海的实证研究也表明，外来常住人口比本地户籍人口对上海市警察信任度更低，在外来常住人口中，“80后”比其前辈对上海市警察的信任度更高。

沿袭上述冲突论之逻辑，我们可将解释当前西方警察信任的思路概括为从“强文化——强制度挤压”到“强文化——弱制度挤压”下的对比关照，其本质是文化主导型的制度和文化挤压；而将解释我国当前警察信任的逻辑概括为从“强制度——强文化挤压”到“弱制度——次强文化挤压”下的转变，其本质是制度主导型的制度和文化挤压。

具体而言，西方存在着一个白人主导社会的传统，其社会冲突不仅有制度的根源，更重要的是还有文化上的支撑。制度上的歧视和偏见一方面是维护白人的利益使然，但更是占主导地位的白人在文化上歧视其他种族或族群的产物，当然，制度又在很大程度上扮演着这种利益和文化歧视再生产的维护者角色。自20世纪60年代以后，虽然西方社会存在从制度设计上消除种族歧视的可能，但自西方兴起后白人对有色人种之文化偏见依旧。换言之，冲突的文化根源难以消除。这一方面使得非白人种族与族群对整个政治领域的低信任，[④] 而这种弥散性的政治信任也必然影响到对警察的信任；另一方

---

① Weitzer, Ronald & Tuch, Steven, A., Race, Class, and Perceptions of Discrimination by the Police, Crime & Delinquency, 1999, 45 (4), pp. 494-507; Schuck, Amie, M., Rosenbam, Dennis, P. & Hawkins, Darnell, F., The Influence of Race/Ethnicity, Social Class, and Neighborhood Context on Resident's Attitudes Toward the Police, Police Quarterly, 2008, 11 (4), pp. 496-519.

② Schuck, Amie, M., Rosenbam, Dennis, P. & Hawkins, Darnell, F., The Influence of Race/Ethnicity, Social Class, and Neighborhood Context on Resident's Attitudes Toward the Police, Police Quarterly, 2008, 11 (4), pp. 496-519.

③ Morris, Camie, S., A Cross-national Study on Public Confidence in Police, Criminal Justice Dissertations, 2011.

④ Avery, James, V., Inter- and Intra-Racial Differences in Political Trust, Paper for the 2003 meeting of the Midwest Political Science Association, 2003.

面，在这种种族或族群文化歧视的影响下，警察在执法过程中也会体现出“标签执法”，从而更加深他们对警察的不满。西方学界关于种族和族群的警察信任差异的问题意识以及围绕种族压制理论展开的论争也正是西方社会经历从“强文化——强制度挤压”到“强文化——弱制度挤压”的现实写照。

在我国，城乡二元结构是造成城市户籍人口对外来人口形成利益和文化排斥的重要原因。在这种社会结构安排下，包括警察等相关的制度设计主要考虑城市户籍人群的利益，而市民对外来人口的文化歧视也是基于这种制度设计而生，因此，这与西方社会先有文化歧视，并由此产生制度挤压的逻辑迥异。同时，自20世纪80年代后，随着我国快速的社会转型和市场经济的发展，原来制约人口自由流动的制度隔阂日趋消融，附着于制度之上的利益分配格局也开始逐步松动；而以经济为主要衡量标准的阶层划分原则也使得户籍和地域等先赋性属性的区隔慢慢消融。在此背景下，原有的“强制度排斥”势必会蜕变为“弱制度排斥”。而制度层面的变迁也慢慢影响着本地户籍人口对外来人口的态度。同时，与西方社会中制度与文化偏见的再生产模式不同，由于我国的社会转型一直是国家主导型，这种自上而下的结构塑造与西方自下而上的制度设计不同，这也使得我国的歧视性文化基本处于被改变地位，难以促成排斥性制度的再生产。要言之，与西方相对，我国关于户籍和世代关于警察信任差异的问题意识是我国社会经历从“强制度——强文化挤压”到“弱制度——次强文化挤压”的现实关照。①

第二，居住地区环境也影响着该地区民众对警察权威的认可。其逻辑是，首先，当某个社区于各方面在社会中越是处于极度劣势（concentrated disadvantage）地位时，它与主流社会的隔阂就越深，其民众对社会的不满就越多，而这自然会延及警察；其次，当一个社区被界定为混乱之处时，与其他地方相比，警力的使用往往更具有侵犯性（aggressive），而这又必然加剧这些地区居民对警察的不满；最后，在这些地区，人们通过相互交流逐渐形成愤世嫉俗的亚文化，② 而这种亚文化通过社会化机制还可以实现自我再生产。这一假设也为许多经验研究所证实。如杰克逊等人的研究就显示，在

① 李峰：《户籍、同期群及其对警察信任度的影响：基于上海数据的分析》，载《社会学评论》2013年第6期。

② Kirk, D. S., and Matsuda, M., Legal Cynicism, Collective Efficacy, and the Ecology of Arrest, Criminology, 2011, 49 (2), pp. 443-472.

对警察权威的认可方面，社区因素要比诸如年龄、种族和职业分层等更重要。[①]

我国学界目前还没有这样的实证研究，因此此假设之于中国社会的适用性亟待相应的研究。不过，从理论来讲，在讨论此议题时我们应考虑到中国社会有别于西方的特殊性。首先，西方社会形成的极度劣势社区有其历史背景，这些社会底层聚集的地区往往从很早就开始存在，同时从现实来看，这也是长期市场机制发挥作用的必然结果，因此这种情况是历史因素和现实情况累积的结果。而我国的社区格局并未完全由市场调节，政府在规划时起着非常重要的调节作用，大致形成了有别于西方的“小聚居，大群居”的格局，即在小区层面可能存在贫富差异，但在一个大的社区则既有高档小区，也有一般的小区，即穷人与富人的空间隔阂并没有西方明显。其次，我国的政治制度、警务宗旨与西方全然不同，在中国社会的管理模式和对官员的考核模式下，任何小区的问题都会引起政府的高度重视，并会得到相应的回应，政府和警察始终坚持服务人民的宗旨。

第三，大众媒体在影响民众对警察的态度方面的作用越来越大。如前所述，由于警察是现代社会拥有强制权的机构，因此其一举一动更易为传媒所关注。同时，对于绝大部分民众来说，媒体是其了解警察的主要渠道。

从理论来看，媒体既可以弱化民众对警察的信任感，也能提升警察的公众形象。如在英国，20 世纪 60 年代之前，媒体对警察形象的塑造具有积极意义，警察通常是作为一个值得信赖的角色出现，共同缔造了公众对警察无限信任的“黄金时代”。但 20 世纪 60 年代后，这一情况发生了变化，媒体对警察形象塑造的负面报道越来越多。此时，记者们坚信自己作为监督机构的角色，有权报道警察的错误行为，最著名的是 1969 年的《泰晤士报》揭露伦敦大都市警察厅大规模的腐败问题。[②] 而且记者越来越习惯地将这些丑闻置于警察机构合法性的叙事框架中予以报道。之前虽然也有对警察腐败的调查，但通常是在“一个坏苹果”（one bad apple）的框架内，现在却演变成“一筐烂苹果”。到 20 世纪 90 年代末，虽然英国的犯罪率大大下降，但随着网络等新媒体的出现，媒体对警察丑闻的报道更是变成“中毒的树”式的基调。

---

① Johathan Jackson, Ben Bradford, Betsy Stanko and Katrin Hohl, Just Authority? Trust in the Police in England and Wales, London: Routledge, 2013.

② ［英］罗伯特·雷纳：《警察与政治》，易继苍等译，知识产权出版社 2008 年版，第 164 页。

不过，近年来西方的一些实证研究显示，媒体的报道对民众之于警察形象的影响并没想象中的强，两者之间仅存在弱相关。①

① Dowler, K., Media Influcence on Citizen Attitudes toward Police Effectiveness, Policing and Society, 2002, 12 (3), pp. 227-238; Dowler, K. and Zawilski, V., Public Perceptions of Police Misconduct and Discrimination: Examining the Impact of Media Consumption, Journal of Criminal Justice, 2007, 35 (2), pp. 193-203; Miller, J., Davies, R., Henderson, N., Markovic, J. and Ortiz, C., Public Opinion of the Police: the Influence of Friends, Family and New Media, New York: Vera Foundation, 2004; Johathan Jackson, Ben Bradford, Betsy Stanko and Katrin Hohl, Just Authority? Trust in the Police in England and Wales, London: Routledge, 2013.

第四章 警察关系

警察关系是个较笼统的提法，泛指警察组织及警察个体与其他组织及个体之间的社会关联及互动关系。从关系主体来看，警察关系既包括警察组织与政府部门、司法系统等国家组织体系之间的内部关系，也包括其与社会组织、市场组织及公民个体之间的外部关系。从关系属性上来说，警察关系既包括内部性的组织机构关系，也包括以警民关系为核心的警察公共关系。在自媒体时代，警察与媒体的关系所产生的影响特别突出。

可见，所谓警察关系的范围极其广泛，但从结构功能或社会互动的一般视角来看，警察职责的设定、警察功能的实际发挥、警务效能的体现等，无不与警察关系发生密切的关联。因此，我们不能空泛地就警察关系而论关系，而应将其同警察职责、警察功能、警务效能、警察组织系统的整体运作等关联起来，深入讨论它们之间的内在关系和互动规律。基于此，本章主要讨论警察的内外关系同警察职责与警民关系同警务效能之间的关系这两个主题。

第一节 警察关系概述

一、警察关系的定义

警察关系，从本质上说即警察的社会关系。“社会关系”一词是个内涵非常丰富也颇具歧义的概念。按照马克思的社会观来讲，警察的社会关系就是指以警察的生产（工作）关系为核心而建立起来的一整套关系体系。

人们常常根据不同的目的、标准来对这些关系进行更具体的分析，但总括起来可分为两个层次。一层是比较具体的、基本的关系层次，以所涉及的“关系人”为线索，多用于分析社会主体之间的实际关系，如个人与个人、个人与群体、群体与群体的关系。另一层是抽象的、隐喻的层次，是对上述社会主体之间关系的性质、特征、内容、结构等不同侧面进行的归纳、概括、抽象和判断，如和谐关系、冲突关系、竞争关系、依赖关系、正式关系与非正式关系、强关系与弱关系、政治关系与法律关系等。

为了便于分析，我们先根据警察关系所涉及的主体，把警察的基本社会关系网络粗略地分为两大块。

其一，内部关系，系指关系双方都为警察机构，或者一方为警察机构，另一方为其他国家、政府机构。警察与国家的关系极为密切，一方面，警察与国家同起同源。警察随着国家的产生而产生，是国家存在的标志并作为国家权能释放的保证。另一方面，警察的发展与国家的发展相生相随。警察的性质、功能以及制度变迁都随着国家在性质、功能及制度方面的变化而变化。[①] 在同属于国家机构的视域下，警察与其他国家机构之间的关系也视为内部关系，这种内部关系在正式层面一般都由相关的制度、法令明确规定。同时，在同类型机构内部的关系层面，不同的警察机构之间也存在着纵横交错的领导、指导、合作等各种关系。

其二，外部关系，系指警察与社会之间的诸般关系。警察作为重要的国家机器，必然受国家与社会之间的关系定位的制约。近年来，关于国家与社会之间的关系的讨论一直是理论界争论的热点，相继出现了“国家中心论”“社会中心论”“国家在社会中”“国家与社会共治”“国家嵌入社会”等理论，这些理论不但从警察哲学的高度重新定位了警察与社会之间的关系，而且也在实践中指导着警务改革。事实上，当前许多国家及其警局都在为建立一种警察与社会之间的理想、和谐关系而努力。

具体而言，学界对警察与社会的关系的讨论主要集中于以下领域：(1) 警察与社区的关系；(2) 警察与其他社会组织的关系，如与媒体、民间组织、企事业单位等之间的关系；(3) 警察与特定工作对象之间的关系，如与违法活动者、罪犯及其家属等结成的特殊关系；(4) 警察与普通市民的关系。

本章所要考察的警察关系，既包括警察内部关系，也包括警察外部关系，但后者对当前的警务运作和警务改革将产生更加深远的影响。

二、分析警察关系的维度

对警察关系的研究，是警察学、管理学、政治学、法学和社会学等学科的共同课题。综合来看，这些研究往往依据不同的目的和标准来展开，大致

① 王智军：《警事治理：国家警事社会化的新理解》，载《中国人民公安大学学报（社会科学版）》2005 年第 1 期。

可概括为如下几个分析维度。

（一）根据警察的职能、角色定位

即根据警察的工作职能、社会角色定位，来讨论警察与其他社会主体之间的关系。对警察职能的认识和明确定位，经历了一个长期的发展过程，一般而言，现代警察的基本职能表现为三个方面，即执行法律、维护社会秩序、提供公共服务。不同的职能定位，直接决定着警察的职能关系，如警察与其他主体之间的管理关系、服务关系、保护关系、镇压关系、领导与监督关系等。

对警察进行角色分析也是学者们分析警察关系的重要维度。社会角色是社会学术语，其丰富的内涵使人们往往在几层含义上讨论警察角色：官方的法定角色、社会的期待角色、警察实际扮演的角色、警察认知的角色、民众认知的角色等。不同视域下的警察角色，侧重点也有所差异，如“看门人”“差佬”“亲人”“保护神”“抓罪犯的”等，都是民间对警察角色的通俗表达。本章将详细论述警察关系与警察职责之间的内在关联。

（二）从应然层面与实然层面来分

警察的社会关系应该是怎样的，实际上又是怎样的？这个话题往往是警察制度设计与现实问题的核心讨论内容。所谓应然关系是指主观愿望上尤其是制度设计、要求上应该达到的关系，是一种理性的、理想的状态。实然关系则是指警察在现实生活中所实际表现出来的关系状态。二者之间往往存在一定程度上的背离，人们正是从实然层面发现问题，查找不足，并进而提出“应然”的要求和期望。本章论述的一个主要视角正是警察关系的应然与实然层面的背离，从而深入分析其中存在的主要问题。

（三）按关系的方向与数量

对警察的社会关系网络本身进行方向和数量上的分析，可把警察关系大体上分为：垂直与平行关系（即传统所讲的条块关系），内部与外部关系，单向、双向关系与多元关系，直接与间接关系等。

（四）按互动关系的性质

对警察与其他社会主体之间关系的性质进行考察，可大体划分为：合作类关系，如依赖关系、亲密关系、服务关系、和谐关系、互利关系、平等关系等；冲突类关系，如竞争关系、对抗关系、镇压关系、紧张关系等。

（五）按互动关系所涉及的社会领域

根据警察与其他社会主体进行互动时所涉及的内容、领域，警察的社会关系大体可归纳为：法律关系、经济关系、政治关系、情感关系、生活关系、工作关系等。

第二节　警察关系与警察职责

在当前的警务实践和警民互动中，警察职责是非常核心的问题。一方面，公安机构和民警本人面对大量的非警务事务；另一方面，公民个体在报警、求助等事项没有得到圆满解决时，会产生警察不作为甚至渎职的看法。此外，警察职责的模糊定位还可能引起公众对警察越界执法的质疑，这在警察为当地政府的非警务事务提供帮助的过程中同样表现明显。而上述这些问题都同警察关系这一隐藏因素息息相关。

一、警察职责的制度性规定及其问题

“职责是指某一组织及其工作人员为完成工作使命而应承担的一定范围内的工作任务，以及完成这些工作任务所应承担的责任。职责包含两方面内容：一是工作范围和工作任务，二是工作责任。”[①] 现有对警察职责作出最清晰制度规定的当属《人民警察法》，其第二章“职权”部分对人民警察的职责和权限作出了较为具体而清晰的规定，如第六条详细陈述了公安机关人民警察的具体职责：

（1）预防、制止和侦查违法犯罪活动；

（2）维护社会治安秩序，制止危害社会治安秩序的行为；

（3）维护交通安全和交通秩序，处理交通事故；

（4）组织、实施消防工作，实行消防监督；

（5）管理枪支弹药、管制刀具和易燃易爆、剧毒、放射性等危险物品；

（6）对法律、法规规定的特种行业进行管理；

（7）警卫国家规定的特定人员，守卫重要的场所和设施；

（8）管理集会、游行、示威活动；

（9）管理户政、国籍、入境出境事务和外国人在中国境内居留、旅行的有关事务；

（10）维护国（边）境地区的治安秩序；

（11）对被判处管制、拘役、剥夺政治权利的罪犯和监外执行的罪犯执

---

① 贾建平：《警察职责与警察义务之法理辨析》，载《中州学刊》2017 年第 3 期。

行刑罚，对被宣告缓刑、假释的罪犯实行监督、考察；

（12）监督管理计算机信息系统的安全保护工作；

（13）指导和监督国家机关、社会团体、企业事业组织和重点建设工程的治安保卫工作，指导治安保卫委员会等群众性组织的治安防范工作；

（14）法律、法规规定的其他职责。

除此，从第七条到第十九条，也都分别赋予了民警实施行政强制、行政处罚、使用警械武器、现场盘查及继续盘查、交通管制、现场管制等一系列的权力，这些权力一定程度上也都意味着相应的职责，更为保证职责的履行提供了权力保障。

与此同时，《人民警察法》第三章“义务和纪律”部分，又特别规定了警察需要履行的一系列义务和纪律要求，尤其是第二十一条规定：“人民警察遇到公民人身、财产安全受到侵犯或者处于其他危难情形，应当立即救助；对公民提出解决纠纷的要求，应当给予帮助；对公民的报警案件，应当及时查处。人民警察应当积极参加抢险救灾和社会公益工作。”

《人民警察法》关于警察义务部分的规定，在一定程度上会产生混淆职责与义务的范畴，导致关于警察职责认定不清和边界不明的问题，使得警察机关和警察个体在面对具体事项时更多依照惯例和部门规定进行判断和执行，增加了警察日常履职中的判断难度和执法风险，导致民众质疑和误解，影响了警察形象和警民之间的良性互动关系。

当然，事实上还存在更多具体的制度性要素，对警察职责的泛化产生了更加明显和深远的影响，其中最重要的当属关于110接处警范围不断扩大的制度规定和具体实践。

二、110接处警与警察职责的实践难题

我国于1986年1月在广州建立第一个110报警台时，其仅受理匪警类警情的报警。到1991年前后，福建漳州警方在针对当时社会治安问题突出，而公安机关却不能作出及时回应和充分作为的情况下，主动向社会推广110报警热线，并在此过程中逐渐将110报警台扩大为报警服务台，将一系列紧急求助等服务性业务也纳入接处警的范围。1996年，公安部向全国推广福建漳州提出的“四有四必”理念与做法，即“有警必接、有难必帮、有险必救、有求必应”，在有效建立110接处警快速反应机制的同时，也在很大程度上扩大了警察职责范围，使大量非警务警情在此后多年占据了110接处警的很大部分。

应当说，“四有四必”的提出和实际贯彻，在一定程度上符合当时中国

社会在剧烈变迁中对治安秩序维护和公共服务的巨大需求，尤其是需要 110 建立快速反应机制，以最大的速度和效率提供最及时的警务和服务。

正因如此，多年来 110 接处警以其快速反应和及时服务，保证了中国社会的治安秩序稳定和以紧急性救助为主的公共服务供给，但确实也在一定程度上导致了警察职责的边界模糊和内容泛化。近年来，随着基层社会治理的逐步推进，公安机关同政府其他职能部门、社会组织等社会性力量之间的协同关系得到强化，部门非紧急求助服务事项及相关问题的后续解决得到了一定程度的分流和移交，但总体来说，公安机关依旧面临大量以各类纠纷为主的非紧急求助警情处置压力。

而此问题背后的关键，正是警察与社会、政府、政府各职能部门之间在秩序维护和公共服务供给方面的依存关系。当然，还同警察角色和职责本身所具有的模糊性不无关系。

三、社会转型中的警察与社会

应当说，改革开放开启了中国社会加速现代化的步伐，中国社会开始较快速地从一个以单位制为基本单元的总体性社会，转向个体化、市场化的现代社会。快速的社会转型和结构性变迁，同样导致社会秩序维护机制的巨大变化，以及公众对社会基本公共服务，尤其是紧急性求助服务的巨大需求。

从社会治安秩序的维护机制来看，改革开放前的中国社会是偏向静态的、基本机构趋于稳定状态的社会，人口的流动数量和次数都较为有限，在城市以政府机关、文化事业单位、厂矿企业等为主的单位和在农村以村落为基本形态的村社、公社，共同构成一个单位制的熟人社会。单位制的组织体系和熟人的社会关系模式，成为当时社会秩序包括治安秩序维护的最大基础，单位的内部保卫、农村基层的治保组织、熟人之间的情感联结、集体压力和互相监督等，对治安秩序的维护起到重要作用，也在很大程度上分担了公安机关的压力，公安机关的核心职能集中于政治安全保卫和打击违法犯罪等传统意义上的公安本职。

从公众的公共服务需求的供给上来说，家庭和单位等初级单元和社会关系，同样承担了主要任务，大到婚丧嫁娶、生老病死，小到生活琐事、矛盾纠纷、日常照料、突发事故等，群众的首要依靠力量是自己的小家、村社和单位，一般只有在触动政治和法律边界时，才需要公安机关等公权力部门出面解决。当然，当时的公安机关同样与基层社会保持着密切的联结关系，在信息沟通和政策执行上基层力量会提供极大帮助和支持，专群结合、群防群治发挥了切实有效的作用。

改革开放的启动，开始逐步瓦解单位制的总体性社会结构。在农村，家庭联产承包责任制的改革，使农村的社会结构重新回归个体家庭单元，村社的集体经济、组织和公共服务功能日益减弱。在城市，随着改革和个体经济的兴起，出现了越来越多的脱离机关、企事业单位的人员。尤其重要的是，随着改革和市场经济的发展，大量人口从农村流向城市、从内地流向沿海沿边地区，流动人口的大量增加，极大地削弱了传统熟人社会村社内部的社会控制机制和群体互助机制。同时，经济的发展带来社会交往和社会冲突行为的大量增加，加之社会转型期特有的社会失范效应，原有的社会规范逐渐失效，而新的法律法规等正式规范及其他非正式的社会规范尚未形成。这些因素叠加到一起，使得社会秩序的维持、公共服务的供给都面临极大的挑战和需求。

这一任务首先历史性地落到了公安机关的肩上。首先，治安秩序是整个社会秩序的基础，治安秩序的维护是公安机关的首要任务。其次，受传统家—国结构政治伦理的影响，从人民警察为人民这一传统的职业伦理出发，公安机关也理应想人民之所想、急群众之所急，承担起为人民群众提供紧急救助这一重要职责。由此，“四有四必”成为当时公安机关职责担当的集中体现。

但是，如果回到更大的一个问题视野，从“国家—社会—市场”这一基本的问题框架出发，显然，社会秩序的维护和公共服务的供给，不应该仅仅是国家的职责担当，在国家之外，社会自身和市场机制应该充分发挥其各自的职能和优势，相互补充，良性互动，才能实现整个社会的良性运行和协调发展。如果单纯依靠国家力量来进行整个社会的秩序维护和公共服务供给，则势必会导致国家不堪重负，且达不到理想状态。

公安机关和警察作为国家及代表国家的政府力量和组成部分，其在“四有四必”等倡导下长时间承担大量非警务性警情和其他事务，正反映了在“国家—社会—市场”框架结构中，警察与社会、市场之间关系的失衡。如上所述，改革开放以来的社会转型，导致村社、机关、企业等单位组织的秩序维护和公共服务功能日渐式微，即意味着社会自身的组织能力和相应功能等的缺位。

在此情况下，社会的转型即意味着社会自身的组织关系模式和内部结构需要进行重新构造和功能复原，尤其是社会的自组织能力需要得到重新发育和逐渐成熟。无论如何，转型需要时间，并会受到多种因素的影响。于是，在社会一时缺位、市场机制也不完善的情况下，公安机关无可选择地成为社会秩序维护和公共服务供给的基本保障，由此，警察职责的边界也就被大大地扩展和模糊化了。

当然，仍然需要指出，警察作为国家机器和国家强制力量的代表，其职责带有特殊的国家性和政治性。但如果回归到公共性的社会控制、秩序维护和公共服务供给这一方面来说，警察的公共性职责内容从根本上来说，难以完全通过制度设定来进行解决，其根本决定力量在于警察与社会力量之间的关系，传统所谓“警力有限、民力无穷”“专群结合、群众路线”“枫桥经验”从根本上反映的也是警察与社会之间的依存关系，社区警务战略更是倡导警察需要将自己看作社会的一分子，警察即公众，公众即警察。

当前，我们已经充分意识到了人民群众和社会的巨大力量，在社会治理中，我们提出建设“党委领导、政府负责、社会协同、公众参与、法治保障”的社会治理体制。在政法和公安工作方面，新时代“枫桥经验”对自治、法治、德治的重视，以及与共建、共治、共享治理理念的高度契合，使其成为推动公安工作与社会力量融合的重要导向。在新时代“枫桥经验”的推动下，公安部提出在全国创建“枫桥式公安派出所”活动，推动公安工作吸纳各种基层自治力量的支持，如各类社会组织尤其是以“义警”为代表的平安类社会组织、专业性救援组织，村社组织包括村“两会”、社区居委会，以及更多的小区物业、楼宇保安、单位内保力量等，并进一步构建派出所与基层社会治理密切互动的良好关系，在整体的工作机制和制度建设方面，形成警察与社会力量的密切合作与良性互动。

四、警察与地方政府的组织关系

依照《宪法》《人民警察法》《公安机关组织管理条例》等法律法规的规定，我国公安机关即警察组织作为政府机构的一部分进行相应组织设置。我国现行的公安机关的组织体制，是在坚持党对公安工作的绝对领导的原则下，实行“统一领导、分级管理，条块结合、以块为主”的基本制度。

首先是“统一领导、分级管理”。“统一领导”就是全国的公安工作统一接受党中央和国务院的领导，地方公安机关接受公安部的统一领导。坚持党对公安工作的绝对领导，坚持上级公安机关对各项工作的领导和具体指导，这是公安工作的基本原则。“分级管理”是指中央公安机关和地方公安机关分别接受党中央、国务院和地方党委、政府的管理。按照《宪法》的规定，地方公安机关是地方政府的一个职能部门，担负着打击违法犯罪，维护地方社会秩序的重要职责，因此，它必须要接受地方党委和政府的领导和管理。显然，这涉及统一领导与分级管理之间的组织关系问题。

于是，就有了第二点“条块结合、以块为主”。条块结合中的“条”指的是全国公安系统中自上而下的领导关系；“块”指的是县以上地方各级党委、政府对本级公安机关的领导关系。“条块结合”是指在公安机关中，自上而下的领导关系同各级党委、政府对本级公安机关的领导相结合。即公安部接受党中央和国务院的领导，并领导全国的公安工作；地方各级公安机关一方面接受当地党委和人民政府的领导，另一方面接受上级公安机关的领导。专门公安机关接受本部门的行政领导和公安部的业务领导，并直接领导所辖公安机关的工作。“以块为主”是指上级公安机关和同级党委、政府对地方公安机关实行双重领导，但以地方党政领导为主。地方公安工作的决策，警察人员的任免和升降，警察经费的开支等主要由地方党委和政府决定，上级公安机关和公安部只负责警察业务的领导与指导。

这种管理体制的优势在于，在功能发挥上，统一领导能够使全国各级公安机关在党和国家的总任务、总目标下很好地发挥整体性的职能作用，分级管理则有利于在我国这样幅员辽阔，政治、经济、文化发展不平衡的国土上，各地方可根据本地区的不同特点灵活进行管理，充分发挥地方的积极性、创造性。在组织管理上，“条块结合”既保证了各级党委、政府对公安机关的领导、监督，也保证了公安系统自上而下的管理、指挥和业务指导。

对公安工作来说，其地方性特点突出，需要同当地的社会发展进程、文化传统、人口结构、治安特点等诸影响因素进行有效对接。因此，“统一领导，分级管理，条块结合，以块为主”的基本组织制度，无论从机构功能的实现，还是组织管理的运作上，都保证了公安工作的整体系统性和地方实践性，体现出了其独特的制度优势。

但从组织关系对警察职责的影响来说，公安机关同当地党委、政府之间的主要领导关系，在很多特殊情况下，会导致其工作内容溢出真正的公安职责的边界。

非警务警情的存在，反映了公众对矛盾纠纷解决、市政和社区管理、公共秩序以及其他公共服务等的广泛需求，这要求政府相关职能部门积极发挥作用，并因很多诉求事项本身所具有的综合性，还经常需要各部门之间的业务沟通和通力合作。对警察来说，这些事项要求其同其他职能部门或者更多的社会力量之间合作进行解决，而远非单独解决和承担职责。这就更进一步涉及公安机关与其他政府职能部门之间的业务关系，这可以视作其同当地政府之间关系的进一步扩展。

在进一步讨论之前，如前已提及的，非常有必要指出，导致非警务警情存在的原因，虽然同警务与社会的依存关系以及这里所论的警察与当地政府之间的组织关系紧密关联，但还同警察角色或警察职责这一问题本身所具有的模糊性有很大关系。

罗伯特·赖纳就英国警察的角色问题进行了深入讨论。他指出，虽然传统观点都认为警察的核心职责就是打击犯罪和执行法律，但许多研究都揭示了与当前我国类似的情况，警察所接到的报警电话中，直接同犯罪相关的并不占多数，反而恰恰是服务求助电话，如家庭事务。赖纳经过分析认为，导致这一情况的一个主要原因是，警察职责中除打击犯罪外，还有一大块被认为是预防犯罪和维护秩序，后者可被理解为治安职责。警察之所以被公众赋予维护秩序的职责期望，在于其合法使用暴力的授权，虽然在具体行动中，警察一般情况下并不真正使用强制措施或暴力，但以暴力为后盾的潜在威胁却在很大程度上保证了任务的顺利完成。与此同时，他也指出，“警察的主要角色是维持秩序，并不是要求警察对社会秩序的方方面面都要承担责任，警察的任务是对秩序出现问题时提供应急维持，而不是创造秩序的前提条件”。①

因此，警察任务中的预防犯罪和秩序维护、治安秩序管理，其范围不仅远大于单纯的打击犯罪，且很容易导致认知和界定上的泛化，即凡是同预防犯罪和秩序维护相关的事情，都可以向警察报告以获得帮助和解决。如赖纳所指出的，虽然事实上警察仅需要在秩序出现问题时提供应急维持，但在实践中，则大大依赖上述提到的各种互动关系，以及过程中各方对警察职责的认定和期望上面。因为秩序维护和公共服务的基本需要总要被满足，如果其他社会力量和政府部门不能提供，则最后全靠警察来兜底负责。

五、警察与其他政府职能部门的关系

在公安机关与地方政府的整体性关系之外，对警察职责影响最大的当属其与其他具体政府职能部门之间的关系，如工商、市政、劳保、市场监管、文管、卫生、教育等各方。

从工作业务上来说，因为政府管理和社会治理事务本身所具有的综合性，政府各职能部门之间一定存在诸多的业务交叉与合作关系，公安部门与其他部门之间同样如此。如针对娱乐场所，与其直接对口的管理机构为文化部门，但因经营内容的特殊性，则广泛地同治安、消防问题关联，因而成为公安部门的重要治安对象。此外，公安部门则更加受到兜底原则的制约，因为社会治理出现问题的一个通常结果，轻则引发矛盾纠纷，重则导致违法犯

① ［英］罗伯特·赖纳：《警察的政治学分析》，但彦铮译，知识产权出版社 2017 年版，第 260–271 页。

罪，如家庭婚姻问题导致家庭暴力、拖欠工资导致自杀或群体聚集、医疗纠纷导致扰乱医院秩序甚至针对医生的人身伤害行为、娱乐场所和旅馆的经营引发“黄赌毒”等常规性的违法犯罪。可见，管理实效或治理失败的一个自然结果就是治安失序和违法犯罪，于是公安部门的兜底也顺理成章。

另外，110勤务全天候快速反应机制的建立，使得警察成为离公众最近、最够得着、最便捷的求助力量。几乎所有同治安秩序和公众人身财产安全相关的事项，都被纳入接处警的正当范围，其中不可避免地包括了大量非警务类警情。从赖纳的观点出发，应当说，对秩序出现问题时提供紧急维持，这本来也属于警察事务。但对一个处于动态过程中的具体事件来说，在实践层面很难清楚划分出事件原因及其后果，从而来清楚分割警察和其他部门各自的职责，在常规情况下，警察经常力所能及地向引发事件的原因部分延伸，提供矛盾纠纷的紧急调处或进一步救助，因为若不如此，在没有等到其他部门介入解决之前，可能已经引发了无法挽回的属于警察事务的消极后果，如家庭纠纷可能引发暴力导致其中一方受到伤害甚至死亡，一个负责任的警察会尽力避免这样的事情发生。

但也正因如此，加上公众习惯性地对警察职责的理解和期望，使得警察经常成为问题解决的主要力量。如在“青岛大虾”这一消费纠纷警情中，当时正值十一国庆，主管单位——物价部门也处于休假状态，只有一名值班人员接听电话，在此情况下，警察提供了基本的调解方案，但引发当事人和全国人民的严重质疑，很多人理所当然认为此事就应该由警察来解决。[①] 抛开事件本身的定性争议不谈，其中折射出的公众对警察期望及业务范围的认定和误解则真实可见。

制度设计方面的原因也需要看到。除了110报警服务台全天候快速反应平台的设置之外，长期以来，非警务警情的部门联动、社会联动分流之所以无法真正建立，一个重要因素是针对政府职能部门和基层力量的考核和激励制度缺失或乏力。公安部门自身对民警的考核极为精细严格，在110接处警方面尤其如此，包括具体警情事项指标的设置、4G执法视音频记录的现场督导、对群众满意率的电话回访、上级部门实地督查等，除此之外，接处警民警还处于人民群众和自媒体无处不在的舆论监督之下。而对其他政府职能部门来说，非警务警情处置中的联动并无实际的考核约束和激励机制，公安

① 具体来说，该事件到底是否属于警务范围，还有赖于对事件本身性质的界定，如有人认为，老板的天价虾属于敲诈行为，同时涉嫌限制人身自由。但对很多普通民众来说，他们并未就此深入探究，在第一反应上就认为警察应该来解决此事。

作为平级部门无法给予其有效的压力。

总结来看，警察在问题解决中的兜底地位、公安部门建立起的成熟的110报警服务台全天候快速反应机制、公众包括政府对警察职责的理解和期望以及相关考核制度的设计缺陷等，共同导致了警察在与其他政府职能部门的业务分工、合作关系中，时常承担了更多事件原因部分的解决任务，而在理论上，只有结果部分才是真正的警察职责所在。

随着警民互动的深入，民众对警察真实能力和真正业务的了解一定会越来越清楚具体，因此，对警察职责的认定和期望也会越来越理性恰当。政府方面的改变也很明显，如由政法委推动的“四个平台”建设、网格化治理、结合“最多跑一次”的多业务部门同大厅的窗口化办公服务模式，已经在促使政府服务落地和部门联动合作方面收到成效。而在非警务警情的部门和社会联动方面，同样由政法委主导的平安城市、平安村社建设，将联动情况列为其中重要的加扣分考核指标。所有这些，将推动警察与其他政府职能部门的业务分工与合作走向一个更加合理高效的状态。这在一定程度上也反映出政府治理正逐渐消除部门分割、相互推诿的状态，走向更加有效的结构耦合和功能整合状况。

六、公检法司之间的关系

公检法之间的法律关系及现实的业务分工配合与制约关系，在法学界作为一个重要问题有着诸多研究，其三者之间的一般关系为《宪法》（2018修正）第一百四十条（原第一百三十五条）规定，即“人民法院、人民检察院和公安机关办理刑事案件，应当分工负责，互相配合，互相制约，以保证准确有效地执行法律”。有些学者还提出《宪法》（2018修正）第一百三十四条（原第一百二十九条）的内容也是对三者关系的规定，即“中华人民共和国人民检察院是国家的法律监督机关”。无论公安还是法院，其行政执法和审判权都受到检察机关的监督。[①]

这仅仅是法律关系的制度规定方面，但法律规定本身的概括性及其他制度运行如绩效考核等方面的原因，学者和实务界普遍认为，其三者之间分工配合多，互相制约少，尤其是长期以来，刑事诉讼存在“以侦查为中心”的问题，公安机关表现强势，其在侦查阶段形成的案件卷宗成为最后审判的最主要根据，对整个案件的判决起到决定性影响。同时，其在侦查阶段的权

---

① 孙春雨、张翠松：《宪法语境中公检法三机关之间的关系》//《第九届国家高级检察官论坛论文集：法治思维与优化检察权配置》，2013年。

力缺乏充分法律监督，特别是在拘留、讯问等环节应该履行的法律程序方面，从而导致当事人的权利得不到充分保障乃至出现诸多冤假错案。[①] 公安机关也以检察院批准逮捕为办案成功的标志，对侦查质量如何、公诉是否成功则不甚关心，对出庭作证的义务也不甚接受。[②] 至于法院和检察院方面，二者间同样存在配合多而制约少的情况，形成一种“共议格局”。[③] 因此，公检法之间的关系亟须通过“以审判为中心”的诉讼制度改革来理顺，包括淡化相互配合，改变长期以来的流水化作业模式，强化检察院对公安、法院的监督，做实法院对公安、检察院的制约，深化考评机制改革等。[④] 因此，2016 年以来“以审判为中心”的诉讼制度改革，对检察院和法院的职权和活动作出了重点调整，公安机关的侦查活动也要严格依法进行，提高证据质量，并承担出庭作证义务，重新引入预审制度。但三者关系还需长期努力才能达到理想状态。

回到公检法关系对警察职责或更准确地说对警察任务的影响，则其可能既同长期以来“以侦查为中心”的诉讼制度导致的公安权限过大、公众产生对应的司法认知有关，也同诉讼所要求的法律专业知识和行动成本及效率的考虑相关。在现实层面，大量矛盾纠纷都涉及民事关系，从法律制度的设置上来说，民事案件由法院受理，公安机关无权也无责任受理。但在实际解决中，公安机关在治安调解的同时，时常会附带调处其中的民事纠纷，因为这是引发矛盾的根源所在。公安机关既担心不予受理后矛盾的升级导致严重的治安后果，也担心引发当事人的上访行为。而公众之所以有问题找警察，既受到此前“四有四必”承诺和相应实践的影响，也潜在地怀有公安权限很大的惯性印象。当然，更重要的是，对于公检法三者，一般公众更熟悉公安，而检察院和法院则给其专业、威严之感，且涉及关于发起诉讼的专业知识，不到万不得已不轻易打官司，首先寻求公安解决是最划算也是最高效的选择。在“非讼”的文化传统下，打官司既不光彩，也充满着各种不确定

---

① 陈长均：《以审判为中心语境下的公检法关系》//《第十一届国家高级检察官论坛论文集：以审判为中心与审判工作发展》，2015 年。

② 陈瑞华：《公检法关系及其基本思路亟待调整》，载《同舟共进》2013 年第 9 期，第 41 页。

③ 徐清：《刑事诉讼中公检法三机关间的“共议格局”———一种组织社会学解读》，载《山东大学学报（哲学社会科学版）》2017 年第 3 期，第 58-66 页。

④ 陈长均：《以审判为中心语境下的公检法关系》//《第十一届国家高级检察官论坛论文集：以审判为中心与审判工作发展》，2015 年；陈瑞华：《公检法关系及其基本思路亟待调整》，载《同舟共进》2013 年第 9 期，第 38-41 页。

性的风险，且涉及聘请律师等高额的诉讼成本，在法律程序的进程上也旷日持久。

随着纠纷本身的复杂化，当前依旧是公安机关主要牵头的多元调解模式，但也开始越来越多地将相应问题引向对口的司法、法院等问题解决单位，这可以缓解公安机关因承担过多的不属于自己的职责和任务的压力，并通过司法确认等方式，使民事纠纷得到更加彻底及法治化的解决。

另外，司法所也是基层治理中的一支重要力量，担负指导管理人民调解、社区矫正、安置帮教、基层法律服务、法治宣传教育、参与社会综合治理等丰富职责，与基层公安事务有着广泛联系。长期以来，在社区矫正、安置帮教等工作中，司法所与派出所经常密切合作，但囿于司法所本身的力量，派出所经常承担更多实际工作。当前，在多元调解模式中，司法所也成为主要的主导力量之一。

总而言之，当前在公检法司的总体事务关系中，通过在多元调解中的任务分流和密切合作，公安部门可以将此前主要由自己第一时间面对且很多情况下无力解决的问题有效分流和彻底解决，在基本的综合治理格局中形成良好的治安生态。因此，至少在基层环境中，公检法司之间所要追求的不应该是业务关系的清楚分割，而应该形成良好的业务合作和有效支持格局，打造社会综合治理体系，这对公安职责的合理分解和有效实现将产生积极作用。

第三节　警民关系与警务效能

警力有限，民力无穷，警务工作不能仅仅依靠警察自身来完成。同时，警民关系的好坏对警务效能本身有着直接影响，良性互动的警民关系能够为警务工作的开展提供良好的外部生态，从而产生良好的工作效能，也能极大地提升警察的工作热情和成就感。相反，恶劣的警民关系会给警务工作带来诸多障碍，甚至威胁警察本人的人身安全，导致警察产生工作挫败感和倦怠感，从而在整体上消解警务效能。

警民关系具有多重内涵，并受到各种内外因素的影响。随着网络时代的到来，媒体尤其是自媒体影响日益广泛深入，警民关系受信息传媒的影响也越来越大，警察已经开始习惯于“在镜头下执法”。认识和理解警媒关系的内在规律，对于改善警民关系，尤其是公安机关的危机公关工作，具有非常重要的意义。

一、警民关系概述

警民关系是最核心的警察关系，是整个警察社会关系体系中的重要构成内容，在中外警务发展过程中一直备受重视。学者们从警民关系的和谐程度、公众对警察的满意度及信任度、公众对警察工作的参与度等方面，进行了大量的调查和研究。

（一）概念辨析

目前学术界对警民关系中“警”“民”两个关系主体的理解还存在着一定分歧，但简单来讲，“警”即警察，是国家机器的重要组成部分，“民”即公民，通俗意义上即指民众、国民、百姓，但广义上还往往包括各式各样的社会组织、企事业单位等社会主体。毫无疑问，警民关系在基本方向上受国家与社会关系的制约，是警察社会关系最基本的内容。

同时，从总的社会学角度来看，警民关系是当代社会生活中的一对重要社会关系，日益受到人们的关注和重视，学者们从社会学、公共管理学、公共关系学、政治学、法学等视角进行了大量的研究。但对于警民关系的具体界定，学者的认识和理解却存在着较大差异。社会学和公共关系学倾向于把警察与民众视为两个独立、平等的社会组成单元，把警民关系理解为警察在打击、预防犯罪和提供社会服务等各种警务活动中，与社会公众形成的权利义务关系和人际关系，警民关系由一定社会经济基础决定，并受特定时期政治法律制度的影响，带有鲜明的政治烙印。①

崔北方、祝大安等在公共关系层面对警民关系详细界定为：“所谓警民关系，是基于法律规定和经济、社会历史发展而形成的一种警察机关、警察与其他社会组织、公众之间的权利义务关系；是警察组织为了更好地为社会公众服务，树立自身的良好形象，谋求自身发展而采取传播、沟通等手段，与其他社会组织、公众之间双向交流、互动，并在相互交流与互动的过程中所形成的一种相互了解、相互配合、互利互惠、共同发展的社会关系。”②

当然，警民关系不仅是一种关系状态，也是一种活动和过程。如林中浩认为，从一般的意义上说，警民关系就是警民之间相互影响、相互作用的关系。警民关系在不同的语境下具有不同的含义，可以是一种状态、一种活

---

① 刘朝捷：《新时期警民关系评价调查的思考》，载《山西警官高等专科学校学报》2004 年第 4 期。

② 崔北方、祝大安等：《警民关系学》，中国人民公安大学出版社 2007 年版。

动、一种意识、一种管理、一种社会关系、一种学问。[①] 李静则按照警民双方主体在社会活动中的地位和作用，将警民关系分为三个层次。第一层次，是指人民警察在执法过程中与群众之间形成的一种以法律为基础的权利义务关系，这也是警民关系的最基本层次。第二层次，是指广大群众只是单纯在享受法律赋予的权利的同时履行法定义务，并不主动为人民警察履行职责提供便利条件。第三层次，是指广大人民群众在其合法权益得到充分保障的基础上，充分发挥主人翁精神，积极参与到维护国家安全、社会政治和治安稳定的活动中来，警民之间形成相互理解、相互支持、相互依靠的良性互动关系。这种和谐的警民关系能最大限度地激发群众参与各项社会管理工作的主动性和积极性。

警民关系的这三个层次在一定程度也可视为其三个发展阶段和三种成熟状态。在第一层次的警民关系中，人民警察作为管理者而人民群众则是被管理的对象；当警民关系进入第二层次后，人民群众的主体地位虽然得到一定程度的提高，但其主动参与和管理意识不强，而人民警察的服务意识虽有了一定程度的加强，却和公众之间缺乏互动的意识；当警民关系进入第三层次后，群众的社会主体意识大为增强，人民警察的服务意识占主导地位，从而形成警民一体的和谐警民关系。[②]

刘猛认为，对于警民关系的探讨和实践表现为技术主义和工具主义两种倾向。技术论者从警察形象、警察礼仪、公共关系、警察服务、警民沟通等操作层面入手，力求从技术上解决警民之间存在的问题；而工具主义者在讨论警民关系时功利色彩更浓，把“警”放在主动的、主导的、中心的地位，“民”处于被动、反馈的地位，目的主要是树立警察自身形象、谋求自身发展、促进警务工作。他认为，警民关系不只是普通的社会关系，而且是典型的政治关系，是主体间平等的关系，是双向互动的博弈关系。[③]

（二）警民关系的内涵

从学界的上述讨论可见，警民关系的内涵非常丰富，从中外不同的社会文化特征和理论视角来考察，会呈现出不同的内涵和属性。综合而言，警民关系可以归纳为如下几种关系类型：

---

① 林中浩：《论警民关系的多层含义》，载《吉林公安高等专科学校学报》2011 年第 1 期。

② 李静：《和谐警民关系研究》，天津大学硕士学位论文，2010 年。

③ 刘猛：《警民关系的博弈论分析——基于政治学的视角》，武汉大学博士学位论文，2012 年。

1. 警民关系是一种法律关系。从正式的制度设置层面来说，警民之间的正式关系最通常地是由法律来进行设定、规范、约束和保证的。警察依法行使职权，公民依法享有警察机关的保护和服务，并遵守法律，接受管理。警民关系由法律明确规定，是执行与被执行、管理与被管理、保护与被保护的关系。当然，在不同国家政治制度影响下的各法律体系中，双方的权利义务和地位关系可能存在很大差别。在我国，随着依法治国进程的不断推进与成熟，警民互动中的法律规则愈益重要，无论警察还是公众，都必须依照特定的法律程序和内容来执法和行动。

2. 警民关系是一种政治关系。作为国家机器的组成部分，警察具有强烈的政治性，警民关系也是一种政治关系，其涵盖了公共利益与私人利益、警察权力与公民权利、整体秩序与个体自由三个层面。在任何一个层面，警察与公民分别代表相互对应、彼此依存、密切联系的政治力量。警民关系就是作为特定身份的警察与公民之间，在保护公共利益与维护私人利益、行使警察权力与保证公民权利、维持整体秩序与保障个体自由的过程中形成的政治关系。

这种政治关系在我国尤其体现为行政关系。作为国家的治安行政力量，警察承担着治安行政管理、指导、救助、服务等多方面的职能。如刘琳璘所指出的，我国警察权的性质很大程度上就是行政权，并且警察含义中积极行政内容在不断增多。[①] 警察在治安行政管理过程中，与作为管理对象的人民群众自然形成一种行政关系，不同以往的是，这种行政关系中的服务内涵日益突出，警民之间也越来越走向一种平等的伙伴关系。

3. 警民关系是一种伦理关系。从我国国家性质和人民警察的性质出发，人们往往对警民关系赋予浓厚的感情色彩，视作鱼水、亲人关系。从理论上来说，这是我国传统的“家—国”伦理关系在现代政治伦理关系中的一种继承性影响，这种警民伦理关系要求和期望警察热情服务群众，自觉维护群众利益，群众则积极配合和支持警察工作，像对待自己的亲人一样，关心、帮助、理解和包容警察，警民之间形成一种具有拟血缘情感和特定权利义务的特殊伦理关系。

4. 警民关系是一种契约关系。社会契约论在西方政治学、社会学等领域影响颇深。按照卢梭社会契约论的观点，警民关系是一种契约关系，民众作为契约的一方，让渡出自己的一部分权利，委托警察机关为自己提供某些

① 刘琳璘：《警察含义的宪法分析》，载《中国人民公安大学学报（社会科学版）》2012 年第 6 期，第 122-131 页。

服务；而警察机关作为契约的另一方，掌握民众赋予的权利，履行相应的职责。契约关系赋予了警民双方平等的关系地位，并内含了警察有限的权力边界，民众对警察有当然的服务要求和监督权。

5. 警民关系是一种伙伴关系。契约关系其实依旧是一种相互约定的权利义务关系，内含了双方不同的权利和角色地位。但事实上，自皮尔在伦敦建立大都市警察起，他就特别强调警民之间的同一性，即公众是警察，警察也是公众。随着现代警务的发展，警察越来越意识到，单靠警察根本无法实现维护社会秩序和保障公众安全的重任，不仅警务的良好运行离不开民众的参与和支持，整个社会的良好秩序和安全状态也有赖于全体民众的良好生活状态、积极行动和彼此互助等。警民双方在实现打击犯罪、维护社会稳定的共同目标上，双方具有共同的利益、诉求和责任，因此二者不仅需要强调在不同职责划分中法理意义上的契约关系，更应当在现实的治安活动中倡导在根本上地位平等、互助合作的伙伴关系。

6. 警民关系是一种特殊的人际关系。从社会学的角度来看，警民之间虽然是一种特殊的角色关系，但其依旧需通过警民间的个体互动来完成，因此依然是一种人际关系，不乏所有人际互动之中的语言、情感等一般互动要素，符合日常生活世界的交往和互动规律。因此，警民在日常互动中形成一种以制度关系为基础但又不乏个体属性的人际互动关系，因而一般的社会互动规律同样适用于警民互动。

二、警民关系的影响因素

（一）国家政权成熟程度

一般而言，在一个新政权建立初期，警察作为新政权的维护者，代表着社会发展和政治前进的方向，比较容易获得公民的支持。但在进入政权强化阶段之后，警察作为维护统治秩序的专政工具，与公民发生冲突和矛盾也会越来越多，警民关系必然紧张。在政权稳定期，国家开始进行法治化、规范化建设，警察制度逐渐规范，警察工作重心也开始转向维护日常生活秩序、满足民众需求，警民关系开始改善。在政权稳固期，国家经济、社会、政治发展到一定水平，警察更多地顾及公众的诉求，从管理转向服务，警民关系逐渐达到友善合作的状态。①

---

① 王大伟：《英美警察科学》，中国人民大学出版社 1995 年版。

（二）社会的发育程度

在国家发展的同时，作为警民关系的另一方，公众的成熟与社会的发展也会对警民关系产生重要影响。与国家相对的狭义上的社会是指围绕共同的利益、目标和价值的非强制性的行为集体。社会的发展对警察和公众都提出了新的要求，比如公民的权利意识、参与意识、社会责任感，警察对民意的尊重、对民众力量的依靠等，一般而言，社会的发展有助于在警民之间形成一个良性的互动关系。

（三）警务政策

从西方历次警务革命来看，警务政策的每一次调整都会对警民关系产生重要影响。在英国建立伦敦大都市警察之初，警察的定位问题直接关系到民众是否接受这样一支队伍。在警察专业化运动中，警察片面强调打击犯罪，疏远了民众，警民关系直线下降。随后，各国警察机关开始推行社区警务，强调服务和合作，警民关系逐渐好转。

（四）警察绩效

警察绩效既包括警察打击违法犯罪、维护社会治安的整体情况，也包括警察在相关管理、服务等具体方面的绩效。我国警察部门和学界普遍认为，打击和减少犯罪会增加群众安全感，而群众安全感增加会加深对警察的好感，有利于增进警民关系，因此警察打击犯罪的绩效会影响警民关系。

但美国的一项调查却表明，犯罪率与公众对警察的信任度（作为评价警民关系的重要指标）并无实质联系。我们认为，警察的工作绩效，尤其打击犯罪的效果，与警民关系依然具有较强相关性。犯罪率的变化虽然是社会各因素综合作用的结果，但在同样的犯罪率水平下，警察的作为或不作为、快作为或慢作为，民众的感受会有很大不同。廉洁高效始终是民众对警察的最大期待。

（五）警察素质与廉洁度

素质的内容很宽泛，这里主要是指警察的执法素养和纪律作风养成。警容风纪是否严整，能否严格依法办事，对于树立警察队伍形象十分重要，直接影响警民关系的和谐度。相关国家如南非的民意调查情况也印证了这一点。

而作为执法者，廉洁是基本操守。警察是否公正廉洁，更直接影响他们在公民心目中的形象，对于和谐警民关系的影响效果不可小觑。当前对于各国警察的廉洁度并没有专门调查，其所在政府的清廉指数可作为大致参照。

三、警民关系与警务效能：警务革命与警务改革

在西方警务发展的不同历史阶段，警民关系表现出明显不同的特征，其内在地受到警务需求和警务效能两方面的交互影响。根据王大伟提出的四次警务革命论，现代警民关系的演变轨迹大致如下：①

第一，1829 年，伦敦大都市警察局成立之初，皮尔高度重视警民关系，提出警察即公众的经典说法，并通过“皮尔建警九原则”予以细化和保障，其中警察礼仪和文职化的定位尤其突出。由此，伦敦警察节制使用暴力，文明执法，一度受到民众的爱戴。但后来随着警察职业化的发展，警察因广泛陷于各种派系纷争、政治丑闻而为民众所厌恶，公民对警察保持着高度警惕，甚至采取敌视的态度，警民关系陷入低谷。

第二，20 世纪初期，英美警察开始了专业化革命。努力把自己塑造成打击犯罪的专家，其职责从公共服务和维持秩序重新界定为执行法律和控制犯罪，警察的工作重点不再是满足广泛的社会服务，而是解决和犯罪有关的问题。由于警察社会服务职能逐渐被忽视，警察与公众开始脱离，警民关系也日益疏远。

第三，从 20 世纪 30 年代开始，西方各国陆续开启了现代化进程，其根本标志被归于“四个现代化”，即坐骑现代化，以车巡代替步巡；通信现代化；计算机办公；个人装备现代化。到了 20 世纪 70 年代，西方警察可谓武装到了牙齿，头戴防弹头盔，肩插对讲机，身穿防弹衣，腰别手枪、手铐，左手持盾牌，右手握警棍，旁边的巡逻车里还带着可随时查阅各种犯罪信息的笔记本电脑，警察“打击犯罪的战士”的角色达到顶峰。

与此同时，警察现代化进程往往伴随着警察队伍的快速扩编，以及预算投入的巨额增加，但仍普遍面临警力不足、经费紧张的尴尬境地。即便西方各国在警察现代化进程中取得了不菲成绩，但其警务效能却不尽如人意。一方面是社会秩序并未见明显好转，英美等国的犯罪率仍居高不下，另一方面是其弊端日渐显露，警察现代化所打造的高科技“机械战警”正在与民众渐行渐远，尤其是车巡取代了步巡后，进一步拉开了警察与公众的距离，导致民间“要更夫，不要机器人”的呼声此起彼伏。警察和公众之间接连不断地爆发大规模冲突，警民关系极度恶化，警察合法性不断受到质疑。

可见，警民关系严重影响了警务效能，单靠警察不仅无法解决犯罪率的

① 王大伟、付有志：《世界警察理论研究综述》，群众出版社 1998 年版。

问题，警务活动本身也陷入重复劳动的怪圈，如美国堪萨斯实验所表明的那样，增加巡逻力量和次数，提升警察的快速反应能力，并不能降低犯罪率，也不能增强民众安全感和改善民众对警察的态度。因此，警务效能并不单纯依赖于警务活动本身的高度专业化和快速反应速度，更受到警民关系的重要影响。

第四，从20世纪70年代开始，以社区警务为标志的第四次警务革命，对以强调快速反应和装备现代化为特征的第三次警务革命进行了彻底颠覆。警察重新开始采用步巡方式，着力打造与社区居民的友好伙伴关系，共同处理有关犯罪和其他影响生活质量的问题。由此，警民关系不断得以改善，警务效能也得到了极大提升。

当前，某些学者认为，以警务社会化为主要特征的所谓第五次警务改革正在席卷世界各国。与传统的警察职业化、专业化阶段相比，社区警务、社会化警务模式所打造的警民关系格局给人耳目一新之感。

所谓警务社会化（Policing privatization），英美一般称为警务私有化，就是将一些没必要由公安部门独家提供的服务性职能转移给民间的或民营组织，使优势警力资源从烦琐的服务工作中解放出来，履行打击犯罪、维护治安的警察核心职能，以此整合全社会的治安防范资源，达到社会治安的优化治理，即把治安防范工作融于经济和社会生活的各个方面，倡导全民参与治安管理，治安问题源于社会又最终归于社会解决。①

警务社会化的要旨是在警察机关专业化的警务活动的同时，动员社会组织和公众共同参与防控违法犯罪行为，维护社会治安秩序的过程。警事社会化是基于公众参与的警务模式变革，把警事工作的主体从警察扩展至公众和社会组织，工作方式从“事后的被动反应”变为“事前的主动先发”，并持续重视对公众的服务工作。这反映出了警民关系格局的一个根本性变化，二者地位平等的伙伴性合作关系得到真正的实践和深化。

早在20世纪80年代，英国就提出了“警察私有化（或民间化、社会化）”的概念，警察部门开始尝试将一些非执法性警务活动通过一定的方式转移给社会承担，其具体做法是运用市场机制，允许民间成立大量的商业保安公司，这些公司履行着本来应由国家警察履行的部分职能，以商业运作的方式为公众提供安全服务并收取报酬获得收益。时至今日，西方大致存在着五类私人警察：一是私人保安公司；二是特别警察队，如英国的原子能警

① 刘安媛：《评析英美警务社会化发展》，载《湖南公安高等专科学校学报》2009年第1期。

察局、港口警察；三是文职警察；四是警察承包制；五是特别公安员，类似于我国的保安。①

从目前情况来看，警民合作带来的警事社会化，为警务效能的提升带来了如下几个方面的积极效应：

一是民间力量替代了国家警察的部分职能，使警察机构及其人员精简成为可能，进而为政府减少警察财政投入提供了思路；也有利于促进警力资源的优化配置，让优势警力资源从烦琐的扩展性工作中解放出来，更有效地从事打击犯罪、维护治安的警察核心职能。

二是私有化警察的出现挑战了传统国家警察的垄断地位，其良好的服务质量反过来促使国家警察不得不进行相应改革，提高工作效率。

三是私有化警察的出现，满足了不同层次公众的安全需要，富裕的人可以通过付出更多的钱得到更多的服务。

四是警务社会化在把部分警务活动转移给社会力量来承担的同时，警察的社会服务职能也得以强化，“有困难，找警察”的承诺进一步密切了警民关系，反过来也进一步促进了警务效能的提升。

警事社会化的推行并不意味着警察和政府部门就放手不管了，它依然要承担相应的职能。一是承担监管职能，监督警务活动的实施情况，监督权力的合法使用，也包括对承包主体资格的审查、管理等。二是承担对实施警务活动的指导职能。警察和政府部门应该为完善和发展警务社会化的研究提供财政上的资助，并在具体的实施过程进行理论和业务上的指导。

近些年来，我国的警事社会化改革也初见成效。2015 年 4 月 13 日，中共中央办公厅、国务院办公厅在《关于加强社会治安防控体系建设的意见》中指出，要“形成党委领导、政府主导、综治协调、各部门齐抓共管、社会力量积极参与的社会治安防控体系建设工作格局”；“加强城乡基层群众自治组织建设，搭建群众参加社会治安防控体系建设的新平台，通过各种方式就社会治安防控体系建设问题进行广泛协商，广纳群言，增进共识”；“加大对行业协会商会类、科技类、公益慈善类、城乡社区服务类社会组织的培育扶持力度，将适合由社会组织承担的矛盾纠纷调解、特殊人群服务管理、预防青少年违法犯罪等社会治安防控体系建设任务纳入政府购买服务目录，通过竞争性选择等方式，交给相关社会组织承担，发挥好他们在社会治安防控体系建设中的重要作用”；“充分发挥行业协会商会自管自律作用，引导企业在经营活动中履行治安防控责任”。

---

① 王大伟：《警务革命》，中国人民公安大学出版社 2012 年版。

这充分反映出政府对公众参与社会治安防控体系建设的重视和警务社会化的总体趋势，其背后即是警民密切合作的基本理念。2017 年，党的十九大报告提出要进一步完善“党委领导、政府负责、社会协同、公众参与、法治保障”的社会治理体制。① 2018 年，中央政法委和浙江省委在纪念毛泽东同志批示学习推广“枫桥经验”55 周年暨习近平总书记指示坚持发展“枫桥经验”15 周年大会上，强调要坚持发展“矛盾不上交、平安不出事、服务不缺位”的新时代“枫桥经验”，2019 年 11 月，党的十九届四中全会提出将坚持和发展新时代“枫桥经验”，作为坚持和完善共建共治共享的社会治理制度的重要方面。在新时代“枫桥经验”的指导下，2019 年公安部提出了在全国公安机关开展创建“枫桥式公安派出所”活动。

新时代“枫桥经验”和“枫桥式公安派出所”的创建，进一步反映出了在新时期社会治理尤其是基层治理中，大量事项尤其是各种调解和服务性事项，不仅单靠公安机关无法完成，即使是在政府各部门通力合作的基础上，公众参与、警民共建共治也已经显得极为迫切。实践证明，公众通过各类社会组织平台对社会治安治理的广泛参与，不仅在直接事项上为公安机关分担了压力，更重要的是在此过程中警民间的了解加深，沟通增强，警察信任、警民关系和警务效能都得到很大提升。总结来看，“枫桥经验”进一步确证了警民关系与警务效能的密切关系，警务效能也反过来促使警察必须重视警民关系，实现警民间共建共治共享良好效果。

第四节　警媒关系

媒体是现代社会的重要组成部分，其所发挥的信息传播、舆论监督、舆情引导、文化娱乐等功能，对现代社会结构的维持和健康运行具有难以替代的作用。由于警察的公权力机构属性和警事本身所具有的眼球效应，警察和警事一直是媒体关注的重要对象。网络和自媒体社会的到来，进一步增强了媒体对大众日常生活全时空的影响，警察和警事也受到了极大的关注，涉警舆情也成为影响警察形象、警民关系和警务运行的重要因素。当前，民警必须适应和习惯于“在镜头下执法”，利用和处理好与媒体的关系也成为公安机关的重要工作内容。

① 2012 年党的十八大报告首次提出“党委领导、政府负责、社会协同、公众参与、法治保障”的社会治理体制。

一、警媒关系的概念界定

大致来讲，媒体有两层含义：一是指信息传递的载体、渠道、中介物、工具或技术手段，如报纸、电视、广播等；二是指从事信息采集、加工制作及传播的社会组织，即传播机构，如报社、电视台、广播电台等。

媒体的类型纷繁多样，主要可分为两大类，即大众传媒与非大众传媒。本文所指的媒体主要为大众传媒。所谓大众传媒机构，是指专业化的媒介组织，它们运用先进的传播技术和产业化手段，以社会上一般大众为对象而进行的大规模信息采集、加工、生产和传播活动。因其生产规模的巨大性和受传者的广泛性，我们习惯上称之为大众传媒。

当今社会影响力较大的大众传媒主要有五类，即报纸、电视、广播、杂志和互联网。其中，前四者属于传统媒体，互联网属于新兴媒体。其共同特点表现为：受众的选择性大、信息的时效性强、受众的广泛性、内容信息的公开性、信息传播方式上的单向性等。

大众传媒在社会生活中扮演着越来越重要的角色。赖特认为，大众传播具有四方面的功能，即环境监视功能、解释与规定功能、社会化功能、娱乐功能。拉斯韦尔提出了“三功能说”，即环境监视功能、社会协调功能、文化传承功能。[①] 综合来看，大众传媒的社会功能主要表现为以下几个方面：信息告知功能、舆论引导功能、政策宣传功能、社会监督功能、学习教育功能、消遣娱乐功能、生活服务功能等。

从社会系统论的观点讲，在当今世界各国，警察系统和媒体系统作为整体社会系统的子系统，都属于公共领域，一方是国家法律权力的执行者，一方是民意、舆论“话语权”的主导者，都可谓社会的核心中枢系统。尽管这两大“巨头”的职能、权力（利）、义务各不相同，但在工作、生活中也经常发生着各种各样的联系和互动，既相互依赖、合作，又时常冲突、对立。双方的关系如何，对一个社会的和谐稳定、民生幸福至关重要。

建构和谐的警媒关系一直是各国政府和警界孜孜不倦的追求，也是警事社会学理应关注的重要话题。我们此处所讨论的“警媒关系”主要就是指警察机关与大众传媒机构（以下简称“媒体”）之间的关系。

① 徐耀魁：《大众传播新论》，苏州大学出版社 2005 年版。

二、警媒关系的相关理论

为了促进社会的和谐发展，充分发挥警察与媒体的社会职能，学者们从不同视野对警媒关系进行了理论探讨。影响比较大的有国家与社会关系理论、舆论引导理论和博弈论。

（一）国家与社会关系理论

国家与社会的关系问题是哲学、政治学、社会学、管理学等诸多学科共同感兴趣的话题，其要旨是讨论政府与社会之间的权力、利益边界及其关系。国家主要表现为政府权力，社会则指介于国家与个人之间的广阔领域，俗称“市民社会”“民间社会”。西方政治学界倾向于把国家与社会的关系类型分为以下几种：强国家—弱社会、弱国家—强社会、强国家—强社会、弱国家—弱社会。

毫无疑问，在这个理论框架下讨论警媒关系，是把警察视为“国家”的代表，而“媒体”是“社会”的代表，集中表现为新闻自由与执法独立之间的关系。不同的国家与社会关系类型，直接决定着警媒关系的基本定位及实践。

（二）舆论引导理论

舆论引导是指某一社会主体有计划、有目的地对社会大众的态度、观念、看法施加影响的行为过程。狭义上，舆论引导的主体多指媒体这个具体的操作者，广义上，舆论引导的主体可以是政府、政党及社会组织等。在舆论引导理论框架下，涉及警媒关系的主要社会主体都被纳入了考察范围，尤其凸显出对媒体在舆论引导过程中的作用的重视，并对警方提出了相关工作要求，比如对媒体的公关、建立自己的舆论阵地等。

（三）博弈理论

博弈论认为，人们之间的关系实质上是一种利益关系，都在为自己争取最大利益而与他人进行讨价还价。博弈可分为合作博弈、非合作博弈、非对称信息博弈等。博弈论的应用范围相当广泛。

在博弈论的框架下来讨论警媒关系，是把警察和媒体都看作有着自身利益诉求的独立主体，强调双方的相互尊重、支持和配合。此外，社会系统论、社会冲突论、结构功能论、社会分工论等，也经常用于讨论警媒关系。

三、媒体对警事工作的双重影响

对警察机关来讲，媒体是一个职能多元迥异且具有相对独立性的部门。

由于媒体在当今社会中的影响力巨大，其自然对警事工作也存在极大的作用。其中既有积极的、正面的作用，也有不利的、消极的影响。

（一）积极作用

第一，传播警务信息。警方借助大众传媒来发布相关警务信息，既方便、快捷，又高效、经济。

第二，发挥舆论监督作用，促进警察作风和队伍建设。

第三，合理引导公众舆论，为警事工作的开展营造一个有利的社会环境，尤其是一些大型警事活动、新出法规的实施，警方需要媒体的积极支持与大力配合。

第四，有助于警察树立良好社会形象。借助媒体对优秀警察人物及英雄事迹的宣传，有利于提升警察在人民群众心目中的正面形象。

第五，支持推进犯罪案件侦破工作。通过在媒体发布通缉令、征集线索公告等，可帮助警局快速、准确地侦破许多大案、疑案、难案。

第六，为警方进行普法宣传教育提供强有力的阵地。许多媒体都开辟有法制栏目、警事专题，如“今日说法”“中午说法”“社会与法”等都已成为百姓喜闻乐见的电视节目。

（二）消极影响

警事往往具有故事性、刺激性，对公众有极强的吸引力，因此，警察机关也像一块吸铁石一样，吸引着众多媒体蜂拥而至。但是，媒体与警察在工作职能、目标、利益等方面的巨大差别，往往导致媒体在报道涉警事件时，片面地追求新奇性、娱乐性、及时性，导致虚假、低俗、夸张的“新闻”层出不穷，对警事工作造成了多方面的消极影响。主要可归纳为如下几点：

第一，一些媒体热衷于捕风捉影、无中生有的不实宣传、歪曲报道，会打击警察工作积极性，损害警察形象，降低警察的公信力。

第二，增加破案难度。一些媒体过多过细报道侦破手段和过程、提前泄露办案信息等，人为地增添了警察破案的阻力。

第三，误导舆论。许多媒体有选择性地只报道不利于警方的信息，或者立场不公正，带有主观偏见，会对警察的公正办案施加压力。

第四，个别媒体居心不良，恶意渲染个别警察的违规行为，会恶化、紧张警民关系。

总之，对于警局而言，媒体就像一把双刃剑，关系处理得好，就有利于工作的开展；如果处理失当，就会对警事工作产生掣肘。

四、不同视域下的警媒关系

警局与媒体作为社会的两大重要职能部门，其关系呈现出多样性、复杂性特征。总体上看，影响双方关系的因素是错综复杂的，既有宏观的社会制度、政治制度原因，也与具体的警察制度、媒体制度有关。因此，在不同历史发展阶段、不同国家，基于不同视角，警媒关系呈现出多元内涵与特点。

（一）政治关系：监督与被监督

从政治的角度来看，媒体与警察是监督与被监督的关系。警察与媒体都属于公共领域，用公法上的权力与权利这一对核心概念来审视，警察拥有权力，媒体拥有权利。警察机关作为政府的职能部门，行使着国家和人民赋予的法定职权。新闻自由作为公民个人表达自由的必然延伸，已经成为现代民主社会中媒体应有的权利。警察拥有的行政权和司法权与其他权力一样，有可能被滥用，因而必须接受包括媒体在内的广泛的社会监督。用“权利”来约束“权力”是民主政治建设的基本原则。警察机关应自觉接受媒体的监督，尊重媒体采访报道、传播信息和揭露问题的权利，对媒体的批评和负面报道采取认真对待、积极改进的态度，在媒体的监督之下争取把各方面工作做得更好。当然，媒体作为权利享有者也不能滥用权利。媒体与警察作为监督方与被监督方都要受到法律的保护，都要在一定的法律空间中运行，以维护公众、警察和媒体的正当权限为原则。

舆论监督的真正主体是公众，但在现代社会，舆论的产生、发展和形成、发力，往往都要借助媒体。因而，媒体的舆论监督功能就成为民主制度的有机构成部分。为了确保媒体的舆论监督作用，许多国家都设置了相关的法律法规。

在许多西方政治思想家那里，新闻自由、媒体监督一度被视为反对专制、权力制衡的重要利器而被寄予厚望。在1791年美国宪法修正案中，正式奠定了新闻自由的宪政地位，媒体成为除了政府、国会和法院外的“第四种权力机构”。

在我国，1950年中央作出了《关于在报纸上刊物上展开批评和自我批评的决定》。1987年党的十三大报告指出，“要通过各种现代化宣传工具，增进对政务和党务活动的报道，发挥舆论监督的作用，支持群众批评工作中的缺点错误，反对官僚主义，同各类不正之风作斗争”。此后，“舆论监督”一词屡屡出现在一些法律法规中。时至今日，由报纸、广播、电视和互联网所构成的巨大立体式舆论监督网，已成为我国民主政治生活中的重要参与力量，发挥着前所未有的作用。

目前，我国已初步建立了网络化的警察执法监督体系。依照监督主体的不同，可分为国家监督和社会监督两大系统。国家监督又分为权力机关的监督、行政机关的监督和司法机关的监督。社会监督又分为社会组织的监督、社会舆论监督和公民的直接监督。

鉴于警察工作的分散性、隐蔽性特征，来自组织和同事的监督往往难以有效进行，而媒体监督的力量来源于广大人民群众，警察工作可能远离组织、领导和同事，但却无法逃脱广大群众的视线。因此，在针对警察的监督体系中，媒体监督具有得天独厚的优势和效果。

（二）法律关系：权利与义务

从法律的角度来看，警察机关与媒体是互有权利和义务的平等关系。尽管警察机关与媒体是两种不同类型的社会组织，在性质、职能和价值取向等方面存在着很大的差异，但双方都是具有独立法人地位的平等主体，互相负有特定的法律权利和义务。

第一，警方对媒体所主张的新闻权利和新闻义务。相对媒体而言，警方的权利主要表现为传播权和更正、答辩权。传播权是指警方有权利运用新闻媒介获得信息和表达意见。传播权又可分为绝对权利和相对权利。绝对权利，是指警察机关在事关公共利益、公共安全等重大问题时，需要利用媒体发布信息、做社会动员时，媒体必须无条件地予以满足。相对权利，是指警方有利用媒体进行公关宣传、刊发警务活动稿件的权利，但要尊重媒体的意愿，采取协商的办法，而不能依靠命令式、强制性的行政手段。更正和答辩权，是指警方有权要求媒体就一些失实的、错误的涉警信息进行纠正或申辩。

对媒体的新闻义务主要表现为：有义务向媒体公开非涉密警务信息；尊重媒体的新闻自由，合理满足媒体的采访权、编辑权、报道权、舆论监督权等。

第二，媒体对警方所主张的新闻权利与义务。相对警方而言，媒体的新闻权利主要表现为：采访权、编辑权、报道权、舆论监督权。媒体对警方的新闻义务主要表现为：正确引导舆论、遵守警方的相关工作纪律和正当要求、维护新闻的真实性和公正性、作风清正廉洁等。

我国目前还没有专门的“新闻法”，警媒之间在法律上的权利义务关系还缺乏明确的法律规范。

（三）工作关系：依赖与冲突

从工作的角度来看，警察机关与媒体是互相支持和合作的伙伴关系。首先，对警察机关而言，媒体是喉舌、是桥梁、是助推器，许多警察工作离不开媒体的支持。例如，警察机关需要通过媒体及时向社会公众传递警务工作的相关信息、征集有关的犯罪线索、公开治安情况、宣传警务活动及先进事迹，还可借助媒体了解群众的意见和要求，倾听群众呼声，并通过媒体监督来督促警察公正执法、改进遏制腐败。澳大利亚警学专家皮特·普特尼斯曾指出："媒体的权利在于他们控制着稀缺的沟通资源，而这些稀缺资源则是任何个人和组织为了实现自身的目标所必须借助的。为了发布有助于警方侦破案件的有关犯罪信息及警方预防犯罪的积极举措，警方需要媒体的合作。"①

其次，媒体工作也对警方存在着多方面的依赖和需求。从双方各自的工作内容和特点来看，警事工作多涉及社情民生，事关百姓的切身利益，至于那些社会治安重大事件、犯罪及破案等警事内容，本身就具有新鲜性、刺激性，容易吸人眼球，形成公众关注焦点和舆论热点，新闻价值高。国内一些关于电视收视率的调查也表明，涉警类、法制类、治安类的电视新闻、栏目和频道的收视率均名列前茅。而各个媒体机构都有着自己的利益诉求，在媒体业竞争日益激烈的今天，为了吸引更多的受众，提高自身的影响力，也同样需要警察机关的大力支持和配合。因此，警方也往往成为媒体最重要的新闻消息来源，成为各路媒体竞相结交的对象。此外，媒体在自身的法律权利受到不法侵害、正常工作受到非法阻挠时，也需要警方来保驾护航。

再次，警方与媒体在工作上既相互依赖，又会产生冲突。警媒双方在工作职能、职业理念及利益立场上的巨大差异，是导致双方发生冲突的内在根源。

最后，理想的警媒关系是一种合作共赢关系。警媒双方互有权利和义务，彼此应在不影响自己本职工作的基础上，尽量满足对方的需求，为对方工作的开展尽可能地创造有利条件。但应强调指出的是，理想的警媒关系必须建立在不损害第三方和社会整体利益的基础之上，片面强调双赢、不顾原则地沆瀣一气，很容易滋生腐败现象。

国外有学者把警媒关系划分为四种形态：相互依赖、相互利用、相互妨碍、相互批评和调查。也有学者根据警媒双方的相互认可、信任程度、沟通渠道等指标，把实践中的警媒关系形态划分为三种类型：互信合作形态、隔膜疏离形态、冲突对抗形态。②

---

① 杜晋丰：《警方与媒体》，中国人民公安大学出版社 2008 年版。

② 杜晋丰：《警方与媒体》，中国人民公安大学出版社 2008 年版。

（四）利益关系：博弈关系

从利益维度来看，警察机构与媒体作为利益主体，既具有公利性，也有自利性，有自身的特殊利益诉求。因此，警媒双方在打交道时，势必会为自己争取更大的利益、更有利的位置，这个过程是权衡利弊、方案选优的过程，也是智慧较量的过程。就此意义上讲，警媒关系表现为利益博弈关系。

警媒双方的工作职责和工作性质决定了它们彼此之间必须要经常频繁地、多方位地进行互动，因而双方之间的博弈行为、博弈关系也就更常见、更复杂。新闻具有选择性，媒体在采访、编辑新闻时，看重的标准是吸引力、关注度，而警方看重的是对警事工作是否有利、对自己的影响是消极还是积极。这种选择性差异潜伏着双方冲突的诱因，而双方为避免冲突扩大，往往也会构建自己的博弈手段策略。例如，实践中警方为维护自己的声誉和良好工作环境，会对媒体的工作方式、内容和时间等作出某些限制。

五、和谐警媒关系的构建

总的来看，警媒之间是一种相互依赖、互有所需的共生性关系，但是在政治法律制度、工作职责、职业理念、本位利益及具体的互动方式等层面，又广泛存在着冲突的潜在根源。实践中，警媒之间发生一些小摩擦也是必然的常态。但是，如果任由这些冲突发展下去，一旦积累到一定程度，往往会恶化警媒关系，严重时会造成双方的疏远、对立、对抗，导致警媒关系危机。因此，如何构建一个和谐、合作的共赢型关系，已引起相关各方尤其是警方的关注。

（一）警媒关系不和谐的表现

警媒关系的不和谐表现主要有：第一，工作上互相拒绝配合、沟通，不尊重对方的合法权利，不尽己方应尽的义务；第二，不合理设限，干扰、阻挠对方的正当权利行使；第三，厚此薄彼，区别对待；第四，相互指责、诋毁、攻击；第五，互相沟通时，一方态度冷漠、行为傲慢。凡此种种，都影响到警媒之间的良性互动及和谐关系的建立。

（二）构建和谐警媒关系的路径

和谐警媒关系的构建，有赖于社会各界的共同努力，但更是警媒两个主体的责任。暂且不谈制度安排层面的问题，仅从警方和媒体双方自身进行分析。

第一，要澄清认识，加强理论学习。警媒关系失调深层根源在于思想认识方面的缺位和误解。不了解对方的工作职责、法定权利和义务、职业价值理念，不但难以做到相互尊重，换位思考，合作共赢更是奢谈。

第二，要坚持公共利益、社会正义、国家利益至上的原则。警媒和谐不是双方的私下媾和，不能建立在牺牲他人和社会整体利益的基础上。警媒作为社会正义的中坚力量，决不能无原则性地相互忍让、迁就。

第三，不能有悖于民主政治建设大局。从民主政治意义上讲，媒体是监督警察权力滥用的重要力量，过于亲密、亦步亦趋的警媒关系未必就是最佳模式。

第四，警方要率先行动，主动改革。警方往往掌握着较多的组织制度、法律制度、社会资源，理应在构建和谐警媒关系的过程中承担起更多的责任。譬如，主动开展警务公开活动、推行警方新闻发言人制度、与媒体共建合作项目、积极拓宽沟通渠道、搭建多元化的警媒沟通平台等。

第五，媒体要加强自律，以社会公共利益和稳定大局为重。在恪守职业道德、追求新闻自由精神的同时，要兼顾警方的工作纪律和相关的法律制度。

总之，和谐的警媒关系是密切合作、多方共赢、效率最高、效果最佳的理想关系，有赖于社会各方的共同努力，有待于警媒双方在实践中的进一步探索。

第五章　日常治安警事

治安警事是重要且常见的警事之一，从街头巷尾民警的巡逻设卡到派出所的治安案件接报，从重大活动的安全保卫到地区治安情况的排摸掌握，都是治安警事的工作内容。由于治安警事针对的是社会治安稳定，因此它与群众的日常生活、单位的生产经营均密切相关，我们每天或多或少都要与治安警事产生联系，或是享受其带来的安宁生活，或是被其限制部分的行为自由。

第一节　治安警事的概念与沿革

一、治安的含义

（一）治安的词源

根据《说文解字》对“治安”的解读，治，河川名，出东莱曲城阳丘；安，静也，从女在屋下。“治”的本义是水流有序的绕台而过，又引申指管理、规范，如《史记·屈原列传》：“明于治乱，娴于辞令。”“安”的本义是平安、安适，如《论语·学而》：“君子食无求饱，居无求安，敏于事而慎于言”，又引申指安定、坦然。

从“治安”的词性出发，可分为动词性和名词性的治安。名词性的治安指的是社会的正常秩序和安宁环境，如《史记·孝文本纪元年》中所述：“古者殷周有国，治安皆千余岁。”而动词性的治安则是指治理（百姓）使之安定，如《管子·形势解》中所述：“地生养万物，地之则也；治安百姓，主之则也。”

（二）现代治安的定义

近代社会，特别是自警察制度形成以来，随着现代法治理念的确立，民主、法治、宪政体制在各国的推行，治安逐步以“社会安全”“公共秩序”

"公益""社会安宁""社会福利"等为主要内容。尽管仍然包含统治阶级维护阶级统治、政治秩序、经济安全等内容，但是其边界越来越明确，范围越来越狭窄。①

目前，我国学者一般从以下角度出发定义广义、狭义的治安：

1. 从治安的词性出发。"在现代，治安的含义又有广义和狭义之分。现代意义的广义的治安，即一般所说的社会治安，较古代的含义要窄，它特指在阶级社会中符合统治阶级意志和利益并由统治阶级制定的法律所规范的一种社会秩序。所谓秩序，就是有条理、不混乱的状况。社会秩序就是有条理、不混乱的社会治安状况。""现代意义的狭义的治安，即治安管理。它是国家警察部门为了维护社会治安秩序，以保障社会生活正常进行而依法从事的公开的行政管理行为，也就是治安行政管理学所研究的内容。"②

在此，通过对名词性与动词性的治安进行划分，广义的治安被定义为一种社会秩序，而狭义的治安则被定义为一种管理行为。

2. 从主体划分。广义的治安是指，国家通过相关社会系统的依法运作为社会生产提供公共秩序产品的公共管理过程和由此形成的安全、有序的社会状态。狭义的治安是指，国家警察机关及社会治安综合治理机构依据国家公共安全政策和法规管理社会，为公众提供治安秩序的公共行政管理过程和由此形成的安全有序的社会状态。

上述概念除了从静态、动态来区分广义、狭义的治安外，同时将狭义治安的主体定义为国家警察机关及社会治安综合治理机构，而广义的治安主体则是包括上述机构在内的整个国家内个体和组织的集合。③

二、治安警事的定义与构成

警事作为整体社会的一部分，其最终目的必然是保障社会的动态稳定和完整协调。因此，我们认为治安警事的定义是，警察部门及其他组织依据法律规定对各种可能危害社会治安秩序的社会关系进行调整的过程。

（一）治安警事的主体

治安警事最主要的主体毫无疑问是警察部门。警察部门无论是从机构设

---

① 葛志山：《治安管理学》，中国人民公安大学出版社2008年版，第3页。

② 卫之民：《治安行政管理学总论》，中国人民公安大学出版社1987年版，第1-2页。

③ 王均平：《治安学基本范畴的思考和界定》，载《湖北警官学院学报》2003年第4期。

置还是从功能输出来看都覆盖了几乎所有治安警事的范围，而且所谓警事本身就是警务之事，警察部门是当之无愧的主体实施者。但是我们不能简单地将警察部门等同于治安警事的主体，这是因为除了警察部门之外，由于各种原因仍有部分治安警事的职能由政府其他机构乃至社会组织等来承担。如我国，除了公安部门是治安警事实施的主体部门以外，社会治安综合治理委员会、国家禁毒委员会等国家机构也承担了相应治安警事的职能，其他国家亦有类似的国家机构设置。

综观世界各国的情况，之所以会由其他的国家机构来负责治安警事，主要由于两方面的原因：首先，随着社会经济的不断发展，治安警事所需规范的对象越来越复杂，因此对治安警事的专业化程度要求也越来越高，仅靠警察部门难以达到要求，必须要通过其他专门政府机构来提高效率。其次，治安问题是有关国计民生的头等大事，涉及社会生活的各个方面，如果将所有的治安警事职能集中于警察部门，会使得警方的权力过大并难以得到制衡。

同时治安警事主体的社会化也成了一种趋势。长期以来，在提及警事之时，人们普遍将责任主体归于国家，特别是警察部门。但是目前来看，越来越多的社会组织替代国家机构承担了警事责任，并起到了良好的效果。

（二）治安警事的客体

所谓的客体都是相对于主体而言的，它们不能独立产生，而是与主体相对应地存在。因此，治安警事的客体就是治安警事在其行使过程中所干预与保护的各种对象，包括人、地、物、事等。我们可以从以下四个方面来理解治安警事所需要干预与保护的人、地、物、事等对象。

首先，是容易遭受侵害且需要重点保护的对象。这些对象其本身或附带物容易成为被侵害的对象，如邮电通信、交通设施、消防设备、名胜古迹、重要机器设备、贵重物品、测量标志等。对这类物的管理，主要是严密监护，防止其被盗、被破坏或损坏。

其次，是本身就是危害社会治安稳定的对象。在一定的空间范围内，根据当时的社会组织及运行特点，部分对象本身的存在就是对社会整体治安稳定的一种破坏。例如，目前在我国范围内的赌场以及涉黄、涉毒的违禁物品、卖淫嫖娼活动、非法集会等，这样的对象一般具有违法性的特征。

再次，是可能会破坏社会治安稳定的对象。与本身就是危害社会治安稳定的对象相比，可能破坏社会治安稳定的对象并没有违法性的特征，但是它们却存在高度危险性，会在一定的条件下转化为破坏社会治安稳定的对象，如爆炸物、剧毒物等，它们如被合适的使用无疑会为经济生产带来积极的意义，但如果使用不当则会为社会稳定带来很大的危害，因此我们必须严格加以监控。

最后，是一些可能为危害社会治安稳定的行为提供便利的对象。这些对象具有合法性，并且是经济生活中不可或缺的，但是由于它们的组织形式等特点，可能会为危害社会治安稳定的行为提供便利。例如，宾旅馆，由于其居住人员流动性大的特点，可能会成为吸毒、卖淫的场所，并且容易成为流窜违法犯罪分子的落脚点，但是其本身又是经济发展到一定程度的必然产物，且为人们带来了很大的便利，因此在治安警事中应当对其进行适当的管理。

在所有的治安警事所指向的对象中，人毫无疑问处于中心位置，物、地、事如果没有人的行为也就失去了成为危害社会治安稳定对象的可能性，因此治安警事针对的核心就是人的行为。但是并非所有的行为都需要治安警事的规范，只有行为结果处于治安警事功能输出边界之内的才是治安警事的对象。按照社会学家普遍的看法，凡是符合某种社会规范的行为就是正常的社会行为，反之，不符合社会规范或者与社会规范不一致的行为叫作社会失范行为。对于前者，人们往往予以支持和认同，而对于后者，人们则反对这种行为。①

社会学家迪尔凯姆首先使用了“失范”（anomie）这一概念，并分析了发生这种现象的社会原因。后来，美国社会学家提出“越轨”（deviance）概念，并进行了多向度的研究。失范是一种状态，它反映的是人们失去了所应遵循的行为规范的现象，包括人们的反常行为和社会的混乱状态。越轨行为则是指偏离既定规范的行为，也称为偏差行为，并被认为是社会控制所指向的行为对象。② 如果我们要从社会学理论中寻找一个符合治安警事所针对的行为客体，那么越轨行为就是较为适合的概念。

越轨行为根据其所偏离的规范可分为犯罪行为、违法行为、违规行为等。其中犯罪行为是指违反刑事法律的行为；违法行为是指违反包括刑事法律在内的法律规定的行为；违规行为是指违反道德规范等社会公序良俗的行为。从治安警事的内涵及其事实依据来看，并不是所有的越轨行为都属于治安警事的规制范围，只有违反治安法律规定的违法行为与具有潜在社会治安危害性的违规行为才是治安警事的行为客体。

（三）治安警事的手段

治安警事的手段如果从社会控制角度可分为积极手段与消极手段。积极

---

① 高和荣：《越轨社会学》，吉林大学出版社 2007 年版，第 1 页。

② 王思斌：《社会学教程》，北京大学出版社 2012 年版，第 174 页。

的治安警事手段是指治安警事的主体通过制度构建、舆论引导、宣传教育的方式规范社会成员的价值观和行为方式，预防社会越轨行为的产生。而消极的治安警事手段是指警察部门等政府机关依据法律法规的规定运用惩罚的方式对已经产生的社会越轨行为进行制裁，以达到教育、示范、阻止越轨行为发生的目的。

一般认为，积极的治安警事手段具体包括治安教育、治安检查、治安巡逻等，这些手段通过事前预防的方式输出治安警事的功能。而消极的治安警事手段具体包括治安强制、治安处罚、治安整治等，这些手段通过事后处罚、矫治的方式改变越轨行为造成的社会治安不稳定状态，同时也达到一定的教育、指示的目的。

积极的治安警事手段体现的是一种事前的、柔性的干预，而消极的治安警事手段更多地体现的是一种事后的、刚性的制裁。两种手段并无优劣之分，需要根据具体情况结合使用，才能达到最佳的效果。

三、治安警事的社会属性

治安警事的社会属性是由其自然属性决定的，并在其与社会互动的过程中反映出的固有特性。治安警事的社会属性必须符合治安警事活动在运行过程中人们对它的期待，并以这样的社会属性作为行动的基础，它主要包括合法性、强制性、公共性的要求。

（一）治安警事的合法性是其体现社会公平正义的前提

治安警事的合法性从形式上来看包含两个方面的内容：一是治安警事的制度设置及其内部职责权限的划分由法律决定。一个国家不论采用何种国体和政体，也不论采用何种警察管理体制，都是首先由国家和自治地方的权力机关制定和通过警察法，明确警察组织的设置、职责、任务和权限等，然后由政府依照法律设置和管理警察组织。[①] 在我国《人民警察法》中规定了警察的职权等内容，而国务院颁布的《公安机关组织管理条例》及相应的公安部门规章则明确了公安机关内部设置及职权划分。二是治安警事的实施必须依法进行。治安警事特别是其中的治安处罚部分必须严格依照法律进行。例如，《立法法》规定对公民政治权利的剥夺、限制人身自由的强制措施和处罚必须通过制定法律来实现，《治安管理处罚法》的制定目的就是规范和保障公安机关及人民警察依法履行治安管理职责。此外，《行政处罚法》

① 张兆端：《警察学原理》，中国人民公安大学出版社 2007 年版，第 23 页。

《行政强制法》等法律均对治安警事的原则、程序、具体实施等方面作出规定，国务院及其部委还出台了一系列的办法、条例，有针对性地规范治安警事的实施，如《企业事业单位内部治安保卫条例》《娱乐场所治安管理办法》《旅馆业治安管理办法》等。

程序性是治安警事合法性要求的延伸，治安警事在运行中需要通过一定的程序获得法律确权，以符合其合法性要求。例如，《治安管理处罚法》第九十四条规定公安机关在作出治安处罚决定前，应当告知违反治安管理行为人作出治安管理处罚的事实、理由及依据，并告知违反治安管理行为人依法享有的权利。通过严格按照程序性的要求，治安警事客体能够明确治安警事的实施方法和步骤，并在合法权利获得侵害时获得救济。

对于治安警事的合法性要求，究其实质是对公平正义之法律精神的契合，治安警事在主体、制度、程序等方面合乎法律要求使得其运行的正当性得到体现，也能最大限度地维护社会公平正义。

（二）治安警事的强制性是其社会控制职能的要求

从某种意义上来说，治安警事是社会控制体系的一部分，其目的在于推行统治阶级的价值观念，维护社会治安秩序的动态稳定。美国社会学家庞德指出："在近代世界，法律成了社会控制的主要手段。在当前社会中，我们主要依靠的是政治组织社会的强力。我们力图通过有秩序和系统的适应能力，来调整关系和安排行为。"治安警事在实施过程中为了保障社会治安秩序的稳定，必然会对社会成员的行为有统一性的要求，但这样的统一性要求会因限制人们的行为自由而引起反对。为了保障治安警事的顺利实施，就必须赋予其国家强制力。我们可以发现，在治安警事的功能输出中，对于社会成员的限制越多，其所需的社会强制力保障就越多。例如，治安警事查禁打击功能中治安处罚、治安强制等内容，相关法律赋予了很明确的强制力，而对于治安内保、治安管理等方面，因为涉及的对于社会民众的权利限制较少，其被赋予的强制力保障就较少。

（三）治安警事的公共性是其社会服务职能的体现

治安警事是警事活动中涉及面很广的一种，其既有治安处罚、治安强制等偏重于打击管理类的警事活动，也有治安教育、治安内保等偏重于服务性的内容，这也是治安警事与刑事侦查警事的区别之一。政府职能在政治学原理分析中本身就具有双重属性，一方面是政治性，即政府职能的阶级统治属性；另一方面是公共性，即社会职能属性。一旦政府职能缺乏公共性的行动，统治的合理性和合法性就都没有了。就政府的社会治安职能来说，这种双重属性的特征表现得格外突出。①

在中华人民共和国成立后相当长的一段时间内，治安警事往往被归结于专政手段与反映统治阶级意志的工具，治安警事主体与客体之间是不平等的关系。而随着改革开放的深入与市场经济的发展，警事活动尤其是治安警事的服务性功能愈加受到重视，治安警事的内涵得到了延伸。例如，2006 年 10 月中国共产党第十六届六中全会通过了《中共中央关于构建社会主义和谐社会若干重大问题的决定》，其中第六部分指出加强社会治安综合治理，增强人民群众的安全感，坚持打防结合、预防为主、专群结合、依靠群众的方针，完善社会治安防控体系，广泛开展平安创建活动，把治安行政措施落实到基层，确保社会治安大局稳定。

第二节 治安警事的社会功能与制度安排

经典社会学中功能论的理论将社会看作一个有机体，它不仅具有生命而且可以进化，且每一部分都发挥着维护有机体存续的功能，从而在总体上保证了社会的动态稳定和完整协调。从这个角度分析，治安警事也有着其功能输出以及相适应的制度安排，并构成了一个稳定的有机系统。

一、治安警事的社会功能

治安警事的社会功能指的是其在保证社会的动态稳定和完整协调的过程中所发挥的有利作用。通过社会学功能论的视角，结合治安警事的具体任务，治安警事的社会功能主要有以下几个方面：首先是社会整体道德观整固，迪尔凯姆强调社会整体层次的需求必须通过其内部组成部分的相互作用来满足，而这种相互作用是通过共有的规范模式来维持的。② 而要形成共有的规范模式，就要求社会成员能够形成符合社会主流价值的整体道德观。治安警事通过对人们行为的规范，使社会成员对于自身行为产生评价与预测，从而达到整固社会整体道德观的目的。其次是维护社会治安的稳定，社会治安的稳定影响到社会整体的健康发展与社会成员的良好生活状态，治安警事通过对治安越轨行为的治理打击以及对社会治安制度的构建，减少影响社会

① 王炎：《政府的治安行政与公共安全服务》，载《江苏警官学院学报》2010 年第 1 期，第 128 页。

② 庞文、孙影娟、奚海燕等：《西方社会学理论概要》，东北林业大学出版社 2011 年版，第 135 页。

治安稳定的负面因素，维护社会治安的稳定。最后是提供社会治安服务，在治安警事的发展中，存在一个从偏向打击管理到兼顾公众服务的过程，这也是与社会分层演化密切相关的。治安警事保护社会成员，尽量避免其遭受越轨行为的侵害，并在其被侵害后提供救济，同时为人们寻求良好的治安秩序提供帮助。以我国的治安警事为出发点，其社会功能的输出主要反映在以下几个方面：

（一）查禁打击

查禁打击指的是对于尚不够刑事追诉标准的治安违法以及治安类的违法犯罪进行防范、查处、打击的行为。具有严重社会危害性、刑事违法性、应受刑罚处罚性被认为是犯罪的三个基本特征，而犯罪属于刑事警事的打击范畴。但在日常的警事活动中，仍然会存在大量具有一定社会危害性但尚不够刑事处罚的行为，而这一类行为根据我国《治安管理处罚法》以及其他相关行政法规的规定属于治安警事需要禁止、查处、打击的对象，我们往往将其称为治安违法行为。

根据我国的实际情况，涉黄、涉赌、涉毒、轻微伤害以及非法经营的行为是最常见的治安违法行为，如卖淫嫖娼、吸食毒品、赌博等，这些行为虽然从个体上看并不是刑法规制的对象，但由于其社会影响较大，一直是我国治安警事查禁打击的重点。也正是基于上述原因，对于这些行为的上游行为，如容留卖淫、组织卖淫、开设赌场、容留吸毒、轻伤害等行为，虽然在我国的刑法上有相关的罪名设置，但为了保持处理上的一致性，在我国警事的内部划分中也被认为是治安警事的一部分。

（二）治安管理

治安管理有广义、狭义两种概念。广义的治安管理是治安行政管理的简称，是指公安机关依照国家法律、法规，依靠群众，运用行政手段，维护社会治安秩序，保障社会生活正常进行的行政管理活动。[①] 广义的治安管理实质上与治安警事在内容部分相互重叠，但是狭义的治安管理指的是对存在可能危害社会治安秩序的高风险因素的对象进行管理。

我国治安警事中的治安管理对象一般包括两类：物品与场所，其中高危物品包括枪支、爆炸物、剧毒化学品、放射性同位素、管制刀具等；高危场所包括游戏（艺）机经营场所、歌舞娱乐场所、宾旅馆等。

与查禁打击相比，治安警事中的治安管理主要有两点不同：一是查禁打

① 熊一新等：《治安学总论》，中国人民公安大学出版社 2008 年版，第 4 页。

击侧重于后置性的打击，而治安管理则侧重于前置性的预防；二是查禁打击针对的是已经或者将要违反我国相关法律的行为，而治安管理针对的是存在可能危害社会治安秩序的高风险因素的对象。

由于我国社会经济发展呈现开放性和多元化的趋势，许多原本由国家严格控制的物品流入社会生产生活之中，而这些物品如不加以有效控制则很有可能对社会中的人身财产造成很大的损害。例如，随着我国经济的不断发展，剧毒化学品在生产、教学中的使用越来越频繁，如不加以有效管控，无论是有意的滥用还是过失的错置，都会造成难以估量的损失。为此，公安机关设有专门的部门对社会上剧毒物品的存放、运输、使用情况进行登记、指导，以防止可能造成的损失。

（三）治安内保

治安内保是指治安警事主体针对易受治安违法侵害的单位、场所等进行的内部安全保卫工作，包括：金融机构安全防范、校园安全防范、医院安全防范、贵重商店（加油加汽站）治安防范等。

个别单位、场所由于本身的特有属性，容易遭到治安违法侵害，因此对其进行安全防范也是治安警事的一项重要功能。例如，金融机构、贵重商店内部存有大量的现金或贵重物品，易成为不法侵害的对象；而校园、医院内有大量的儿童、病人等弱势群体，需要加强保护。因此，警务部门及其他相关主体需要根据不同的特点，对上述单位、场所进行安全防范检查，督促指导人防、物防、技防措施，落实内保制度，完善应急处置工作预案，并提高它们自身的防护能力和水平。例如，2014 年上海公安机关治安部门共检查重点单位 2 万余次，发现、整改治安隐患 1866 处。

治安内保的对象也是随着经济与社会治安形势的发展而不断变化的。例如，加油加汽站原本并非治安内保的重点对象，但是随着经济的发展，机动车的保有率不断上升导致加油加汽站的增多，其在治安内保中的重要性也逐渐上升。再如，2010 年的“3 · 23 福建南平市实验小学凶杀案”“5 · 12 陕西省南郑县圣水镇林场村校园血案”，接连发生的侵害在校学生的恶性案件，对社会治安造成重大影响。针对这一情况，警务机关加强了对中小学校园的内保工作，不仅安排警力在上学、放学期间在校园附近进行护校工作，同时加强了对校园周边环境的整治。以上海为例，2012 年全年共开展校园周边专项整治 663 次，共发现并整改各类治安隐患 2889 处，排查重点人员 553 人。

（四）人口管理

人口管理是我国公安机关行政管理中的一项基础性工作，也是政府管理社会运行的基础性行政工作，主要有以下四个关键作用：

一是为政府决策提供依据。通过实有人口管理工作，掌握人口基本情况和分布数据。这些数据为政府各部门分析实有人口分布现状，有针对性地规划医院、学校、公交站点、商业网点等公共基础设施，研究出台服务民生的相关政策法规提供重要参考。我们在研究出台相关社会政策时，必须统筹考虑人口因素，以实现政策的平衡性、协调性。同时，通过联合人口专业研究机构和高等院校，进一步加强对人口信息的动态分析研究，拓展人口发展战略咨询功能，能够切实为城市经济社会发展、城市公共配套建设等提供政策咨询服务。

二是为社会管理提供支撑。通过实有人口服务和管理，动态掌握相关情况信息，为加强和改进区域社会管理提供有力支撑。通过准确地掌握居住人员的数量、籍贯、文化程度、年龄结构、职业状况、工作单位、居住地等情况信息，落实了社区民警、综合协管员、综治人员以及街道、居委会的服务管理责任。

三是为服务民生提供保障。政府各部门掌握辖区实有人口和实有房屋的动态情况信息，为出台有关服务和改善民生的制度、措施提供了数据基础，为变被动式服务为主动式服务提供了保证。如在上海地区，由于学龄户籍人员少，教育资源相对富余，可以在满足户籍人员入学的同时，就近解决辖区内来沪人员子女入学需求。再如，掌握了辖区低保对象、困难人群、残疾人、独居老人、高龄老人等弱势群体的动态情况信息，为相关部门整合资源、协调统筹开展民政优抚、帮扶解困工作提供了基础，有助于细分服务种类，更加贴近群众需求。

四是为治安警事的具体实施提供帮助。在摸清重点人口、吸毒人员、精神病患者、社区闲散青少年、高危人群的底数及动态信息的基础上，协同街道和居委综治干部、社工、协管员、治安辅助力量等，逐一落实帮教、矫治责任，从源头上预防和减少犯罪。通过人口服务管理全覆盖，主动向刑侦、经侦等部门提供违法犯罪工作线索，查破刑事案件、治安案件，抓获违法犯罪嫌疑人以及网上追逃对象。特别是确保社会稳定和公共安全，都要围绕“人”进行，都是要落实到具体“人头”上的，归根到底是要通过实有人口服务管理，及时发现、预防各种违法犯罪活动和可能或现实危害城市安全的人员。只有做好实有人口服务管理工作，才能提供最基础的安全保障，这也是这项工作的根本目的所在。

二、治安警事的制度安排

世界各国对于治安警事的制度安排各不相同，但是输出治安警事功能的三个来源总是不变的，即最主要的公安机关、其他政府机关、社会化组织。下文以我国为出发点，说明治安警事的制度安排。

（一）公安机关

我国的公安管理模式实行的是统一领导、分级管理、条块结合、以块为主的领导体制。而这一领导体制的顶端为公安部，是主管全国公安工作的职能部门。在公安部的领导下，各省、自治区设公安厅，直辖市设公安局；各市（地、自治州、盟）设公安局（处）；市辖区设公安分局，接受上级公安机关直接领导；各县（市、区、旗）设公安局分别接受同级人民政府和上级公安机关领导。

在我国，在公安机关内部设有对应治安警事的机构，依照层级划分依次是公安部治安管理局，各省、自治区、直辖市公安厅（局）治安管理总队，各市（地、自治州、盟）、市辖区公安局（分局、处）治安管理支队，县（市、区、旗）公安局治安管理大队。

治安管理大队负责治安管理、户政管理、出入境管理等工作；负责对公共场所、特种行业的管理，依法对社会上吸毒、卖淫嫖娼、赌博等违法活动进行治理；负责突发事件处置等工作。治安管理大队下设：（1）治安管理中队；（2）户政管理中队；（3）基层指导中队；（4）危爆中队；（5）治安行动队。

除了内部专门治安管理部门以外，派出所作为基层治安行政管理机构也承担了大量的治安警事工作。根据公安部《关于县级公安机关机构设置的指导意见》，派出所一般按照行政区划设置，原则上实行“一乡（镇、街道）一所”。社会治安任务相对较轻的乡镇，可若干个乡镇设置一个派出所；不设派出所的乡镇要设置警务室。

派出所工作中涉及治安警事的主要有以下几个部分：责任区工作，包括人口管理、情报信息搜集、安全防范、治安管理；案（事）件处理，包括刑事案件、治安案件、治安灾害事故和群体性治安事件的现场调查和处置；巡逻，包括维护公共治安秩序、救助有困难者，对可疑人员和可疑物品进行盘问检查；治安检查，包括对公共娱乐服务场所、特种行业及内部单位进行现场检查等。

（二）其他政府机关

在我国，除了作为治安警事最主要部门的公安机关之外，还有一些其他政府机关承担了相应的治安警事工作。这些机关包括：社会治安综合治理委员会、国家禁毒委员会等。

社会治安综合治理委员会的设置从中央到地方各级都有体现。中央社会治安综合治理委员会办公室①（简称中央综治办）是中央社会治安综合治理委员会的办事机构，与中央政法委机关合署办公。贯彻执行党的基本路线、方针、政策和国家法律，根据国民经济和社会发展的总体规划及社会治安形势，指导和协调全国社会治安综合治理工作。其主要职责包括：根据全国社会治安状况，研究提出社会治安综合治理的方针、政策和重大措施，供党中央、国务院决策；对一个时期内全国社会治安综合治理工作作出部署，并督促实施；指导、协调、推动各地区、各部门落实社会治安综合治理的各项重大措施；总结推广实践经验，表彰先进，组织有关部门加强社会治安综合治理的理论研究，探索和逐步完善具有中国特色的维护社会治安的新路子；办理党中央、国务院交办的有关事项。

国家禁毒委员会是我国最高的禁毒领导机构。它成立于1990年，由外交部、公安部、最高人民法院、最高人民检察院、司法部、民政部、教育部等23个部委组成，现增至25个部委。该委员会主任由公安部部长担任，委员会的办公室设在公安部禁毒局。国家禁毒委员会主要负责研究制定禁毒方面的重要措施和政策，协调有关毒品的重大问题，统一领导全国的禁毒工作。

三、社会分层视野下的治安警事主体多元化

社会分层理论的核心是“谁得到了什么”以及“为什么会得到”的问题，在社会学中分为马克思的阶级分析和韦伯的阶层分析两种经典范式。马克思以对生产资料的占有与是否雇用工人作为划分阶级的标准，而韦伯则提出了三位一体的分层论，将经济、声誉、权力作为社会分层的标准。

治安警事主体多元化是指为达到节约成本和提高效率的目的，减少警察机关及其他政府机构在治安警事中发挥的作用，更多地依靠和利用社会组织及公民个人来提供治安服务。在欧美国家，治安警事的社会化也被称为治安

① 2018年3月，根据中共中央印发的《深化党和国家机构改革方案》，不再设立中央社会治安综合治理委员会及其办公室，有关职能交由中央政法委员会承担。

警事的私有化，并逐渐成了一种趋势。在英国，2002年警察改革法明确规定，各地警察局长有权聘用具有特定专业技术能力的文职人员、社区警务支援者、全职或者兼职的指定官员（包括文职犯罪调查官、文职监禁官、文职押送官等）、交通监管员。社区警务支援者有薪酬，可以全职也可兼职。在警察的领导下，他们负责路面巡逻、指挥交通、人口失踪调查、没收违法经营的烟酒、救助被害人、协防群体性事件以及处理街头涂鸦、乱停乱放、乱丢垃圾等。在发现拒绝提供真实姓名、住址的可疑人员时，社区警务支援者没有逮捕权，但在警察到来前，可以将可疑人员暂时扣押半小时，也可以对特定的反社会行为签发固定数额的罚金。

同属英美法系的新加坡与我国香港特别行政区也分别出台了《新加坡共和国辅助警察条例》《香港地区辅助警队条例》，对辅警的机构设置、人员编制、职责权限、教育训练、工资待遇等进行了全面规定。对于英国法治化、多元化的警务主体与警务模式，我们当然不能照搬照抄。但是这种通过立法明确界定辅警、文职人员的职责权限，并将传统警务区分为核心警务与一般警务，强调警察应当集中警力抓好核心警务，并与其他政府部门、组织、个人加强协作，共同做好辅助警务的做法值得借鉴。

在过去很长一段时间内，我国治安警事的社会化程度一直维持在较低水平，在治安工作中常常出现的诸如联防队员、社保队员等主体也是以辅助警察的身份存在，从其收入及工作性质来看，更类似于准政府组织人员。

而随着社会经济的发展，人们的经济地位、社会声誉、权利掌握均发生了很大的变化，各个群体之间的差异性越来越明显。例如，国内的部分城市，在重大安全保卫工作中招募平安志愿者从事安保工作，有效提高了效率并降低了成本。

结合国内外的先进经验与我国的实际来看，治安警事社会化如果能达到一个较为适宜的水平，会带来如下益处：

首先，提高治安警事的效率。公安机关以及相关的政府机构在进行治安警事工作时存在一定的缺陷，即难以直接、及时地了解到危害或可能危害社会治安稳定情况的发生。对于公安机关以及相关政府机构而言，必须通过情报信息搜集来掌握社会情况的发生，这往往会导致滞后与偏离，造成治安警事的效率低下。而通过治安警事的社会化则能很好地解决这一问题，由于社会组织和公民个人本身就以个体的形式存在于治安警事所面对的社会之中，对于社会治安情况有着最直观的感受，所以当他们参与到治安警事之中时，能够提高治安警事的效率。

其次，有利于促进警民关系和谐。如果能够使社会上受到行政管理的人们参与到治安警事之中，一方面能够使他们将治安警事的具体规定内化成为自身的行为规范；另一方面能够使他们深入了解治安警事的全过程，消除双方之间的隔阂。

第三节 社会环境与治安警事的互动

社会环境是指人类生存及活动范围内的社会物质、精神条件的总和，通常是与自然环境相对的概念，包括我们所处的社会政治环境、经济环境、文化环境等宏观因素。

社会环境的构成因素是众多而复杂的，但就对传播活动的影响来说，它主要有四个因素：一是政治因素，它包括政治制度及政治状况，如政局稳定情况、公民参政状况、法制建设情况、决策透明度、言论自由度、媒介受控度等；二是经济因素，它关系到经济制度和经济状况，如实行市场经济的程度、媒介产业化进程、经济发展速度、物质丰富程度、人民生活状况、广告活动情况等；三是文化因素，它是指教育、科技、文艺、道德、宗教、价值观念、风俗习惯等；四是讯息因素，它包括讯息来源和传输情况、讯息的真实公正程度、讯息爆炸和污染状况等。

一、社会环境对治安警事的影响

（一）对治安越轨行为的影响

社会环境与治安警事的客体即社会整体状态联系密切。社会环境不仅是社会状态安全、有序与否的内在原因，同时社会状态也反映了深层的社会环境因素。目前普遍认为，政治因素、经济因素、文化因素、讯息因素都会对社会中的各种治安越轨行为产生影响。

1. 政策因素。由于政府往往会对所存在的治安问题进行干预以求取得社会秩序的改善，而政策的变化则是实现这种干预的一个重要途径。

2. 经济因素。经济因素对于社会治安的影响是多样的，其从动机、手段、机会等方面对那些引起社会安全、有序状态的治安越轨行为产生影响。

（1）动机。美国学者约翰·列维斯·齐林认为："贫困是间接的由影响人民的生活状况，或由供给一种生活状况使人民受其淘汰或产生无能力的人因而增加了犯罪。”[1] 各种犯罪社会学理论中阐述的各种理论所认为的越轨行为产生的原因，如不同接触理论中的社会解组与贫困人口的受教育程度、紧张理论中的因为目标和手段之间的分离而产生的相对剥夺感、亚文化理论中不符合主流文化的价值观念、控制理论中的外部控制与自我控制、标签理论中的继发越轨行为，[2] 这些或多或少与行为人的经济贫困有关系。贫困人口更容易被贴上标签而导致犯罪。

贫困虽然不是社会越轨行为的必然前提，但却可能是引起动机的重要诱因。经典行为论，如费尔巴哈的“心理强制学说”认为，人人皆有比较痛苦与快乐、追求愉快、趋避痛苦的本性，因此人们在从事任何行为时，始终处于一种利弊权衡的过程中。而人们是具备理性的，需要从行为的利益、风险和成本三个方面来考虑是否从事行为，其中利益是指越轨行为后的得益能满足人类的各种生理及心理需要，风险是指这种越轨行为及受到规制的可能性，而成本则是指行为时需要的工具、技巧、时间等，当利益大于风险加成本时，人们会实施某种与社会常规要求不符的行为，反之则会实施符合整体要求的行为。而贫困者由于需求更多地不被满足，更容易产生越轨行为，这样的情况与我国治安警事中发现的实际情况是一致的。

（2）手段。不同越轨行为的实施手段也受到经济发展的影响。一方面，失业率的增加会使得游手好闲的人增多，为越轨行为提供温床。另一方面，经济繁荣增加了社交中对酒精与毒品的购买及消费行为，而这为打架斗殴火上浇油。[3]

（3）机会。经济的发展给社会治安越轨行为提供了大量的新机会，特别是在经济高速发展的阶段，由于原有的监管手段难以有效覆盖新兴的经济模式，导致出现很多新的可供利用的机会。例如，随着我国信用卡、网络支付的逐渐普及，电信诈骗、网络诈骗案件呈现高发的趋势，由于这类案件的涉及面较广，给社会治安的稳定带来了很大的挑战。

3. 文化因素。狭义上的文化是指包括人类的生活方式、情感方式、民族思维方式、意识形态、风俗习惯、宗教、道德及各种行为的规范、准则，

---

① ［美］约翰·列维斯·齐林：《犯罪学及刑罚》，查良鉴译，中国政法大学出版社 2002 年版，第 190 页。

② ［英］Ronald Blackburn：《犯罪行为心理学》，吴宗宪、刘邦惠等译，中国轻工业出版社 2000 年版，第 76-81 页。

③ ［英］麦克·马奎尔等：《牛津犯罪学指南（第四版）》，刘仁文、李瑞生等译，中国人民公安大学出版社 2012 年版，第 275 页。

是知识、信仰、艺术、道德、法律、风俗及社会成员能力、习惯的复合体。[①] 既然影响社会治安稳定的治安越轨行为本身也是一种人的行为，那么它和行为人所处的一定范围内的文化传统是密切相关的。文化因素主要从以下两个方面对治安越轨行为产生影响：

（1）文化因素界定治安越轨行为的范围。由于各个国家区域之间的文化传统各不相同，在某些地方习以为常的行为可能到了另一区域就触犯了治安法律。例如，在某些国家卖淫行为被视作合法或部分合法，甚至成为当地的一种经济产业。但是在我国，卖淫行为是《治安管理处罚法》认定的需受到治安处罚的行为，因此毫无疑问地成为治安警事所规制的对象。

（2）违法亚文化也会导致治安越轨行为的发生。亚文化理论认为，亚文化是一种社会性的行为方式和价值体系，虽然独立于处在社会主导地位的行为方式和价值体系而存在，但仍属于该主导体系的一个组成部分。[②] 一般来讲，治安违法或犯罪行为都是违反社会主流文化的，当某一部分人以地域、阶层为纽带联系在一起实施了治安违法或犯罪行为，那么他们中间往往会形成一种违法犯罪的亚文化使他们的行为合理化，这种亚文化会维护他们行为的持续性。同时犯罪亚文化也会成为违法犯罪动机、手段的中介，受到亚文化影响的人群更容易实施治安越轨行为。

4. 讯息因素。讯息因素会影响违法犯罪行为的传播速度与范围。美国犯罪学家萨瑟兰认为，主体违法犯罪行为的动机、手段、方法都是通过学习得来的，而随着现代社会媒体的发展，讯息因素的传播速度与范围都大大增加。同时由于媒体天生的猎奇属性，往往会更乐于播放与主流社会规范相违背的事件，这就导致了人们对暴力等行为的逐渐免疫，把一些治安越轨行为视为常见的行为，这样的现象在青少年中更为普遍。

（二）对警事措施和手段的制约

社会环境对治安警事措施和手段的影响是各个方面的，不仅社会政策会影响到治安警事的顶层设计，同时治安警事的实施手段与措施也受到经济发展与科技水平的制约。

任何治安警事手段与措施的实施都不可避免地需要进行成本考量，其实施成本不可能脱离当地经济发展水平。例如，英国自 1999 年开始到 2002 年终止的减少犯罪计划预算资金高达 2.5 亿英镑，加上之后的社会安全计划，

① 莫洪宪：《犯罪学概论》，中国检察出版社 1999 年版，第 179 页。

② 王智民：《当代国外犯罪学概论》，中国人民公安大学出版社 1999 年版，第 22 页。

1999 年至 2004 年英国内政部花费了共计 9.27 亿英镑。英国国家稽核办的报告中指出，在实施上述计划时，一旦资金枯竭就会造成原本已经取得初步成功的计划过早中断。为此，英国政府 2005—2006 年设立了更安全更强大的社区安全基金。同样地，科技的发展也反映在治安警事的手段和措施的不断进步中，通过有效地应用新科技，治安警事的效率也在提高。例如，通过城市街面视频监控系统的安装，不仅能使警方更快发现危害社会治安的行为并及时加以处置，同时对于那些潜在的违法人员也起到了很好的威慑作用。而这样一种治安警事措施的采用，与摄录技术的完善以及网络的进步是分不开的。

二、治安警事对社会环境的影响

“警事既可能为人类社会中某些政治利益主体谋求利益，但更普遍的是为整个人类社会中的所有合法的利益主体谋求安全利益。”也就是说，“警事学正是关于如何守护人类社会安全的学问，研究的正是实现人类社会安全的一种途径——警事”①。治安警事的目的就是维护社会治安的稳定，以达到合法的利益主体获取安全利益的目的。为达到这一目的，治安警事通过构建维护整体社会治安的机制或干预个体的治安越轨行为的方式来进行，但不论采取哪种方式，最终都是为了社会环境的稳定。

一般而言，人们认为治安警事的功能输出与社会治安稳定存在正相关的关系，治安警事功能输出越强则社会治安越好。但是在实践中两者的关系并非如此简单，其间仍受到效率、公正等因素的干扰，甚至在某些情况下治安警事对社会治安会产生负面的影响。本节中我们将治安警事对社会环境的影响分为直接影响与间接影响、正面影响与负面影响两个方面。

（一）直接影响与间接影响

治安警事对社会环境的直接影响是其针对社会治安越轨行为进行干预而产生的效果。越轨行为是违反社会正常规范的行为，而社会规范的制定就是为了维护良好的社会秩序，因此越轨行为本身就会对社会环境构成一定的危害。治安警事通过对治安越轨行为的干预，规范了在其功能输出范围内可能危害社会环境的行为。在治安警事的多种手段中，治安行政处罚、治安行政强制、治安行政命令、治安行政教育等都属于对社会环境产生直接影响的治

① 卜安淳：《关于警事科学的几个基本问题》，载《江苏警官学院学报》2004 年第 1 期。

安警事手段。

治安警事对社会环境的间接影响是指其并不直接通过干预越轨行为来影响社会环境，而是通过其他媒介来产生间接影响。这样的间接影响主要有两个方面的表现：一是治安警事在干预治安越轨行为的同时对这种行为形成了正面或负面评价，指示社会中的个体可以进行何种行为以及不能进行何种行为，从而影响社会整体环境；二是治安警事通过对制度的构建来维护社会治安稳定，如治安检查、治安巡逻、治安整治等都是规整社会秩序的警务活动。

（二）正面影响与负面影响

治安警事的正面影响是指治安警事的功能输出对社会环境产生的良性效果；反之，治安警事的负面影响是指其给社会环境带来的恶性效果。从治安警事的存在价值出发，治安警事主体实施治安警事时总是希望能够为其所处的社会环境带来正面影响，但是在实践中往往因为一些因素的干扰使得最终结果事与愿违，这样的因素包括：治安警事的目标偏离、治安警事的实施效率、治安警事的潜功能等。

治安警事的目标是指治安警事的实施所希望达到的效果。虽然治安警事的主体总是希望治安警事的实施能够达到保证社会的动态稳定和完整协调的效果，但是由于治安警事的功能输出与所得效果之间的因果关系本身就是相当复杂的，因此常常会出现目标偏离的情况。以英国为例，20世纪70年代中期以前，毒品治疗中心在“需要”的基础上将海洛因提供给注册的使用者，之后毒品治疗中心拒绝了这种做法，只向其提供口服美沙酮（methadone）。自从这个政策发生变化以来，海洛因成瘾（以及其他形式的吸毒）变得更加普遍，与毒品有关的犯罪激增到不可知的规模，从毒品犯罪交易中获得的利润为有组织犯罪网络提供了资助。①

治安警事的实施效率是指治安警事实施成本与取得效果之间的比例关系。治安警事的实施成本是指其在实施过程中所消耗的经济资源、警力资源、科技资源等。由于受到社会经济发展的限制，在一定时间内治安警事乃至整体警务活动可以使用的资源都是相对固定的，因此一旦所消耗的资源过多却没有达到理想效果时，则会使治安警事难以为继。

治安警事的潜功能是指“无助于系统调适、系统参与方不期望也不认

① ［英］Ronald Blackburn：《犯罪行为心理学》，吴宗宪、刘邦惠等译，中国轻工业出版社2000年版，第161页。

可的客观后果”。[①] 与之相对的显功能，是指某一具体单元（人、亚群体、社会系统和文化系统）的那些有助于其调适并且是有意安排的客观后果，前者是指同一层次上的无意图的、未认识到的后果。[②] 治安警事的显功能无疑是维护社会治安的整体稳定，所有治安警事的实施也都是围绕这一目的出发的，但是治安警事的运行过程中往往会产生一些治安警事主体也无法预料的后果，这样的后果无助于治安警事目的的达成。如包括美国在内的许多国家都实施过的“禁酒令”就是一个很好的例证。

1851 年美国缅因州通过禁酒法，禁止境内制造和销售并非用于医疗或机械目的的烈性酒或致人眩晕的饮料，到 1885 年，美国已有 13 个州通过了类似的禁酒法律。当时许多美国人认为酗酒与日益增加的犯罪、贫困和暴力事件有关，保护社会的唯一方法就是拆除“酒鬼制造行业”。在美国禁酒组织的推动下，最终《宪法第 18 修正案》于 1920 年 1 月 16 日正式生效。该法禁止在美国境内制造、出售、运输含酒精的饮料。但是“禁酒令”的颁布以及随之而来的查禁工作却产生了几个意想不到的结果：一是贫困的增加。由于对用于医疗或机械目的的烈性酒或致人眩晕的饮料的禁令，导致这一行业以及相关行业从业人员失业率上升。同时“禁酒令”导致酒精饮料价格上涨，使美国人在其上的消费支出增加，反而加剧了贫困情况。二是社会秩序恶化。由于酒精饮品市场正常秩序的解构，原有的管理制度消亡，而人们对酒精饮品仍有刚性需求，酒精饮品的交易由地上转为地下，违法分子乃至黑社会在暴利的驱使之下争夺市场，导致了斗殴等暴力行为，反而恶化了社会秩序。三是引发了腐败。各级政府机构和警察系统借禁酒之名勒索、敲诈公民。人们为了得到酒，不得不贿赂警察以求方便。警察与酒贩勾结，知法犯法，以致最后连美国禁酒最高行政机构“禁酒局”都被腐败搞垮，不得不加以重组。[③] 这些意想不到的结果导致了禁酒令的最终失败，国会被迫又通过《宪法第 21 修正案》终止了《宪法第 18 修正案》的效力。

---

① ［美］罗伯特 · K. 默顿：《社会理论和社会结构》，唐少杰、齐心译，译林出版社 2006 年版，第 130 页。

② ［美］罗伯特 · K. 默顿：《社会理论和社会结构》，唐少杰、齐心译，译林出版社 2006 年版，第 145 页。

③ 张跃进：《“禁酒令”为什么总是失败？——多法系视角下的效率决定机制解析》//《2006 年度（第四届）中国法经济学论坛会议论文集》，2006 年。

第六章 刑事侦查警事

刑事侦查警事研究一方面有助于从社会角度审视警察所从事的刑事侦查工作，重点研究与刑事侦查工作密切相关的规律，如刑事侦查的社会功能、刑事侦查与社会矛盾及刑事侦查与社会沟通等。另一方面有助于推动刑事侦查工作更好地服务于社会，构建和谐警民公共关系。

第一节 刑事侦查警事概述

一、刑事侦查警事的概念形成

（一）刑事、刑事侦查、刑事警察

刑事侦查警事从字面上可以理解为有关刑事侦查工作的警务之事，刑事、刑事警察、刑事侦查是构成刑事侦查警事的三个重要概念。

1. 刑事。刑事相对于“民事”而言，是有关刑法的，指的是违反刑法的违法犯罪的相关活动，不同于一般的民事、行政案件，刑事的范围比较广，侵害的可能是国家利益，也可能是个人或公司的利益等。

2. 刑事警察（简称刑警）。刑警是从事刑事侦查和刑事科学技术工作的人员，主要负责分析、研究刑事犯罪情况；组织、协调侦破一般、重大、特大刑事案件；承担案件痕迹和物证提取、检验、鉴定；承担本辖区内的禁毒、反黑、反恐工作；承担本辖区内的经济犯罪侦查防范工作（部分地方有专门的经侦部门）；承担涉外刑事案件、对外警务的联络和接洽等。警察制度是国家政治制度中的重要组成部分，刑警制度又是警察制度的重要内容之一。以刑警机构和刑警职权为核心的刑警制度是为了刑警机构及刑警更好地进行刑事诉讼执法活动而产生的。换言之，刑警制度是国家制定和认可的有关设立刑警机构及刑警机构的性质、任务、职权、运作机制与活动原则的

法律法规的有机总和。①

3. 刑事侦查。我国学界关于刑事侦查概念的主流观点一般都是由刑事诉讼法的规定演化而来的，是指刑事侦查部门针对刑事犯罪这一特定对象而进行的一切侦查和调查活动。刑事侦查工作是警察工作的重要组成部分，刑事侦查部门是打击刑事犯罪的专职部门。无论是大陆法系的审问式侦查构造还是英美法系的弹劾式侦查构造，在刑事侦查活动中的一对基本关系就是侦查机关及侦查人员与犯罪嫌疑人或其他相对人的关系。② 刑事侦查具有两个基本特点：一是专业性强，刑事侦查专业化程度相较于其他警种专业化程度更高；二是刑事侦查部门是刑事侦查职能的主体，具有不可替代性。刑侦专业化是指符合侦查规律，反映侦查主体和侦查对策的内在要求，统一、规范、高效的刑侦工作运行态势。刑侦专业化是刑侦工作的发展目标，其目的是突出侦查特点，规范侦查过程，提高侦查水平，最大限度地实现侦查效益和侦查效率，提升侦查层次，从而规范有效地打击各类刑事犯罪活动。③

（二）刑事、刑事侦查、刑事警察之间的联系

刑事及刑事法律的特性和机能，决定了警方开展刑事侦查惩治犯罪、维护社会治安稳定的法定属性。刑事警察是警察机构中行使刑事侦查职权的具体承载者。刑事侦查活动是最广泛、最大量、最重要的刑事实践活动，是刑警权的主要内容。④ 在刑事司法中，刑事警察所拥有的刑事侦查权必须依据合乎刑事法律规则的程序运行，程序上具有合法性；同时刑事警察履行刑事侦查权还必须能够实现刑事法律所规定的任务，即在目标和功能上具有合法性。

1. 刑事法律具有明显有别于其他法律的特性。一是特定性，特别指向犯罪行为，其他法律规定的都是一般违法行为及法律后果。二是广泛性，一般部门法只是调整和保护某一方面的社会关系，而刑事法律则涵盖全部的社会关系。可以理解为，一般部门法所调整的社会关系，刑事法律都要进行调整，同理，一般部门法所保护的合法权益，刑事法律都要予以保护。三是严

① 付立忠：《时代呼唤刑警法学的诞生》，载《山东警察学院学报》2011 年第 5 期。

② 左卫民、周长军：《刑事诉讼的理念》，法律出版社 1999 年版。

③ 杨宜民：《刑事侦查专业化的当前话语》，载《上海公安高等专科学校学报》2005 年第 5 期。

④ 付立忠：《时代呼唤刑警法学的诞生》，载《山东警察学院学报》2011 年第 5 期。

厉性，刑事法律是各种法律中规范和调整人们行为最为严厉的法律，具有其他法律所不具有的强制性；一般部门法也适用强制方法，如赔偿损失、警告、行政拘留等，但显然不如刑事法律规定的刑事强制措施严厉，而且刑罚是国家法律规定的最严厉的惩戒——剥夺犯罪人的自由乃至生命，不仅如此，绝大多数情况下，犯罪人与被害人之间不得就犯罪问题自行协商处理。四是补充性，当一般法律不能充分保护某种合法利益时，即由刑事法律保护；当一般法律不足以抑制某种危害时即适用刑事法律。

2. 刑事法律的机能（即刑事法律现实与可能发挥的作用）。国外一般认为具有三种机能：（1）规制的机能，即具有使对犯罪行为的规范评价得以明确的机能。（2）法益保护机能，即具有保护法益不受犯罪侵害与威胁的机能。犯罪是侵害或威胁法益的行为，刑法禁止和惩治犯罪，便保护着法益。（3）自由保护机能，即具有保障公民人身自由不受国家刑罚权不当侵害的机能。三种机能之间其实就是实现一种法律的平衡，即社会的和谐与稳定。

刑事侦查工作的任务决定了刑事警察对待和处理犯罪问题必须严格按照法律的规定，只能对具有社会危害性又同时具有刑事违法性，应当受刑罚处罚的犯罪行为进行必要的刑事侦查工作，依法是指不允许随意扩大刑事侦查对象的范围，必须严格遵照法律规定的程序，不允许超越法律规定的方法和措施。

（三）刑事侦查警事

刑事侦查警事是从社会角度研究刑事侦查工作，进而影响刑事侦查理念。侦查理念是人们基于一定的价值观念、意识形态和文化传统，对侦查的属性、目的及应然模式的认识和观念。作为一种观念系统，它是一国侦查制度设计的理论基础，也是侦查实践运作的精神支撑。[①] 随着政治、经济、文化、科技等外部环境的变化，刑事侦查工作也已经发生了深刻而巨大的变化，传统的刑事侦查理念已经逐渐主动或被动地产生各种变化，研究刑事侦查警事重点在于依据社会环境的变化对刑事侦查的各个环节、各个方面进行全方位的思考，适时调整刑事侦查理念，以更好地服务社会，并形成良性互动。

刑事侦查与刑事侦查警事之间的关系是从社会角度“实践—认识—再实践—再认识”的一个过程。由刑事侦查工作上升到刑事侦查警事，需要

① 毛立新：《论我国侦查理念及其法治化》，载《政法学刊》2006 年第 5 期。

经过经验到理论的抽象，刑事侦查警事以自身的科学理论来服务刑事侦查工作的实践。

二、刑事侦查警事的研究基点及社会属性

(一) 刑事侦查警事的研究基点

社会转型期的刑事侦查工作往往会面临着公正与效率、打击犯罪和保障人权双重不足的困境。为了更好地应对这种困境，刑事侦查警事的研究应当主要立足于法律与社会这两个基点。

1. 以法律为基点。无论大陆法系抑或英美法系，不论其侦查构造如何，侦查的主要目的之一就是查明犯罪嫌疑和案件事实，为接下来的审判程序打下坚实的证据基础和事实基础。为达到此目的，国家有必要赋予侦查机关广泛的侦查权力，如拘留、逮捕、搜查、扣押、监听等。[①] 侦查也是刑事诉讼中的一种法律程序，我国《刑事诉讼法》第一百零八条规定："侦查"是指公安机关、人民检察院在办理案件的过程中，依照法律进行的专门调查工作和有关的强制性措施。

2. 以社会为基点。刑事侦查应当具备维护社会稳定的重要功能。首先，刑事犯罪与不稳定事件的相互交织，决定了刑事侦查工作本身就是一个维护稳定的过程。犯罪本身就是不稳定因素，尤其是多发性侵财犯罪、严重暴力犯罪、黑恶势力犯罪、经济犯罪、毒品犯罪等既是影响公共安全和社会稳定的突出因素，也容易在一定条件下与社会转型时期的社会治安问题、腐败问题、扰乱危害市场经济秩序等相关联、交织、转换、利用，无论其是与社会问题的交织，还是刑事案件的发生或其侦查办理的效果，都密切关系到社会稳定。

其次，在处置影响社会稳定事件时，刑警具有其他警种不可替代的作用。所有影响社会稳定的事件，包括一些危害国家安全、严重暴力、恐怖袭击事件，往往都以刑事犯罪为极端表现形式，其间的积极参与者往往就是直接的刑事犯罪者。一方面，对参与其间的严重刑事犯罪必须依法予以刑罚惩戒，这自然离不开刑事侦查工作的攻坚和惩戒作用。另一方面，对影响稳定事件的组织者、不宜政治化解读的群体性事件等，往往是以打击刑事犯罪的形式处理。

---

① 蔡杰、冯亚景：《试论和谐刑事侦查关系之构建》，载《政法学刊》2005 年第 3 期。

最后，刑事侦查工作过程及其质量出现瑕疵，缺乏敏锐性和处置不及时可能形成不稳定事件。刑事警务活动终极指向的维护稳定性决定了其行为应当具备严肃性和周延性。应当看到刑事警务的瑕疵是极易引发事端的，稍有不慎即可能使瑕疵成为事端，倘若再缺乏敏锐性，贻误弥补、化解、先期处置时机，就可能升级为事件。不敏锐、不及时、不恰当，往往是警务活动不稳定事件发生的重要原因。

（二）刑事侦查警事的社会属性

从社会整体的角度分析，刑事侦查警事所面临的主要问题即犯罪问题是一个严重的社会问题。犯罪产生的原因是极其复杂的，在相当长的历史时期内，犯罪现象都不会消失，因为它有客观存在的社会根源。犯罪破坏正常的社会秩序，可是，社会关系失调和社会结构不平衡又为犯罪提供滋生的土壤、活动的空间。刑事侦查对于犯罪问题不仅仅是予以依法打击、处罚，并且还需要从更深入、更广泛的社会层面做好犯罪的控制工作。

刑事侦查工作过程及其质量是当今社会关注的热点，其瑕疵可能成为严重影响社会稳定的诱因。长期以来，人们对刑事侦查工作及其绩效的关注更多地聚焦在惩治犯罪力度方面，普遍认同通过打击犯罪来实现社会治安秩序稳定。但是，随着社会的进步、法治建设进程的加快、执政执法理念的转变，刑事侦查警事及价值取向对社会稳定的影响越来越凸显，因刑事侦查警事活动本身或相关联的问题引发的不稳定问题越来越多，刑事侦查警事已不仅仅是单纯的打击犯罪的职能和通过惩治犯罪实现维护社会稳定，其本身也在影响甚至决定着社会稳定。

1. 刑事侦查工作的合法性影响社会稳定。刑事侦查中的公正是指在侦查活动中要体现公平、平等、正义的法律精神。① 刑事侦查工作作为国家权力的运用，具有主动性、普遍性和深刻性的特点。国家权力尤其是国家强制力量的广泛使用，是刑事侦查工作最重要的特征之一。法律赋予其为完成刑事诉讼任务所必需的权力，同时也对这些权力行使加以限制，否则容易导致权力的滥用并损害诉讼中的个体权利，尤其是犯罪嫌疑人的合法权益，从而损害诉讼的公正性。尽管追求社会效果、保护犯罪嫌疑人的合法权益是刑事侦查工作的基本要求和终极目标，但在实践中仍有相当的距离。

2. 刑事侦查工作的程序规范性影响社会稳定。有观点认为，刑事侦查是一项要在刑事侦查的过程中而不是侦查结果中实现的价值，它具有独立的

① 何家弘：《司法公正论》，载《中国法学》1999 年第 2 期。

内在要求和意义，侦查机关能否符合程序正义的要求与其能否作出公正的侦查结果之间并不存在必然的联系。[①] 在人类法制历史上，正是程序决定着法治与人治的分界。探究刑事侦查工作程序的瑕疵，缺少程序理念是主要原因，表现出程序不当或违法、违规；搜集证据不足，以致轻判或“疑罪从无”被判无罪，引发社会公众不满。倘若出现执法质量问题，不仅难展刑事利剑，甚至会被别有用心者乃至不法分子窥视、利用、炒作、操纵为大的舆情事件。

3. 刑事检验鉴定的科学严谨性影响社会稳定。刑事检验鉴定，既是侦办各类刑事案件的证据，也是判别某种事物、事情的性质、真伪和是不是刑事案件的重要依据，对一些备受关注的案（事）件、纠纷等问题具有一锤定音的论断作用，对影响稳定事件的处置往往具有权威作用。正因如此，无论是司法界，还是社会各界普通百姓都特别强调和关注刑事科学技术检验鉴定过程及其结论的科学性、严谨性。

4. 受害人合法权益的保护性影响社会稳定。维护被非法侵害的合法权益，一直是刑事侦查工作开展最直观、最现实的刑事侦查收益追求。在刑事案件中，被侵害人要求维护合法权益的诉求占有很大比重，包括未能破案，或破案后无法诉诸法院，被判无罪，或诉求人认为轻判、民事权益未能等到补偿，等等。刑事侦查收益即保障被害人的合法权益。刑事侦查收益包含物质性收益与非物质性收益，物质性收益从微观上理解主要表现在通过追缴赃款赃物、没收违法所得、处以罚金，为国家、社会和个人挽回损失。刑事侦查的非物质性收益主要表现在：一是追诉与惩罚犯罪收益；二是预防收益；三是补偿收益，即与刑罚的报应功能和安抚功能有关。[②]

5. 犯罪嫌疑人权益的保护性影响社会稳定。从实质正义的角度来看，“能保证每一个有罪的人被揭露，能使每一个无罪的人在侦查阶段从犯罪嫌疑人中予以排除”，是刑事侦查的最高正义。[③] 自“二战”以后，追求公正与效率的诉讼价值观成为世界各国的共同目标，反映在刑事侦查领域，其根本要求是在加大打击犯罪力度的同时，也必须加强对犯罪嫌疑人合法权益的

---

① 马登科：《论刑事侦查的正义价值》，载《上海公安高等专科学校学报》2001年第2期。

② 于明：《刑事侦查的成本收益分析及其理论应用》，载《上海公安高等专科学校学报》2009年第4期。

③ 马登科：《论刑事侦查的正义价值》，载《上海公安高等专科学校学报》2001年第2期。

保护以及对司法机关权力进行有效的监督和制约。① 依法保护犯罪嫌疑人的权益也是刑事诉讼法追求的价值。

6. 刑事侦查工作过程中第三方利益的维护性影响社会稳定。涉案以外的第三方对刑事侦查工作过程中触及自身利益的行为，尤其是不当触及自身利益的行为，且该行为是带着强制性的行为，极易产生不满，甚至引发更多人对其的同情和支持，成为不稳定的诱因。

第二节　刑事侦查警事与犯罪问题

刑事侦查，是查证和追究刑事犯罪最重要的手段，而犯罪问题又是一个复杂的社会问题，两者均是开展刑事侦查警事研究不可或缺的重要组成部分。

一、刑事侦查与犯罪问题的辩证关系

刑事犯罪行为是指违反刑事法律，具有严重社会危害性，应当受到刑罚处罚的行为。刑事犯罪问题严重危害社会治安与稳定，破坏社会秩序和经济秩序，侵犯国家财产或者社会集体所有的财产，侵犯公民私人所有的财产，侵犯公民的人身权利、民主权利和其他权利，是妨碍社会稳定与发展的一大隐患。刑事侦查的基本任务之一就是调查、处置犯罪问题。从社会与历史的角度分析，犯罪问题既是一个社会问题，也是一个历史问题。在社会历史的变迁与进程中，犯罪问题会随着社会因素的变化而变化。警察要通过刑事侦查应对犯罪分子，而犯罪分子必然会采取反侦查、逃避或者抗拒查处等手段。因此，刑事侦查警事与刑事犯罪之间存在辩证的特殊互动关系。

（一）刑事侦查对犯罪问题的作用

1. 刑事犯罪随警方刑事打击力度的大小而消长。在警方“专项斗争”的严厉遏制和打击下，某些犯罪行为会相应地有所收敛；某些刑事案件有所下降；一些图谋不轨者受到震慑或教育，弱化或者消除犯罪动机；刑事犯罪活动就会有所收敛，犯罪分子往往就会蛰伏一段时期，而有时一旦打击过后，又会重新抬头，甚至变本加厉，作案更为疯狂，出现“严打—反弹—再严打”的现象。同时，哪个地区打击力度大，犯罪就会挤向其周边地区。

① 邓立军、张斌：《意大利刑事侦查制度的改革与嬗变》，载《河北法学》2004 年第 9 期。

2. 刑事犯罪随警方刑事防控工作的强弱而消长。当针对某个部位、某些场所或对某类案件加强防控时，犯罪空间就会被挤压，犯罪分子就会寻找防控相对薄弱的地方伺机作案。有一些犯罪活动只是暂时停止或转移作案地点、改变作案时间、变化作案手段等，以应对警方的打击行动。

由此可见，警方的刑事侦查对犯罪问题的变化有着直接的影响，一方面它控制犯罪的恶化，另一方面在客观上也促使犯罪发生变化。

（二）犯罪问题对刑事侦查的反作用

犯罪问题反过来也会在某种程度上直接或者间接地对刑事侦查工作的变化和发展产生规律性的影响，即所谓的刑事侦查规律。刑事侦查规律同其他规律一样，都有着一般和特殊之分，本书所研究的刑事侦查规律是指一般规律。所谓刑事侦查的一般规律，指的是整个刑事侦查所共有的、带有普遍性的内在本质的必然性联系，它贯穿于一切刑事侦查之中，是对所有刑事侦查的共性和本质的概括。认识和把握一般规律有助于我们从总体上把握住刑事侦查各环节之间的本质联系，并据以制定出刑事侦查的基本对策和基本指导方针。[①] 这种影响可能会是多方面的：如刑事侦查工作的组织机构可能会因犯罪类型的变化而进行调整；刑事侦查工作的运行机制可能会因犯罪活动特点的变化而不断完善；刑事侦查工作的技术装备可能会因犯罪活动的特点而不断改进；刑事侦查政策的研究与制定可能会因犯罪规律的变化而不断调整；等等。

从社会学角度对于刑事侦查与犯罪问题的研究，可以将刑事侦查政策、刑事侦查组织机构、刑事侦查运行机制、刑事侦查技术作为四个重要的切入点。

二、刑事侦查政策与犯罪问题的互动关系

（一）刑事侦查政策的形成

一般认为，“刑事政策”作为专业术语最早是由被西方学者誉为“刑事政策之父”的德国学者费尔巴哈于1803年提出的，即“刑事政策是国家据以与犯罪作斗争的惩罚措施的总和，是立法国家的智慧”。[②] 俄罗斯当代刑

① 徐庆轩、于成江：《刑事侦查规律和刑事侦查指导原则》，载《山西警官高等专科学校学报》2003年第1期。

② ［法］米海依尔·戴尔马斯·马蒂：《形势政策的主要体系》，卢建平译，法律出版社2000年版，第2页。

事政策学者戈洛别耶夫认为："俄罗斯刑事政策是国家制定的一条总路线，它规定了作用于犯罪的根本方向、目的和方法，即通过制定刑法、刑事诉讼法及刑事执行法并在实践中予以适用，以及通过制定和实施旨在预防犯罪的方法而作用于犯罪。换言之，刑事政策通过规定与犯罪作斗争的战略和策略，其最终目的是在消除产生犯罪现象的原因和条件的基础上最大限度地减少犯罪，刑法、刑事诉讼法、刑事执行法和刑事预防措施是作为手段而被利用和实施的。"①

犯罪活动的某种规律性的变动趋势，促使刑事侦查对犯罪问题进行深入研究，并逐步建立起犯罪预测、预警机制。犯罪预测即运用科学方法，依据现有的犯罪数据和资料以及对可能影响犯罪的各种相关因素的分析、研究，对在未来特定时空范围内可能出现的犯罪现象的状况、结构、发展趋势等所作的判断，是制定犯罪预防战略和战术措施的重要的科学依据，有利于警方在与犯罪的斗争中掌握主动权。

（二）刑事侦查政策的类型

1. 进攻型的刑事侦查政策。早期刑事政策目的的思维定格在惩罚犯罪、维持秩序，相应手段表现为通过打击犯罪与犯罪人来恢复和重建社会稳定及社会秩序。这一点在以费尔巴哈为代表的古典刑事政策那里表现得最为明显，刑事政策成为打击犯罪的代名词，控制犯罪主要是针对已经发生的犯罪采取惩罚、打击手段迫使犯罪人不能犯罪、不敢犯罪、不再重新犯罪，体现出刑事政策目的的进攻型特征。以"专项行动"为主的刑事侦查政策属于典型的进攻型刑事侦查政策，主要是为了解决一定时期内突出的社会犯罪问题，而依法进行的打击严重刑事犯罪的活动。例如，2014 年 7 月，我国公安部部署全国公安机关开展为期半年的"猎狐 2014"缉捕在逃境外经济犯罪嫌疑人专项行动，抓捕行动扩展到近 90 个国家和地区，已抓获的在逃人员涉及 69 个国家和地区，成为国家打击经济犯罪的一项重要举措。

2. 防御型的刑事侦查政策。随着时代的进步、犯罪形势的变化和人们对刑事政策目的认识的提高，人们认识到犯罪不可能被消灭只能被限制或者控制，出现了侧重于对未发生的犯罪进行事先预防的刑事政策实证主义思想。这时的刑事政策目的论开始向预防犯罪、维持秩序的方向发展，刑事政策目的体现出防御型特征。法国著名社会学学者埃米尔·迪尔凯姆说过："犯罪是规则现象，任何一个社会都不可能不存在犯罪现象，是现代社会学

① 甘雨沛、何鹏：《外国刑法学（上）》，北京大学出版社 1984 年版，第 74 页。

的重要收获之一。”① 犯罪学以承认犯罪不可避免为其展开的逻辑起点，那么承认犯罪不可避免以及不可被消灭但可以因预防和控制而减少就应当成为刑事政策的逻辑起点。也正是由于这个原因，以防御型为主流特征的刑事政策目的论占有了一席之地。犯罪控制实际上就是通过控制导致犯罪的原因从而控制正在进行的或者可能进行的犯罪行为，控制了导致犯罪的原因也就控制了犯罪。犯罪控制也就是对犯罪进行预防和控制，犯罪不能被消灭，但可以控制。只要把犯罪控制在社会能够容忍的限度内，社会秩序就会处于相对稳定的状态，所采用的刑事犯罪的控制模式也是随着社会适时变化发展的刑事侦查政策发展演变而来的。

3. 防御型与进攻型相结合的刑事侦查政策。刑事警事实践证明，任何单纯意义上的进攻型刑事侦查政策或防御型刑事侦查政策都难以实现刑事政策的真正目的。刑事警事策略会依据刑事政策进行调整，一般是防御型和进攻型的结合，只不过防御和进攻的比重或侧重会有所不同，这种刑事警事策略可以被定义为结合型警事策略目的，即惩罚、预防、控制相结合的目的类型。

我国的公安派出所是公安机关最基层的工作单位，它与责任区刑警队共同构成公安机关“打击犯罪”最基层的实战单位。例如，1954 年第一届全国人大常委会第四次会议通过并颁布的《公安派出所组织条例》，明确“公安派出所是市、县公安局管理治安工作的派出机关”，法律赋予了派出所除户籍等管理职能之外的打击职能，但独立的刑事侦查职能不明显。2002 年 3 月公安部在杭州召开全国派出所工作会议后，全国公安机关进行了新一轮的公安派出所改革，将派出所工作重心转移到了防范、管理、打击和服务上。从我国公安派出所发展与改革的历程可以看出，在社会发展的不同阶段，根据社会的形势，公安派出所的侦查功能是不同的。中华人民共和国成立初期到改革开放之前的刑事侦查功能是不明显的，或者说法律没有赋予公安派出所明显的、独立的刑事侦查职能。改革开放以后，公安派出所的刑事侦查功能从赋予到明确，趋势十分明显。在新形势下，在强调公安派出所服务功能的同时，“打击犯罪”仍然是公安机关的主业，公安派出所也不能例外。②

---

① ［法］埃米尔·迪尔凯姆：《社会学方法的规则》，狄玉明译，商务印书馆 2002 年版，第 52 页。

② 李小强：《论公安派出所的职能演变及定位》，载《江西公安专科学校学报》2004 年第 2 期。

三、刑事侦查组织机构与犯罪问题

（一）法律视角下的刑事侦查组织机构

由于警察产生的社会背景不同，西方海洋法系的国家如英美诸国实行所谓“自治警察”；大陆法系的国家如法德诸国实行所谓“集权警察”。[①] 刑事司法独立是司法独立的重要组成部分，而警察的刑事执法是刑事司法的关键“入口”，警察的刑事执法独立是实现刑事司法独立的前提之一。在大多数欧美国家，从表面上看，警察也是以地方管理为主，但实质上，这些国家的治安警察和刑事警察是相对独立的，它们所谓的警察（Police）往往是指狭义的警察，即仅指以维持秩序（包括公共场所秩序和交通秩序）为主要职责，而很少涉及刑事执法案件或仅管辖较少的刑事案件的治安警察；刑事执法警察并不叫警察，而是称为执法人员（Law Enforcement Agent）。而且，绝大多数刑事执法警察机构都是中央直接管理的警察机构。例如，在美国，以联邦调查局、特工局和禁毒署等为代表的联邦警察的职责主要是刑事执法和保护要人，很少涉及除此以外的治安工作。

德国由于实行联邦制，刑事警察机构由联邦警察机构和州警察机构两部分组成，分别由联邦内务部和各州内务部领导，依照法律规定行使各自的侦查权，彼此不存在领导与被领导的关系，如遇工作上的矛盾与冲突，则由全国内政部长联席会议协商解决。[②]

（二）犯罪问题影响下的侦查组织机构功能变化

犯罪问题在某种程度上直接或者间接地影响着刑事警事工作的变革和发展。这种影响的表现是多方面的：刑事警察组织机构可能会因为犯罪类型的变化而进行调整。

1. 刑事侦查管理机构的功能变化。为适应社会经济形势的变化，自改革开放以来，我国警察体制进行了一系列的改革：改革派出所工作，由专职刑事执法队伍负责刑事案件，使派出所集中精力加强基层基础工作，由以破案打击为主向以防范和管理为主转移；改革刑事侦查工作，建立覆盖社会面的刑警队，实行侦审合一，落实侦查破案责任制，最大限度地发挥刑事侦查

① 夏文信：《创建公安社会学的构想》，载《江苏公安专科学校学报》2001 年第 1 期。

② 邓立军、吴良培：《中德刑事侦查制度若干基本问题之比较》，载《铁道警官高等专科学校学报》2004 年第 2 期。

部门打击犯罪的核心作用。

在我国，全国刑警分属于公安部、省（自治区）公安厅（直辖市公安局）、地级市（自治州）公安局（地区公安处）、县（县级市、旗）公安局（市辖区公安分局）四级公安机关。在公安部设有刑事侦查局；在省级公安厅（局）设有刑侦（警）总队；在地级公安局（处）设有刑侦（警）支队；在各县级公安局（分局）设有刑侦（警）大队。

上级刑侦部门对下级刑侦部门在业务工作上负有指挥、指导、协调的职责。公安部刑事侦查局分工管辖危害公共安全、侵犯公民人身权利、侵犯公民财产权利等刑事案件，主要职责是：掌握刑事犯罪动态，收集、通报、交流刑事犯罪情报，研究制定预防、打击对策；组织、指导和监督地方公安机关打击刑事犯罪的侦查办案工作；承办上级交办案件；制定刑事技术、刑侦信息工作的发展规划，组织刑事技术、刑侦信息技术推广应用，为重大疑难刑事案件提供技术和信息支援等。

随着社会经济的发展，人、财、物的流动性不断增大，犯罪的流动性、跳跃性、复杂性也随之日益增大，在处置各种突发事件、打击严重暴力犯罪、侦破经济犯罪、堵截各种重大逃犯的过程中，都需要跨地区警力资源的协作。

2. 由于刑事犯罪随行业的兴衰而消长，刑事侦查机构的功能亦随之或新增或变化。在我国，随着改革开放以来国民经济的高速发展，经济领域的犯罪问题与日俱增，且案情日趋复杂，为应对经济领域犯罪问题的新变化，各地公安机关为加大对经济犯罪的打击力度，而对公安工作的组织机构进行必要的调整，先后从公安各业务单位抽调刑事侦查民警，组建经济侦查机构。

四、刑事侦查运行机制与社会犯罪问题

（一）刑事犯罪打击机制因犯罪活动特点的变化而改革

所谓刑事犯罪打击机制是相对于长期以来刑事侦查机关在打击犯罪方面采取的传统的模式、方法而言的，其本质是在研究掌握当前和今后一个时期内刑事犯罪规律特点的基础上，建立健全符合现实打击犯罪工作需要的一个工作体系，其中应包括警务理念、工作模式、打击手段等诸多内容，目的在于提高刑事侦查机关打击犯罪的能力及效率。

刑事犯罪是社会消极因素的综合反映，随着社会环境的发展变化，不安定因素和防范控制能力此消彼长，其规律特点和形势不断发展变化。以街面

犯罪为例，近年来，由于城市街面人、财、物流量增加，作案人往往会越来越多地将抢劫地点选择在街面。有资料显示，在一些城市中，“两抢”犯罪已经占到刑事案件的60%。[①]“两抢”案件是对在街面、交通要道、公共复杂场所等路段实施抢夺、抢劫案件的总称，其和盗窃案件一起占当前侵财类犯罪案件的90%以上，成为影响社会治安和群众社会安全感的主要因素之一。[②]

采用便衣侦查打击街面刑事犯罪，国内外的许多成功经验已经给了我们诸多启示。犯罪心理学的研究资料显示，一般情况下，便衣警察与着装警察的威慑控制力之比是10∶1，违法作案人对便衣警察的畏惧心理大大超过公开着装的警察。[③]

有时犯罪活动亦会随行业的兴衰而消长。随着经济社会的发展，新的领域、新的行业逐一出现，由于管理防控跟不上，便很快就有相应的犯罪类型出现。例如，随着市场、建筑业、托运业的兴起，黑恶势力也随之衍生，而且随着打击力度的增强和防控机制的健全，逐渐向黄赌毒、高利贷、非法讨债等行业发展；随着汽车社会的到来，盗抢汽车犯罪越来越多；随着互联网络的发展，网络诈骗、短信诈骗又成为当前新的犯罪热点，其他如信用卡犯罪、计算机犯罪等新型犯罪都是随着相应行业的发展而衍生的。警方的刑事侦查机制往往会根据犯罪活动的变化而进行相应的调整。

（二）刑事侦查工作重点因犯罪活动的社会负面效应而聚焦

在现代社会，除了专门的国家机关监督外，舆论也是一种力量，具有强大的社会影响力。[④]

1. 重视破大案，源于社会负面效应聚焦。从某种角度来讲，成功侦破大案是稳定社会治安、增强公众安全感的“定心丸”。公众对犯罪（特别是暴力犯罪）的回应经常是一种惩罚性的态度。[⑤]刑事侦查成功破获大案、要案，公众就会对警方的工作给予肯定，反之，就会出现褒贬不一的社会舆论

---

① 刘持平：《打击“两抢”犯罪的实践与思考》，载《公安研究》2005年第12期。

② 杨宗辉：《刑事案件侦查实务》，中国检察出版社2011年版。

③ 孔宪明：《建设城市公安便衣行动队的思考》，载《公安研究》2005年第7期。

④ 黎慈：《媒体对刑事侦查活动的监督及其限度》，载《北京人民警察学院学报》2009年第9期。

⑤ ［英］朱利安·罗伯茨：《解读社会公众对刑事司法的态度》，李明琪等译，中国人民公安大学出版社2009年版，第183页。

氛围，进而可能影响警方的工作士气。通过侦破重特大刑事案件，能够有效展示警方的刑事侦查和维护社会治安的决心，有时甚至会成为警方最好的宣传载体。警方借此会通过一些大众传媒等沟通手段开展宣传，树立形象，实现与社会公众的良性互动，争取公众的理解与支持，优化刑事执法环境。

另外，由于侦查资源的稀缺性，不可能对侦查活动进行无限制地投入，必须对侦查过程中所能投入的有限资源进行合理配置，以期以最小的投入获得最大的产出，实现侦查效益最大化。[①] 以凶杀案为例，杀人是侵犯人身权利最为严重的犯罪，其社会危害性极大，不仅直接导致被害者本人的死亡或伤残，还会给被害人的家庭造成极大的痛苦。与此同时，对社会心理也会造成严重威胁，极大地降低人民群众的安全感。我国在《关于刑事侦察部门分管的刑事案件及其立案标准和管理制度的规定》中明确规定：杀人致死或致重伤的，应列为重大案件；一次杀死、杀伤数人或持枪杀人，杀人碎尸的应列为特别重大案件。[②] 因此，对于杀人案件（俗称命案），警方一般都要将其纳入工作重点，集中投入优势资源进行侦查。

2. 重视破小案，亦源于社会负面效应聚焦。所谓的“小案”，是相对于杀人、放火、爆炸、劫持、绑架、抢劫、强奸、伤害等严重暴力犯罪案件而言，主要是指盗窃、诈骗等多发性侵财案件。“小案”案值小，就个案来说，对社会整体治安形势危害、影响也不大，这种状况往往会造成警方的刑事侦查人员对于小案侦破工作重视程度不够，进而影响“小案”的侦破工作。但是，这类案件占到全部刑事案件立案数的绝大多数，涉及面广，数量大，且每起案件都与社会公众切身利益密切相关，对于受害者来说不是“小案”，直接影响到社会公众对整个社会治安状况的安全感和满意度。因此，警方针对“小案”亦会开展一些专项行动，如专项打击扒窃拎包、专项打击入室盗窃等。

对于普通群众来说，他们的一生可能只遇到一次不法侵害，绝对是人生中的一件大事，或者说是不寻常的经历。他求助警方帮助解决问题，保护自身的利益，如果警方漠视不管或者办事拖拉，那么他对警方办案形成的负面印象可能是终生的，并可能产生辐射效应，把他的负面认识传播到他的亲友当中，给警方带来负面影响，进而可能影响警民关系。反之，如果警方积极努力帮助破案，做好有效的解释工作，那公众对警方工作的评价又是另一种

---

① 于明：《刑事侦查的成本收益分析及其理论应用》，载《上海公安高等专科学校学报》2009 年第 4 期。

② 杨宗辉：《刑事案件侦查实务》，中国检察出版社 2011 年版，第 29 页。

态度。同样，这种态度也会产生辐射效应，可能带来的是警民关系的改善。

（三）刑事侦查合作机制因犯罪活动的新特点而不断完善

随着当今世界社会经济的高速发展，人口流动不断加速，犯罪活动跨区域、跨国境流动的趋势愈加明显，对此警方为适应社会形势发展，也在不断完善旨在打击跨区、跨境犯罪的刑事侦查合作机制。跨境犯罪是指犯罪发生在两个以上国家和地区的犯罪，其实质是犯罪活动在地域上的扩展和延伸。传统的国际警务合作往往都是通过国际刑警组织或外交渠道进行的。国际警务合作是跨越国界的警察事务交流，是指不同国家的警察机关根据法律和国际公约相互提供援助，以惩治跨国犯罪、维护国际秩序的执法行为。① 狭义的国际警务合作仅指各国间围绕案件侦查进行的合作，包括通信联络、交流犯罪情报、协查办案、联合侦查、通缉和拘捕入境的逃犯、调查取证、传递法律文书以及处理公民的紧急求助等，主要是在案件侦查的阶段进行合作。广义的国际警务合作则包括各国警察部门间开展刑事司法协助的全部内容，如委托他国警察机关办理诸如境外调查、司法文书送达、证人出庭作证等跨国事务。② 在不断加快的全球化进程中，犯罪呈国家化、组织化和智能化趋势发展，交通运输业和信息网络业的发展也促使了国际型犯罪活动趋于复杂，为适应犯罪发展的新特点，国际刑警组织充分利用现代科技成果不断完善其资源体系建设，为各成员国有效预防和打击各种犯罪构建起及时、高效、统一的合作平台。

加强侦查信息的沟通，通过信息的共享和交流来奠定侦查协作的基础；深入研究和制定合适的侦查协作制度，根据新形势下侦查工作和刑事犯罪的新规律、新特点，创新侦查协作的新模式。③

五、刑事侦查技术与犯罪问题冲突下的双向互动

传统的侦查手段，诸如调查访问、现场勘查等往往会消耗较多的人力、物力等资源，不仅效率较低，且难以适应当今犯罪的高科技化发展趋势。因此，刑事侦查技术在指引刑事侦查破案方向、准确锁定犯罪嫌疑人、为案件审理提供公正客观的法律依据等方面都起着不可替代的决定性作用。同时，

① 向党：《涉外警务》，中国人民公安大学出版社 2004 年版，第 263 页。

② 孔晓溪：《加强和完善我国国际警务合作机制的探讨》，载《时代报告》2012 年第 6 期。

③ 秦建军：《全面加强刑侦工作》，载《中国刑事警察》2004 年第 4 期。

刑事侦查技术因犯罪活动的新手段而不断改进。如当前犯罪手段出现智能化、技术化、网络化的发展趋势，为应对犯罪活动的新变化、新趋势，全球各国警方都加大了对先进技术的投入力度，在犯罪活动相对集中的城区建立起先进的指挥中心、智能化的防范和监控技术系统、情报信息数据库及查询系统等，从而提高了警方应对犯罪的科学技术水平和能力。

（一）刑事侦查技术面临的几点问题

1. 刑事侦查技术面临着违法犯罪总量不断增多、工作任务不断加重的巨大压力。当前，由于多种因素的综合作用，刑事犯罪总量成倍增长。刑事犯罪的动态化、暴力化、智能化、组织化、职业化趋势越来越明显，杀人、抢劫、伤害、爆炸、绑架、投毒等刑事犯罪活动危害严重，盗窃等多发性侵财犯罪居高不下。随着各种违法犯罪活动的增多，刑事侦查机关对现场勘查和检验鉴定的需求大幅度增长，刑事侦查技术部门承担的任务越来越繁重。

2. 刑事侦查技术工作面临着犯罪方法手段不断升级、工作难度不断加大的严峻考验。近年来，刑事犯罪领域不断扩大，新的犯罪形式和犯罪手段层出不穷，犯罪分子的反侦查意识越来越强，侦查破案必须更多地依靠各种现代科学技术，刑事科学技术工作面临着新的考验。

3. 刑事侦查技术工作面临着执法环境发生新变化、工作要求越来越高的迫切需要。随着国家法制建设的逐步完善，法律法规对办案程序和诉讼证据的规定越来越细致、要求越来越严格。同时，社会各界和社会公众对警察执法活动的透明度和合法性、公正性要求也越来越高，监督力度不断加大。比如，在对非正常死亡事件的现场勘查和检验鉴定中，如果工作不规范、不到位，就有可能引起公众的质疑，加上处置不当，就有可能被炒作成社会热点问题，甚至引发群体性事件。

（二）刑事侦查技术的发展趋势

1. 刑事侦查技术随社会科技发展而进步。随着自然科学、电子信息技术和计算机技术的迅猛发展以及新型犯罪手法的陆续出现，刑事科学技术领域也相应产生了新手段、新方法，包括 DNA 检验、微量物证检验、图像处理、心理测试、声纹检验、电子物证等；刑事科学技术信息系统也得到不断研发和应用，如指纹系统、DNA 数据库、枪弹自动识别系统、现场勘验系统、技术管理平台等。这些都直接影响现场侦查工作的效能，是有效打击和惩治犯罪的决定性因素。

2. 刑事侦查技术程序受社会法治化进程影响而愈加规范。刑事侦查技术靠的是一整套严谨规范的程序来运作。警察各项执法勤务活动要严格按照规范的标准和程序来完成，规定的工作流程和应对措施要具体细致、切合实际。

3. 刑事侦查技术应用随刑事警察职业化、社会化发展而提高。刑事侦查技术的普及应用，客观上带动了警方对于刑事侦查技术高素质人才的培养，更加重视警察职业意识教育。普及化与专业化相结合，是刑事侦查技术人才培养的一大显著特征。

第七章　网络警事

1969年，美国加州大学、犹他大学和斯坦福研究院的四台计算机按照分组交换的原理连成了一个网络，从而开始了互联网短暂而激动人心的发展历程。目前，世界各国都致力于各自的信息化建设，而互联网则嬗变为人类共有的神经系统。随着网络化生活和大数据分析日益成为社会生活的“新常态”，网络犯罪、网络警事也迅速进入日常生活和研究视野。本章将从网络发展中的犯罪现象出发，分析界定网络警事的基本概念和主要类型，并以此为基础对各类网络警事进行社会学阐释。

第一节　网络警事概述

互联网将人类带入了信息时代，催生了数字化生活方式，同时也衍生了网络犯罪现象。网络犯罪和网络警察相伴而生，而网络警事却是一个比较宽泛的概念。为此，有必要厘清网络警事的概念并对其进行类型学研究。

一、互联网与网络警事

（一）网络发展中的犯罪现象

自诞生之日起，互联网就被市场机制纳入运营体系，成为重要的财富增值手段和日常生活工具。在网络发展过程中，计算机犯罪从无到有且增幅巨大，网络越轨连年翻番且危害无穷。例如，美国战略与国际问题研究中心（CSIS）2014年6月9日的一项报告称，网络犯罪以其不断增长的态势，对全球贸易、竞争和创新都造成了巨大打击。据统计，网络犯罪每年给世界经济带来的损失约为4450亿美元。受网络犯罪打击最严重的当数美国、中国、日本和德国，每年遭受的经济损失高达2000亿美元。其中，因个人数据（如信用卡数据等）被盗而造成的经济损失估计为1500亿美元。就美国而言，共计约有4000万的美国人（占到总人口的40%）曾受到过黑客攻击，成为个人信息被盗的受害者。CSIS 的研究员吉姆·刘易斯（Jim Lewis）认为，“网络犯罪就如同为创新施加了一项税收，它会剥削创新和投资行为的回报，从而降低创新者和投资者的积极性。如此一来，全球的创新步伐就会逐渐缓慢”。①

在我国，网络犯罪也是连年高发，受害人的规模和涉及的金额都十分巨大。据赛门铁克公司发布的诺顿安全报告，2011 年 7 月至 2012 年 7 月，中国有超过 2.57 亿人成为网络犯罪受害者，直接经济损失达人民币 2890 亿元。同一时期，被网络犯罪侵害的在线成年人达 72%（即每天有超过 70 万名中国网民遭受网络犯罪的侵害，每分钟有 489 名受害者），平均每位网络犯罪受害者蒙受的直接经济损失达到人民币 1126 元。网络犯罪的主要类型有网络诈骗、网络传销、网络色情、网络钓鱼、网络赌博、网络贩毒、网络贩枪、网络贩卖人体器官、网络非法集资、网络黑客攻击、网络贩卖假药、网络贩卖公民个人信息、网络敲诈勒索、网络传授犯罪方法、网络贩卖爆炸物品、网络贩卖剧毒化学品、网络拐卖人口、利用网络制造传播谣言、利用网络散布虚假恐怖信息以及利用网络窃取、泄露国家秘密等。②

（二）应运而生的网络警察

网络警察因网络犯罪而生并迅速发展起来。他们是具有高超的计算机网络技能，肩负防止和惩治网络犯罪职责的一个特殊警种。

一段时间以来，许多国家和地区纷纷设立网络警察机构，以应对和打击各种网络犯罪，防止黑客入侵，保护网民和社会安全。在美国，联邦调查局纽约分局于 1994 年成立了刑事 37 班（简称 C-37），通常称为网络警察。德国的第一位网络警察是卡尔海因茨·默韦斯，他在 1995 年成立了一个打击高科技犯罪工作小组，1997 年底被升格为局，其职责是在互联网上执行巡逻任务，追查各种形式的网络犯罪。在英国，伦敦警察局犯罪部专门设有从事计算机高科技犯罪侦破工作的网络警察，虽然寥寥数人，但极具权威，效率很高，已发展成为整个欧洲侦查网络犯罪的信息中心。20 世纪末，西方七国警察和司法机构达成协议，建立一个全球范围的网络警察组织。时任美国司法部部长珍妮特·雷诺提出，各国要采取独立于各成员国司法机构之外的统一行动，缉拿那些经常侵入军事机构和国家机要部门的计算机“黑

① 《报告称网络犯罪致使世界经济每年损失 4450 亿美元》，中国网，http://news.163.com/14/0611/14/9UFF49F100014JB6.html。

② 《2012 年中国互联网违法犯罪概况与特点》，中国警察网，http://special.cpd.com.cn/n15549540/n15549592/c15554725/content.html。

客”，调查在互联网上散布儿童色情的人，监视恐怖主义组织之间的联系。

我国于 1998 年正式成立了公共信息网络安全监察局，网络警察随之诞生，其职责是对互联网进行监察和管理，打击网络违法犯罪。2007 年 9 月，公安部在总结、推广深圳经验的基础上，统一部署 150 多个城市公安机关开展了互联网依法公开管理工作，5 万多个网站推出“虚拟警察”“报警岗亭”，在网上进行巡逻。自此，网络警察从幕后走到台前，开始接受社会报警求助，公开履行打击网络违法犯罪，维护网络治安秩序职能。

（三）从网络警察到网络警事

与日新月异的互联网发展一样，网络警察出现虽晚但成长极快。美国国防部副部长哈姆雷曾向国会的特别委员会宣布，“我们正在进行一场电脑战争（Cyber War）”。由于网络犯罪涉及范围广、技术含量高，不仅涉及传统的小偷小摸、大窃大盗，而且可能危及全社会的交通、电力、供水、通信、供气等基本生活系统，甚至涉及军事、金融和科研机密等国家安全问题，因此各国各地区都把打击网络犯罪提升到国家安全的战略高度，并将之作为整个公安工作的重中之重。

近年来，在网络警察的基础上出现了网络警务模式，逐渐丰富了互联网时代的警事样态。如果说网络警察是相对于网络犯罪而设立的现代警种，那么网络警务则是与现实警务相对应的网络化警事形态。初期的网络警务，就是把警局的各项业务同构在互联网上，通过现实警务的“上线”形成面向社会的窗口和平台，一方面使各项警务工作获得了强有力的信息支撑，另一方面减少了办事成本，提升了警务水平。随着网络警务工作的深入开展，逐渐形成了一些独立的网络警事系统，如我国的十大应用门户即网上办事事项管理及审批系统、网民应用查询系统、视频恳谈系统、短信工作及业务处理提醒系统、实名认证系统、在线支付系统、预约系统、阳光执法系统、综合管理系统、网上咨询系统。从更深层次来看，网络发展不仅会促生网络警察，也不止于将现实警务搬上互联网，其根本意义在于重构警事流程和警务模式，最终实现警事的信息化转型。

二、网络警事及其分类

（一）网络警事的基本概念

所谓网络警事，就是网络涉警之事，有狭义和广义之分。狭义的网络警事仅指针对网络犯罪的涉警之事，广义的网络警事还包括“网上警局”等所有警务活动和涉警事宜。事实上，网络警事是应对网络犯罪的一种当代警事形态，也是现实警事的网络化呈现，更是信息社会的警事模式再造。

网络警事是应对网络犯罪的一种当代警事形态。有犯罪就有警察，有警察就有警事，但警事的形态是与时俱进的。随着计算机网络对全世界的几乎无缝覆盖，网络犯罪也遍布全球并呈现出高智商、高损害的“两高”特征。同时，由于传统犯罪向网络领域加速渗透，如网络诈骗、网络盗窃和网络色情等，使得网络犯罪日益多发和常态化。在这种情形下，网络警事就成为应对网络犯罪的一种当代警事形态。有人说，随着网络犯罪的激增，给每一个警察发一枚徽章、一把枪和一部便携电脑的时代即将来临。

网络警事是现实警事的网络化呈现。当今社会，不会使用网络的人会被视为落伍，未被互联网改造的行业几乎无法生存。从这个意义上说，对警察的基本要求就是会上网，而对警察机关的最低要求就是能上网办事。这样一来，网络警事就成了现实警事的网络化呈现。目前，我国公安机关建设的“网上公安局”，实质上正是在构建这个意义上的网络警务。具体而言，就是“在信息社会和网络环境条件下，利用互联网为主要载体，依托信息网络技术开展各项警务活动，以警务信息资源整合和应用为核心，以网络化警察队伍为主体构建的集信息公开、便民服务、互动交流等多功能于一体的互联互通、高度共享的警务信息网络平台。它具有全时空、直达式、交互性、虚拟性的特征，突破了传统警务工作现实时空的界限，拓展了公安机关服务职能的深度和广度，是警务工作从现实社会走向虚拟社会的‘网上公安’新模式”。①

网络警事是信息社会的警事模式再造。其实，网络警事绝不是应对网络犯罪那么单一化，也不是“网上公安局”那么表层化，它是信息社会的警事模式再造。近年来，我国多地公安机关的信息化建设迅猛发展，如浙江省台州市的公安信息化建设几乎覆盖了所有的业务工作，再造了公安业务流程，同时也带动了网络警务等新兴警务模式的快速发展。从这个角度理解的网络警事，应该是“利用现代信息技术和计算机网络进行的警务活动方式，并配合以组织、人才、机制等创新的综合警务创新模式，是在现代通信技术和计算机网络环境下的一种全新的现代化的警务模式”。②

---

① 方圆：《网络环境下我国警务改革路径探析》，载《吉林公安高等专科学校学报》2012 年第 3 期。

② 詹肖冰：《网络警务：警务模式的改革创新——以台州市网上公安局为研究样本》，载《中共浙江省委党校学报》2012 年第 4 期。

（二）网络警事的主要类型

基于对网络警察、网络警务的不同理解，会产生网络警事的不同分类方法。比如，根据我国网络警察的法定职责，可以将网络警事划分为行政管理、安全防范、犯罪侦查、信息收集。魏永忠认为网络警务并不是虚拟公安，而是信息时代公安机关履职的崭新形态。以此为基础，他把网络警务的内容归纳为五个方面，即网上警务公开、网上信息管理服务、网上打击违法犯罪、网上治安管理防范、网上对敌斗争。① 根据本章的理解，可以将网络警事归纳成三种主要类型：

其一是网上警务，即公安机关为方便群众办事，利用互联网进行网上办事所开通的专用警务网站。现实中，有些网站亦称“网上派出所”，一般会设立警务公开、警情发布、业务咨询、表格下载、防范指南、线索举报、失物招领、报警求助、警民互动、法律解答、警察风采、警务监督等栏目功能。通过网络，市民可以随时和社区民警进行交流，可以及时反映辖区治安问题，同时也能及时了解辖区治安情况，有针对性地做好防范。同时，通过网络还可以对公安工作进行网上警务监督。更高层次的网站是“网上公安局”，它将实体公安工作职能逐步向网上公安局转移，最终实现网络、实体两套公安服务系统相互配合，共同为群众提供服务。

其二是网络空间警事，即在网络空间（Cyberspace）界域内发生的涉警之事。在网络空间中，如果有人利用计算机技术对网络系统的完整性或正常运行造成损害，或被认为出现了越轨和侵犯行为，则可能引致涉警后果。由于这类过错行为仅限于以计算机网络为侵害对象并且发生在网络空间内，因此无论罪错行为还是罪错结果均在互联网络中完成，相应的警事规则也与现实社会有所差别。

其三是网络社会警事，即在网络社会环境中，以互联网为工具的犯罪行为所引发的涉警之事。此时，计算机和网络已不再是侵害对象而是犯罪工具，所引致的警事后果也要以现实社会的法律规定和判定标准为准绳。事实上，网络犯罪几乎涵盖了现实犯罪的所有类型，是当代犯罪行为的集中体现。相应地，网络犯罪警事也是当代警事的先锋形态。

① 魏永忠：《网络警务概论》，中国法制出版社 2013 年版，第 11-13 页。

三、社会学视野中的网络警事

（一）网络警事与社会秩序

乌尔里希·贝克（Ulrich Beck）曾提出风险社会概念，认为科学在被普遍化的同时也被神秘化了，在技术理性的扩张之下风险生产日益取代财富生产。近年来，有人将风险社会理论运用于虚拟世界，称互联网是一个点击中的风险社会。有研究者指出，“风险社会的根源不能仅仅从网络的发展来理解，但是，网络时代的到来无疑是风险社会的催生婆，从实际的历史进程看，风险社会是网络时代不可避免的历史后果”。[①] 从这个角度看，网络警察首先要面对的就是各种风险行为，而网络警事的基本功用就是尽可能地降低网络风险，以促成网络社会的有序化。在虚拟世界中，人的主体性已经被赋予了某些新内涵，他们要借助对网络的技术性体验去形成一种关于这种新生活的网络新秩序。或许可以说，我们正行进在从虚拟风险走向和谐网络的路上，而网络警事就是对通向理想彼岸的有效保护。

功能主义认为，社会是一个有机整体。这就是说，维护社会秩序的目标追求要求我们不仅要达成现实社会和谐，虚拟世界也应该是和谐的。从复杂性社会学理论出发，网络和谐并非天然、本真的存在，它是被一系列网络技术和理性方式“生产”出来的。换言之，“它不是通过自发的发生（genesis spontanea）形成的”，而是由虚拟实践主体及其主体间的复杂性互动构造出来的。从一定程度上说，这既是网络“生活的生产”的结果，也是虚拟技术“生产的生活”的结果。[②] 因此，和谐网络是和谐社会的重要内容——网络有序化也是社会秩序的题中应有之义。在这个并存和共生的新视点中，虚拟社会是与现实社会并存的人类社会存在的新形式，是现实社会主体以虚拟存在方式在计算机网络中开展活动，相互作用构成的社会关系体系。此时网络警事所面对的应该是网络生活与虚实和谐共生思想之间的某种张力。

（二）网络警事的多元立场

在现实社会，警事中的“第一立场”应该是国家和政府，这是警察的职责所在也是其行为的逻辑起点。这样，警察在维持社会秩序中的作用总是与社会分层相关联，而警事也多与调处社会冲突有关系。在虚拟社会中，互

---

① 庄友则：《网络时代与风险社会》，载《淮阴师范学院学报》2004 年第 4 期。

② 唐魁玉、何明升：《虚拟和谐：网络社会系统的一种理想状态》，载《黑龙江社会科学》2009 年第 3 期。

联网作为一个多主体交互平台已超出了“私”的范畴，网络行为不仅仅是网络空间的狂欢，而且对整个社会生活造成了直接影响，必须顾及公共利益和社会秩序。因此，网络警察的国家立场也是具有正当性的，其在网络警事中仍具有法定职责。另外，由于网络秩序的自组织性极强，网络治理也要依赖一个特定的多元治理结构来实现，所以多元立场的互动就成为网络警事中的重要内容。这一点，更加符合科塞冲突论的两个论点：其一，冲突是一种社会过程，它对于社会结构的形成、统一和维持起到一种积极作用；其二，冲突可以激励社会革新，导致社会变迁。

在网络警事中，多元立场互动会形成一种特定的关系结构，这是达成警事目标的组织基础。在这个多元权力结构中，网络秩序的维护不仅限于警察职能，还包括其他权利主体以及网络自我组织，并且在宏观上表现为多元主体以多样化形式进行的立场协调过程和网络有序化状态。由于网络警事的多元权力结构能够在相互作用中产生协同效应，因而比现实警事结构具有更大的功能优势。基于这种权力结构，防止越轨和打击犯罪仅仅是网络警察工作的一部分，其终极目标是形成一种承认、保护和促进自主性网络秩序的大环境。同样，网民、网络组织在防止越轨和打击犯罪中的协同作用也仅仅是一个方面，其进化目标是通过自我完善形成高水平对话能力和高效自组织能力。虽然警事过程中也会出现引导行为，但要基于共同准则的相互性逻辑，各类网络主体要平等对待不同诉求、规范参与纠纷调处、理性解决网络警事问题。

（三）网络警事中的意义和理解

互联网是一个高技术符号交换系统。按照符号论者如米德或者控制论者如维纳的观点，人与人之间的沟通是人类社会最根本的基础，以至于社会“只能通过研究信息和通信工具来认识”，而人也成了“一种通信存在性”。[①] 由于社会由相互沟通的社会成员整合而成，因此互联网这一巨型沟通工具就成了推动人类生活进步的革命性杠杆。人们利用这一巨型沟通工具，可以有选择地进行人对群、群对群、群对人的互动，从而实现了点面交织的网状沟通。这样，人类就由实态生存演进为虚实兼在的生活样态，从而奠定了虚拟社会的技术基础。以此为基础的网络警事，不可避免地要建立在“意义”和“理解”这一稍显复杂的社会过程之上。

“意义”是指观念或知识之间的非任意的和实质上的联系，而意义建构

① ［荷兰］E. 舒尔曼：《科技时代与人类未来——在哲学深层的挑战》，李小兵译，东方出版社1995年版，第13、177页。

则是符号的能指与所指之间建立关联的过程。所谓能指是符号内容的表达面，所指是符号的内容面，所谓意义建构就是在能指与所指之间建立起关联，二者结合在一起便构成了“意指”符号。能指与所指之间没有必然的联系，二者之间存在任意性，二者之间的关联由社会关系来确定。符号互动论认为，意义并不先天地存在于事物的自然属性和物质属性之中，而是在流变的历史语境中被界定、争夺、建构起来的。① 依此来看，网络警事相关者会在一定的情境下根据自己已有的观念、知识或认知对特定事件进行主观性“定义”和阐释。与此相关联的，则是对“意义”的“理解”和“释义”的过程。通过“理解”和“释义”，网络警事相关者能够分享各自的理解，进而形成一个共同的符号共享系统。

与现实警事不同的是，网络是一个“人人都有麦克风，个个都有发射器”的互动平台，这使得原本处于话语弱势地位的大众个体获得了巨大的话语权。因此，网络警察的权威性、公信力以及主导能力都遭到了前所未有的挑战。这不仅要求网络警察要像现实警察那样训练有素、熟知法律法规，还要求其熟练掌握网络生活中特有的语言系统和沟通技术。尤其重要的是，网络警察要深谙网络警事的发生、衍化规律，对各种网络事件的阶段性特征和转折性节点了然于胸，并且具有事前判断和事后追溯的能力。

第二节　网上警务

网上警务包括网上警务室、网上公安局、公安微博等多种形态，它们是现实警务的网络化呈现，并且在与时俱进中构建了一系列远程警务方式，带来了警务流程的创新和再造。

一、警务的网络化呈现

（一）方便快捷的网上警务室

据有关报道，我国最早尝试建立网上警务室的是上海市闵行区塘湾派出所和哈尔滨市道外区东莱派出所。2007 年 6 月 1 日，塘湾派出所建立了紫竹园区“网上警务室”，设置了警务室简介、为民服务、网上预约、警方提示、通知通告、群防群治、警务室邮箱、法律法规 8 个专栏，涵盖互动交

① ［法］罗兰·巴尔特：《符号学原理》，李幼蒸译，中国人民大学出版社 2008 年版，第 22-41 页。

流、信息发布、在线答疑、法律法规查询等各个方面的社区警务工作。[①] 2008年11月24日，东莱派出所开通网上警务室，设置了警情通报、防范常识、举报咨询、服务指南、法制快餐5个栏目，辖区居民或在辖区网吧上网者既可通过网上警务室查询，也可通过QQ、电子邮箱等渠道与民警进行直接沟通。[②]

从发展过程来看，网上警务室的出现主要是解决“办事效率”问题，它源于“方便群众办事”的朴素意愿。例如，塘湾派出所的基本想法是，依靠科技力量解决警力不足、服务不到位的矛盾。运行一年后，紫竹园区网上警务室取得了良好效果，为园区企业提供了高效、便捷的服务。工作、生活在园区内的企业高管和白领都表示，网上警务室让他们与民警有了“零距离”交流，是熟悉法律、了解警察的窗口。东莱派出所将网上警务室视为改进警务模式、创新服务举措的尝试，刚刚启动就让刘女士体验到了便利，她通过QQ向民警咨询了相关的落户政策。

目前，网上警务室已在国内普遍化，但有关内容多出现在新闻报道中，学界并无规范定义和深入研究。王世卿认为，网上警务室“是以互联网为载体，以信息技术综合应用为支撑，以本社区内用户和进入互联网警务社区的网民为服务对象，为其提供综合性警务服务的虚拟网络警务工作社区，是对传统社区警务工作信息化的再现和延伸”。其主要作用是，“提高警务工作和信息传递的效率，扩展传统社区警务工作模式的时间和空间，降低警务服务活动成本，推动警民关系和谐发展”。[③] 网上警务室实现了警民无缝交流，一定程度上打通了警民沟通的“最后一公里”。

（二）全功能覆盖的网上公安局

在警事实践中，网上公安局“是一级公安机关（局）效仿实体公安机关机构、功能、事权等，以互联网为载体，以信息技术综合应用为支撑，将实体公安机关中与老百姓有密切联系、能够形成互动、可以公开办理的公安业务——办事、服务、管理、对话、监督、宣传等在网上全方位再现和延伸，形成与实体公安局相应的具有超时空特点、实体化运作功能的互联网公

① 《网上警务，让世博更精彩》，上海市闵行区人民政府官网，http://www.shmh.gov.cn/shmh/zwdt-gaj/20180717/169142.html。

② 《黑龙江省首个网上警务室亮相东莱派出所》，哈尔滨新闻网，http://www.hlj.xinhuanet.com/xw/2008-11/25/content_15006630.htm。

③ 王世卿：《网上社区警务室略论》，载《中国人民公安大学学报（社会科学版）》2010年第2期。

安局”。[1] 周伟、张海鹏、梁前认为，网上公安局具有三个特性[2]：一是互动性，提供各种与群众互动交流的栏目和渠道，倾听群众的心声、回答群众的咨询、受理群众的申请、解决群众的诉求、接受群众的报警，利用好信息化手段，为加强警民联系，增进警民沟通理解，构建和谐警民关系，提供新的桥梁和纽带。二是即时性，通过各种方式及时提醒管理者和值班员，确保能立即收到群众的咨询、留言、申请、诉求、报警，及时组织专人解答或处理，并将相关信息迅速反馈给群众。三是引导性，及时发布警方动态、推行警务公开、宣传公安工作、展示公安形象，通过各种方式引导公众舆论，提高群众满意度，引导群众积极协助公安机关打击犯罪、维护社会稳定。

陈棉权根据台州市网上公安局的建设经验认为，这不是对传统公安网站的修修补补，而是在理念、内容、形式等方面的全方位升级。从理念上看，网上公安局“坚持‘以人为本、服务优先’，把百姓最关注的服务办事、阳光执法、警民恳谈及重大事项发布等内容放在最显著位置，而把公安宣传和警营展示等内容放在次要位置，让群众在享受服务和互动中提高对公安机关的认知，在潜移默化中提升对公安工作的满意度”。在具体内容上，网上公安局“将与老百姓有关的全部公安业务，在不违反法律规定、保密要求和个人隐私的情况下，全部上网向社会公开，同时实现与老百姓的全程互动”。就形式而言，网上公安局“实现了网上办事、网上互动、网上管理、网上咨询、网上查询等诸多服务，成为‘全球移动’的贴身公安局”。[3] 可见，除按规定必须本人亲自到场的事宜外，网上公安局可以让群众在足不出户的情况下办理警方所有服务项目，实现了全功能覆盖和全方位延伸。

（三）与时俱进的公安微博

微博即微型博客（Micro Blog），也叫一句话博客，是基于用户关系的信息分享、信息传播、信息获取平台。用户可以通过 WEB、WAP 等各种客户端组建个人社区，以 140 字以内的文字更新信息并实现即时分享。微博注重时效性和随意性，能表达出每时每刻的思想和最新动态。最早也是最著名的微博是美国的推特（Twitter），2009 年 8 月新浪推出“新浪微博”内测版，

---

① 陈棉权：《把麻烦留给自己 把方便让给百姓——台州市网上公安局建设调研报告》，载《浙江警察学院学报》2011 年第 5 期。

② 周伟、张海鹏、梁前：《“网上公安局”的建设和管理工作探讨》，载《广西警官高等专科学校学报》2011 年第 3 期。

③ 陈棉权：《把麻烦留给自己 把方便让给百姓——台州市网上公安局建设调研报告》，载《浙江警察学院学报》2011 年第 5 期。

成为中国第一家提供微博服务的门户网站。随着微博在网民中的日益火热，在微博中诞生的各种网络热词也迅速走红网络，微博效应正在逐渐形成。

根据廖建春的定义，公安微博“是指公安机关或者民警以真实身份在网站上开设的，基于粉丝关系，分享、传播以及获取信息的网络平台”。它具有三个基本特征：“首先，微博主体需具有真实、公开的公安身份；其次，微博的内容需以公安业务为主要内容；最后，公安微博工作方式主要在网络上利用微博针对网民展开相关活动。”① 从本质上看，公安微博反映了我国网上警务与时俱进的时代特征，是我国公安工作的一次思想解放和行动自觉。

2010年2月24日，广东省21个地级市及省公安厅的官方微博相继开通，到5月11日，全部完成认证并在网上建立起了全国第一个公安微博群。此后，公安官方微博、警员个人微博遍地开花，网友称其为“微博110”。② 通过公安微博，可以对公众关心的热点话题进行联动发布，使信息在最短时间内及时转发和共享。如广州市公安局第一时间在公安微博上发布了“暴雨中失踪的清远来穗女大学生”一事的最新情况，并及时发布后续调查进展。这样，就使警方声音在第一时间被网民读取和播报，避免了误读和谣传。

二、“脱域”与远程警务

（一）互联网的“脱域”逻辑

吉登斯的“脱域”概念，说明了近代以来人类日益脱离传统地域限制并形成新的时空组合的复杂过程。事实上，吉登斯所言的“脱域”现象还可以向前追溯，并将其抽离为社会发展的一个主旋律。从这个视角来看，人类社会其实一直行走在逐渐摆脱时空约束的进化之路上，而且每一次成功都是依赖“工具进化”才得以实现的。在这个历时性进程中，新一代工具不断打破旧工具的时空限制，未来的工具总是以进一步脱域为发展方向。对此，李伯聪有个很有启发的分析，他认为古希腊神话中有“一个天才的猜测”，就是把人认定为“是工具的使用者”。马克思主义哲学把制造工具和

---

① 廖建春：《公安微博的作用及相关问题研究》，载《中国人民公安大学学报（社会科学版）》2011年第3期。

② 尹安学：《“微博110”听取民意，微博问政获粉丝追捧》，人民网福建频道，http：//fujian. people. com. cn/GB/182249/12144160. htm。

使用工具看作人的最基本的本性，由此可以推论，工具的发展水平是劳动水平和发展阶段的最直接、最突出的表现和标志，于是工具的形态也就成为表现和标志人类历史发展阶段的最直接、最无可辩驳的证据。也就是说，"工具进化史是人性和人类社会进化史的直接体现和深层基础"。①

生产工具是社会生产力性质的决定性因素，而与生产工具相对应的生活工具则是人类生活方式的决定性因素。对于一个具体社会（社区）而言，其成员的工作范式与合作模式是依赖于相应的"工具"而得以建构、维持和不断完善的。从这个意义上说，警务工作的具体形态在很大程度上要取决于其所处时代的主导工具。在当今时代，互联网作为巨型高技术符号交换系统，使人类工具的内在规定性发生了革命性变化，奠定了信息化警务的技术基础。由于互联网实现了人机交互的生存方式并通过人网合一超越了人的自然能力，因而使人的"心智"与计算机的"高性能"得到很好的嵌合。这种嵌合不是量的叠加而是质的飞跃，它使人类社会实践不再单向度地在使用工具中完成，而是在人与工具的交互作用中实现。进入网络时代后，人类的日常生活和相互合作必须借助互联网这一巨型工具才能实现，公共安全的基本任务也必须以某种共在的方式去完成，这就从根本上动摇了以往警务工作的根基。

（二）远程警务工作

远程工作是出现于20世纪80年代，并于90年代中期逐渐流行的一种办公方式，被称为工作地点的一次革命。作为一种信息化工作安排，远程工作始终受到学者的关注。早期，人们把远程工作定义为"远离传统工作地或在家工作"，后被拓展为使用任何信息技术代替与工作有关的通勤，以远离传统办公地点的方式从事工作。在美国，利用计算机、网络、电话和传真机等现代化通信工具进行远程办公的人数日益增加。据统计，美国从事远程办公的人数已从1990年的400万人增加到2008年的2360万人。近年来，美国联邦政府实施了"工作地点选择"（Alternative Workplace Arrangements，AWA）改革，也称"选择办公"（Alternative Officing，AO）项目，让政府公务人员在法定驻地之外进行工作，这些地点通常包括家中、社区中心、远程办公中心、总部分支机构等。②

① 李伯聪：《社会形态的三阶段和工具发展的三阶段》，载《哲学研究》2002年第11期。

② 李明：《美国联邦政府远程办公改革及其对我国节约型机关建设的启示》，载《中国行政管理》2011年第1期。

徐林清认为，“远程工作方式之所以能迅速得到推广，与目前社会信息化、信息技术的发展和人们对生活质量的追求有直接的关系”。在他看来，“中国作为发展中国家，工业化水平远远低于发达国家，但在信息化水平方面，则差距要小得多，在一些计算机技术领域和世界先进水平甚至是同步的”。[①] 远程工作在中国应运而生，远程工作者人数不断增加，恰好反映了中国与世界的同步变化。在这股“工作地点革命”的洪流中，网上警务室、网上公安局以及公安微博等，共同构成了当代远程警务工作。事实上，我国的远程警务工作正在快速发展中，越来越多地安装和使用警用监控系统、公安警用车辆远程视频监控系统、警用道路监控设施、安防监控电视拼接墙、警用车载监控等远程工作系统。其中，视频监控摄像头更是突飞猛进，如山东省2014年已突破200万台，用以构建“地面、地下、空中、海域、网上”五位一体的立体化社会治安防控体系，加快“警务云”建设步伐。

三、警务流程再造

（一）流程再造与无缝政府

流程再造也叫业务流程重组（Business Process Reengineering，BPR），由美国著名企业管理大师迈克·哈默首先提出并在实践中取得了巨大成功。自20世纪中叶以来，信息技术革命使企业经营环境和运作方式发生了很大变化，企业面临着严峻挑战。1990年，迈克·哈默在《再造：不是自动化，而是彻底铲除》一文中提出“再造”（Reengineering）的概念，托马斯·达文波特则在《新工业工程：再造与信息技术》中使用了“再设计”（Redesign）一词。此后，哈默和钱皮在1993年出版了《再造企业》，钱皮又在1995年出版了《再造管理》，对西方发达国家100多年来的专业分工细化及组织分层制进行了深刻反思及大幅度改进，比较全面地论述了通过资源整合、资源优化，最大限度地满足顾客需求的“合工”思想。流程再造的实质，是对工业社会中的劳动分工和管理分工进行重新整合，对被专业分工和官僚体制分割得支离破碎的工作流程进行重新设计和信息化再造。

在流程再造理论开始成为企业界热点的同时，也被引入政府管理实践，形成了政务流程重组和再造政府运动。尤其是在电子政务领域，开始尝试将信息技术与政务流程再造相结合，借以破解官僚制政府的种种困境，为依法

---

① 徐林清：《从远程工作看信息化社会消费过程与生产过程的融合》，载《经济经纬》2002年第4期。

行政和建设服务型政府提供技术支撑。美国行政学家拉塞尔·M. 林登将这种新型的组织形式称为"无缝组织"（Seamless Organization），即具有流动的、灵活的、弹性的、完整的、透明的、连贯的特性，可以行动快速并能够提供品种繁多的、用户化和个性化产品及服务的组织。它以一种整体的而不是各自为政的方式提供服务，以跨职能团队代替目前公务员仅在一个职能领域内服务的孤立组织，强调以通才取代专才。"无缝政府"（Seamless Government）理论主张对既有政务流程进行"一场静悄悄的革命"，通过一些组织技术，以社会问题或公众需求（而非以内部管理的方便）为中心，将分散的政府权力和职能重新整合起来，以提高政府工作和服务的整体效能。

（二）警务流程管理及其重构

所谓流程管理，就是根据自身的战略重点，有选择地对支撑其战略实现的关键业务流程进行系统化的持续改进。魏小龙将警务流程管理定义为，"以提升公安核心战斗力和密切警民关系为目标，以公众需求为核心，以系统论为支撑，对以任务分工和计划控制为核心的传统警务流程进行规范、优化、再造，然后借助现代信息网络技术和流程管理工具实施流程，用警务工作流程突破信息孤岛，集成警务资源，实现公安信息的无缝隙共享，推进公安工作现代化的持续改进的管理过程"。他认为，"公安信息化的进程，必然要伴随信息技术和公安工作需求的发展轨迹，经历从各自为政的分散式建设应用，至跨部门跨系统的集成式建设应用，再至无缝隙的共享式建设应用的发展过程。警务流程管理，是顺利联结这一发展过程的必要路径"。[①] 这就是说，警务流程管理的前提是对警务流程自身进行信息化重构。

警务流程再造的物质基础是互联网络系统的快速发展和不断完善，并且在相当程度上促进了电子警务的开展。张玲、王瀚晨分析了警务流程再造的基本理念，即"以服务为核心，以'一站式警务'为目标，以'服务链'为纽带建立流程型警务"。[②] 信息网络化意味着传统警务的烦冗工作量可以在弹指之间利用电子警务方式来完成，从而极大地提高公安机关的工作效率。更为重要的是，电子警务方式可以大大缩短公众与业务部门的距离，大大增强公众对公安机关的信任感。从国际警务发展潮流看，第三次警务革命通过装备现代化使警察真正成为"打击犯罪的战士"，第四次警务革命以社区为导向完成了警察理念"由打击向服务的转变"，而电子警务方式则是贯

① 魏小龙：《警务流程管理是公安信息化建设的必要路径》，载《公安研究》2009年第11期。

② 张玲、王瀚晨：《警务流程再造的理念分析》，载《公安研究》2006年第10期。

穿始终的警务变革内容。从操作层面看，警务改革将是一个不断尝试的过程，警务流程再造的实践基础将源于现实警务机制。刘成认为，“流程再造后的警察组织以全新的运作方式呈现于社会公众，从而使之在安全产品的提供方面最大限度地满足公众需求”。①

第三节 网络空间警事

以计算机和网络为对象的侵害，是网络犯罪的一种特定类型。随着从“联”到“互”的世代转换，网络空间的侵犯行为日益增多并且呈现出可说明的建构性特征。由于这些侵害和侵犯都发生在网络空间之内，因此应具有与现实社会不同的警事规则。

一、以网络为对象的侵害

（一）计算机网络犯罪的特定类型

美国是最先研究计算机和网络犯罪的国家。早在 1976 年，帕克（Donn B. Parker）就提出了一个关于计算机犯罪的定义，即“任何有关计算机的可以使或者可能使行为人获利并且可以使或者可能使他人利益受损的行为”。②为使计算机犯罪的外延更加清晰，泰勒（Robert W. Taylor）将其划分为四种情况：其一是将计算机作为攻击目标，阻止系统或者数据的合法使用者或所有者进入系统或者使用数据，如 DOS 攻击或称 DDOS 攻击以及使计算机瘫痪的病毒；其二是将计算机作为犯罪的一种手段，被用来获得一些其他的犯罪目标，如利用计算机盗取他人的个人信息；其三是将计算机作为犯罪的附属，计算机并不是主要的犯罪手段，只是一种辅助手段，如洗钱和儿童色情；其四是与计算机普及有关的犯罪，是指依靠计算机工业开展的犯罪行为，如知识产权盗窃行为或者盗版行为。③ 随着互联网的快速扩张，计算机犯罪（Computer Crime）一词逐渐被网络犯罪（Cyber Crime）所替代。2001 年 11 月，欧洲理事会通过了《网络犯罪公约》（Convention on Cybercrime），

① 刘成：《无缝隙理论视野下警务流程再造探析》，载《吉林公安高等专科学校学报》2007 年第 4 期。

② 卢尧：《计算机与网络犯罪含义的法律视角探析》，载《北京邮电大学学报（社会科学版）》2010 年第 1 期。

③ 卢尧：《计算机与网络犯罪含义的法律视角探析》，载《北京邮电大学学报（社会科学版）》2010 年第 1 期。

将网络犯罪（Cyber Crime）定义为："危害计算机系统、网络和计算机数据的机密性、完整性和可用性，以及对这些系统、网络和数据进行滥用的行为。"① 这个定义基本涵盖了学界各种观点的要素和特征，被认为是现阶段对网络犯罪定义的准确表述。

不难发现，计算机犯罪和网络犯罪是同一事物的两种不同表述，反映了互联网发展的时代特征。在互联网的初期阶段，计算机网络犯罪是以单机为特征的，表现为以计算机为目标或以计算机为工具。在互联网广为普及之后，计算机网络犯罪逐渐演化为以网络为目标或以网络为工具。因此有研究者指出，"无论是从犯罪学的角度，还是从刑法学的角度，计算机犯罪与网络犯罪这两个概念都表征与计算机网络相关的一类犯罪，具有相同的含义，二者可以互换使用"。② 由此可以认为，无论是早期定义中的"将计算机作为攻击目标"，还是《网络犯罪公约》中的"危害计算机系统、网络和计算机数据的机密性、完整性和可用性"，都将以计算机和网络为对象的侵害看作网络犯罪的一种特定类型。

（二）针对网络系统的高技术行为

在 20 世纪 70 年代的阿帕网（Arpanet）时代，许多人曾预言过互联网的短命和消亡，因为它只能容纳 1000 台主机。1983 年，"传输控制协议"和"网络间协议"（TCP/IP）实现了"所有电脑生来都是平等的"理念，也使互联网呈现出迅猛发展之势。从应用的角度看，早期的互联网可分为两个阶段：一是电子邮件阶段，这是互联网初期阶段的主要功能，电子邮件以极快的速度取代了信件并且在一定程度上取代了电话和传真。二是信息发布阶段，从 1995 年起，以 Web1.0 技术为代表的信息发布系统爆炸式地成长起来，成为互联网的主要应用内容，日益取代着报纸、电台、电视台的新闻发布功能。当时，互联网本质上是一个巨型功能系统，其基本功能可划分为四种类型：（1）远程登录，通过"文件传输协议"在计算机之间传送文件，使用户之间相互沟通。（2）电子邮件，利用这种工具，互联网支持系统中部分用户甚至所有用户之间可以进行快速的、非正式的信息交换。（3）网络新闻，用户把新闻稿直接提交给某一特定的新闻组（Newgroup）供互联网用户浏览，这样的新闻组根据不同的主题而定，并且有成千上万个。（4）互联网中继交谈，越来越多的人将热衷于"上网聊天"。

---

① 赵秉志、于志刚：《计算机犯罪比较研究》，法律出版社 2004 年版，第 155 页。

② 胡坤：《网络犯罪与计算机犯罪概念之辨析》，载《法制与经济》2013 年第 2 期。

基于Web1.0技术的互联网，以信息传递为时代特征，几乎所有的信息都是数字的。以这个巨型功能系统为基础，许多日常工作，尤其是信息采集工作，已经无须出差、长话、传真、邮寄，因而产生了不可估量的效益。当互联网成为犯罪目标时，各种侵害行为所针对的正是这个巨型功能系统的信息传递功能及其附属设备。如1988年出现的“莫里斯蠕虫”曾导致大部分地区互联网的中断，被认为是针对全网络系统的第一次重大恶意攻击。在那个时期，“个人与系统之间的‘冲突’成为犯罪的唯一表现形式，个人挑战、攻击系统成为当时的‘标准化’犯罪模式，系统完全是作为犯罪对象出现的。黑客盛行，重要信息系统被攻破，一度成为2000年之前的新闻兴奋点之一。黑客、红客、骇客等词语的出现，彼此差异的只是动机，但充分说明了技术攻击的时代流行度”①。简言之，网络犯罪属于当时的高技术行为，而网络系统本身则是一种印有新时代符号的侵害对象。

二、在网络空间的侵犯行为

（一）从“联”到“互”的世代转换

Web1.0技术的本质是以网站为中心，把无数个网络终端链接起来，再通过人机耦合实现网民之间的相互连通，因此，网络实际上是一个以“联”为主的信息交换巨系统。随着互联网技术的世代转换，Web2.0技术使网络发生了革命性变化。在Web2.0技术如Blog、TAG、SNS、RSS、wiki等社会软件架构下，网络不再是以网站为中心的连通系统，而是嬗变为以现实社交网络为基础的互动平台。此时，“信息交换的核心功能让位于网民之间的交互作用，网民在网络中拥有了自己的数据，网站的诸多功能也由用户参与建设，互联网从关键字组织方式转换为portal（SNS）运作模式，更加注重通过网络来强化现实中的社会关系。近年来，由于手机、平板电脑等移动终端的广泛使用，社交网站、QQ群中的陌生好友早已被社会关系成员所替换，微信等新宠社交软件更是加强了熟人之间的联系”。②

从互联网发展的阶段性来看，大约从2000年开始进入Web2.0时期，并逐渐完成了从“联”到“互”的世代转换。此时，网络空间既是一个互

---

① 于志刚：《网络思维的演变与网络犯罪的制裁思路》，载《中外法学》2014年第4期。

② 白淑英：《虚拟社会存在机制的转换及其理论转向》，载《哈尔滨工业大学学报（社会科学版）》2015年第1期。

动平台，也是一个犯罪场域。“几乎所有犯罪都可以在网络空间生成，都可能既发生于现实空间，也发生于网络空间，而且它们还可以实现线上和线下的互动、现实空间和网络空间的过渡。网络空间的存在，使得传统犯罪由‘现实空间’一个发生平台增加为‘现实空间’和‘网络空间’两个平台，一个犯罪行为既可以是全部犯罪过程都发生于网络空间，也可以同时跨越网络空间和现实社会两个平台。”① 在这种情况下，网络就成为承载大量越轨行为和犯罪现象的生活场域，某些犯罪行为在网络独有的放大作用下危害极大，需要援用现实法律加以规制；而有些越轨行为仅仅是发生在网络空间界域之内，需要建立某种全新的警事规则。

（二）可说明的建构性特征

互联网具有极强的外部性，它使“人类一下子掌握了前所未有的巨大力量，可是不知道这力量该怎样用，交给谁管合适。往右偏一步，很可能出现人类历史上最严酷、最无孔不入的专制，往左偏一步，又有可能出现毁灭人类社会的无政府状态”。② 其实，对高技术及其社会效应的预判和规制不仅是当下“风险社会”最紧要的事情，而且对人类社会的未来走向至关重要，克隆技术如此、纳米技术如此、网络技术更是如此。正因为如此，“没有哪个国家真正放弃了对网络信息的管理。出于教育引导青少年、阻止恐怖活动、保护国家权益、限制不正当竞争等方面的考虑，从政府部门到单位机构，都从不同的层面管理着网络信息，将对网络的控制与管理视为自己义不容辞的责任和义务”。③ 但对于那些仅仅发生于网络空间之内且缺乏外部性的越轨现象和侵犯行为，又不宜简单地援用现实法律和道德规范，而需要深刻理解其内在特性。

符号互动论认为，组成社会世界的是人类的行动，这是一个主体之间使用词语、姿态、手势和其他符号进行意义协调的持续过程。从这个意义上说，网络越轨是在规则破坏者和规则维护者的互动中由社会建构的，网络空间内的侵犯行为也不能以先存在的标准予以判定，其内涵要通过符号表达来“说明”。马布里（Mabry）一项较早的研究发现：“在网络互动中，人们对侵犯行为的接受程度要高于现实生活。当一些负面情绪出现上升趋势时，争

① 于志刚：《网络思维的演变与网络犯罪的制裁思路》，载《中外法学》2014 年第 4 期。

② 王小东：《信息时代的世界地图》，中国人民大学出版社 1997 年版，第 190 页。

③ 陈华栋、于朝阳、胡薇薇：《国内外网络文化建设管理模式比较分析与借鉴思考》，载《思想理论教育》2010 年第 17 期。

论者似乎试图努力去‘中和’这些情绪”。[①] 戴维斯（John P. Davis）特别指出，“一种行为是否被认为是侵犯行为是由其所指向的参与者对行为的理解决定的。而且，行为发生的情境是某一行为是否被认定具有侵犯性的重要决定因素”。[②] 这就是说，网络侵犯行为的意义建构是经由互动参与者通过一个类似于“博弈”的过程不断各自调整和集体合作而最终得以认定的。基于此，网络空间内的侵犯行为是经由协商而最终给出的独特“说法”，具有可说明的建构性特征。

三、网络空间警事的基础规则

（一）网络空间本位及其治理观

人的生活世界具有多种纬度，按许茨的理解，“只要主体之某一部分经验表现出特定的认知风格，并且就这种风格而言前后一致且彼此相容”，那么它就构成一个“有限意义域”。[③] 网络空间（Cyberspace）本位，就是把互联网看作一个相对独立的生活场域，它在形式上是一个信息沟通平台和非工具性互动场所，而在本质上则是一种新的社会关系和社会形式。由于网络空间冲破了物理性的生存域限，使社会关系从彼此互动的地域性关系中，从通过穿越不确定的时间而被重构的关联中脱离出来，并跨越无限的时空距离对这些关联进行重组，因此人成了一种通信存在物，互联网架构了一个承载人类生命内涵的新时空。网络空间本位的治理观是：治理总是相对于秩序而言的，网络越轨行为应该是对网络空间既存秩序的某种扰动，而互联网治理则是在网络空间内生成行为规则并以此来保持一种有序的状态。吉登斯认为，规则“类似于一种程式或程序，一种关于如何行事的想当然的知识”，这种程式既可以是外在的规则内化于行动者的实践意识中，也可以是行动者在情境中的创造。[④] 因此，网络空间行为规则的生成问题，根植于互联网运行的内部过程。

---

① Edward Mabry, Framing Flames: The Structure of Argumentative Messages on the Net, Journal of Computermediation Communication, 1997 (2).

② John P. Davis, The Experience of/Bad0Behavior inOnline Social Spaces: A Survey of Online Users, Social Computing Group Microsoft Research Internal Paper, 2002.

③ 苏国勋：《当代西方著名哲学家评传（第十卷·社会哲学）》，山东人民出版社1996年版，第365-366页。

④ ［澳］马尔科姆·沃特斯：《现代社会学理论》，杨善华等译，华夏出版社2000年版，第113页。

刘易斯（Lewis，M. D.）等学者最早认识到互联网是一个自组织系统，其构成要素或过程的持续耦合为虚拟实践的有序化提供了基础。① 事实上，互联网无须外界指令而能自行组织化和有序化，这种自组织能力表现为大量在线者共生出新的宏观结构。某一类网络行为，经过参与者的相互作用以及不断适应和调节，会从无序走向有序并最终涌现出独特的整体行为特征，那便是网络规则的产生。在这个复杂的网络实践过程中，网民作为总体并没有接受外部指令，每一个在线者都存在个人目的，但却通过自在的随机过程产生了具有不确定色彩的整体性规则。

（二）非常态、可建构的基础规则

由于以计算机和网络为对象的侵害是网络犯罪的非常态类型，更由于网络空间的侵犯行为具有可说明性和可建构性，因此网络空间警事的基础规则也是非常态、可建构的。

1. 对网络越轨性质的准确定位。标签论认为，没有任何行为是内在的越轨或循轨，越轨行为是应用规章、法律等对一个“冒犯者”标定的结果。从这个角度看，网络越轨是在创建网络秩序过程中被标定出来的。现象社会学认为，当准则干预到实际活动时，准则不是被废除而是被重新解释，是被“运用”而不是被遵守。由此看来，在网络空间这个有限意义域中，意义是多重且不可通约的，行动筹划和意义解释有着存在论上的界限。因此，网络越轨行为的意义不是先验给予的，而是在行动构成的过程中呈现为思想和生活之间的张力状态。这样一来，能否对网络越轨性质进行准确定位，继而划定罪与非罪、越轨与非越轨、道德与非道德之间的界限，就成为网络空间警事的必要前提。

2. 警事规则与网络规则协同共治。在人类进化过程中，技术始终是被用作满足社会需要的手段和工具。在网络空间中，内嵌于各种软件的技术规则看起来仅仅是供用户选择使用的功能工具，但事实上是颇具刚性的网络秩序。这意味着，网络空间作为互联网嵌入社会并与之相互耦合而成的有限意义域，是技术与政治相合一的当代生活场域，它要求警事规则与网络规则在相互调适中实现协同共治。从这个意义上说，理想的警事规则应是网络规则的法律支撑，而通行的网络规则也应该是警事规则的技术化呈现。

3. 基于公共协商的实在规则体系。无论是网络空间的技术特性还是信

① Lewis，M. D. & Granic，I.，Who Put the Self in Self-organization? A Clari Cation of Terms and Concepts for Developmental Psychopathology. Development and Psychopathology，1999，pp. 365-374.

息时代的政治特征，都存在实行多元化治理的价值诉求，这不仅体现为网络治理的通行规则，还是网络空间警事的指导原则。为此，要着力构建一套基于公共协商的实在规则体系，用以确定网络空间的实践模式、指导网络空间的基本活动。由于成文规则的制定实际上是网络参与者在现实中完成的，因此它在相当程度上贯通了虚与实的界限。

4. 通过试错习得的习惯性约束。在网络空间中，一个个主题社区、一系列网民社群的共享规则通常是一些不成文的习惯约束，即人们在实际行动中自觉服从的行为准则，如不得进行人身攻击、不泄露他人隐私等行之有效的习惯法和网络礼仪。这些不成文的习惯约束在形成之初的试错学习过程就是达成共识的过程，那些获得成功的行为规则会被普遍效仿并随时间推移占据主导地位。在此过程中，网络空间反映了复杂大系统允许不和谐因素合法存在的组织特性，为网络越轨预留了一定的合理性空间。这种自组织特性，正是网络警事所依赖的内在条件。

第四节　网络社会警事

以互联网为手段的犯罪，是信息网络时代越来越普遍的“新常态”。网络犯罪与传统犯罪的不同，就在于网络发挥了其独有的杠杆作用。网络治理是社会治理的题中应有之义，但从现实警事规则到网络警事规则还需经过必要的转换。面向网络社会，各国各地区进行了各具特色的信息警事创新，而大数据的运用则为此注入了新的活力。

一、以网络为手段的犯罪

（一）传统犯罪的网络化现象

自出现网络犯罪概念以来，西方一些学者就开始致力于如何区分纯正的网络犯罪和衍生的网络犯罪。雅尔（M. Yar）系统研究了计算机辅助性犯罪（那些在互联网出现以前就已经存在，但网络的出现给了它们新的存在方式，如欺诈、盗窃、洗钱、性骚扰、攻击性言论和色情犯罪）和计算机中心性犯罪（这些犯罪以互联网存在为基础，如黑客行为、散播计算机病毒）的区别，认为“网络犯罪在法律上并没有特别的意义，但是在政治、犯罪制裁、传媒、公众和学术讨论中很流行。因此，关于网络犯罪的定义应该可以表示一系列建立在网络信息和传递技术基础上的不法行为总的特征”。具体包括，“①网络入侵：越过权限进入他人财产并且（或）造成损害，如非法访问计算机系统和数据库的活动、损害和病毒；②盗窃（钱、财产）：信用卡诈骗和侵犯知识产权；③网络色情：违反法律关于猥亵和体面的规定的行为；④网络暴力：违反法律对个人的保护，对他人造成心理伤害或者煽动对他人身体上的伤害，如仇恨语言和盯梢他人”。[①]

在我国，这方面的研究起步稍晚且结论相似。如于志刚认为，以网络为手段的犯罪“基本上只是网络因素、计算机信息系统因素介入传统犯罪而已，传统的定罪量刑标准等规则体系基本上没有发生变化，网络只是犯罪的一个手段，网络犯罪针对的仍然是现实社会的法益”。[②] 从犯罪学角度看，网络犯罪可能类似于传统意义上的犯罪，如盗窃、诈骗、伪造和破坏等，这类犯罪在现实社会中都会受到惩处，只不过借助网络工具使其产生了许多变异性和新特征。总体而论，人们通常所说的网络犯罪，大多只是传统犯罪的网络化表现，它是犯罪这种社会现象在信息网络时代的一系列呈现方式。站在传统犯罪学角度，网络犯罪应该是“非常态”的；但在信息化条件下，网络犯罪又应该是“常态”现象。

（二）网络独有的杠杆作用

在信息网络时代，网络犯罪已成为一种“新常态”。但是，网络犯罪并不是传统犯罪的“翻版”，而是出现了一些完全不同的新特征。从现象上看，网络已“成为一些变异后的犯罪行为的独有温床和土壤，一些犯罪行为离开了网络，要么根本就无法生存，要么根本不可能爆发出令人关注的危害性”。[③] 就本质而言，网络犯罪与传统犯罪的不同，就在于网络发挥了其独有的杠杆作用，主要包括放大效应、聚合效应等。

网络作为犯罪手段的放大效应，表现为传统犯罪在网络作用下的倍增效果。当今时代，网络几乎成为人们必需的生活平台，同时也给各种犯罪提供了方便、快捷的工具和场域。由于网络传播速度极快，具有将时间、空间高度压缩于一体的优势，因而使犯罪行为有可能在成本低廉的情况下获取极大的利益。比如，将传播谣言作为牟利手段古已有之，在现实社会中可识别性、可控制性较强，但网络谣言的牟利效果会放大无数倍而且极难控制。

---

① 卢尧：《计算机与网络犯罪含义的法律视角探析》，载《北京邮电大学学报（社会科学版）》2010 年第 1 期。

② 于志刚：《网络犯罪的代际演变与刑事立法、理论之回应》，载《青海社会科学》2014 年第 2 期。

③ 于志刚：《网络犯罪的代际演变与刑事立法、理论之回应》，载《青海社会科学》2014 年第 2 期。

2011年，由日本海啸引发的“谣盐风波”，就造成了江浙各地的食盐抢购风潮。事后，有媒体综合各种市场迹象分析称，食盐抢购风波后，有民间游资提前布局某只股票从中渔利。无独有偶，2012年“世界末日”的网络谣言造成中国“连黑三天”，也引发了各地抢购“蜡烛”的风潮。此种以网络为工具操纵股市、市场，进行金融、财产诈骗，从事贩毒、卖淫等犯罪行为屡屡得手，都显示了网络作为犯罪手段的放大效应。

网络在犯罪过程中的聚合效应，表现为集群犯罪在网络环境下的组织能力和动员效果。随着信息技术的快速发展，互联网日益嵌入国家、社会、家庭以及个人生活的方方面面。由于进入网络世界和使用网络工具的门槛越来越低，计算机网络犯罪已从高智能、高技术的个别行为衍化为低成本、便捷化的普遍模式。从国外看，无论是“茉莉花”中东之乱还是“9·11”恐怖袭击，都利用了互联网的组织能力和动员效果。在国内，各种集群犯罪和恶性群体事件也凸显出网络的聚合效应。尤其在跨国犯罪中，如国际走私、跨国贩毒、涉外暴恐等，互联网更是快速组织和广泛动员所必需的工具。值得警惕的是，如果网络犯罪仅仅造成经济损害尚可补救，若危害国家政治、军事和社会稳定则后患无穷，而网络的聚合效应恰是这类危害的推波之澜。

二、网络社会警事的基础规则

（一）网络社会本位及其治理观

从人类进化史的角度看，信息时代实际上就是由信息技术主导的一种社会形态，而互联网则是信息技术发展到网络化阶段的一种现实社会结构形式。站在这种网络社会（Network society）本位的立场上，自然会把互联网视为现实社会延伸出来的亚社会，把网络社会看作卡斯特意义上的新社会样态。卡斯特在《网络社会的崛起》中对“网络社会”做了较为详尽的论述，认为互联网是一个去中心的、在任何节点都可以沟通的信息网络媒介，其“网络化逻辑”架构起一个全新的社会结构形态。此时，网络社会就是所谓“后工业社会”，是人类社会发展到信息文明阶段的现实称谓，而网络空间则是整个网络化社会的一隅即现实社会的延伸。

网络社会本位的治理观是：网络秩序不过是社会秩序的一个亚结构，网络治理就是把现实治理模式植入网络空间并以此来保持网络有序状态。从这个视角看，网络空间不过是整个网络社会的组成部分，现实中的犯罪概念及其认定标准完全可以移用于网络犯罪。其实，网络社会本位与社会进化论同源，它们都以公共管理立场来理解网络治理问题，并且认为网络社会的

“失序”是社会进化的自然现象，而现实政府的历史使命就是通过公共政策供给重拾社会秩序，政府的责任既无可推卸又不可取代。由于网络社会本位强烈主张网络治理的政府责任和外在干预，声称互联网自身无法实现秩序，因此被称为网络管制主义。随着互联网的发展，虚拟社会中的诸多问题不断干扰现实社会秩序，政府在网络治理中的作用越来越得到认同，政府也以其维护社会秩序的功能优势为人们所期待。

（二）从现实警事规则到网络警事规则的转换

网络行为是当代人类实践的前锋形态，它所衍生出来的无序现象不仅可以妨碍虚拟社会实践的正常进行，而且对整个社会生活造成了直接影响，因此网络治理是社会治理的题中应有之义。如有学者认为，“第一，网络空间或称‘虚拟实在’（Virtual reality）在其本质上仍然是现实世界（Reality）的虚拟，‘虚拟实在’不是另类社会，不是‘天堂’，而是人类的作品。第二，对网络越轨判定适用的是现实社会中的准则或价值判断。也可以这样说，网络越轨违反的准则或价值判断仍然是现实社会中的准则或价值标准，我们很难找出一种行为，它在现实社会中是越轨行为而在网络空间中却不是，也很难说出这种道德准则和价值标准适用于现实社会，那种道德准则适用于网络空间。因此，现实越轨与网络越轨在其本质上完全是一致的，都是指违反某个群体或社会准则的感觉、认识和行为”。① 也就是说，网络治理应该是在现实社会治理框架下对网络行为和虚拟实践的有效规制。但是，从现实警事规则到网络警事规则还需经过必要的转换，至少需要做好以下四个方面的工作：

其一，将现实法益形态转换为网络法益形态。由于网络被视为一种犯罪手段，因此目前法律所保护的仍然是现实法益形态。但实际上，网络在犯罪过程中发挥了独有的杠杆作用，不仅表现为传统犯罪的倍增效果及其对集群犯罪的组织能力、动员效果，而且促成了一些异形犯罪。大量网络犯罪行为虽然在“本质上仍然是传统犯罪，但是，它属于传统犯罪的网络异化，虽然有可能套用传统的罪名体系，但如果不进行较大强度的扩张解释，传统的罪名根本无法适用于滋生网络空间中的此类犯罪行为”。② 基于此，法律不仅要加大对现实法益形态的保护力度，更重要的是研究现实法益的网络化形

① 胡新华、陈晓强：《大学生网民群体的越轨及其社会控制》，载《中国青年政治学院学报》2002 年第 9 期。

② 于志刚：《网络犯罪的代际演变与刑事立法、理论之回应》，载《青海社会科学》2014 年第 2 期。

态，并将其作为信息网络时代的保护对象。

其二，将现实法律条文进行网络化转换。于志刚认为，“从刑事立法的角度来讲，立法术语和网络技术术语的不对接，直接导致了相关概念的界定不清和量化标准的模糊，致使现行刑法中涉及计算机犯罪的罪名陷于空置，难以有效地对相关犯罪行为进行评价和制裁”。基于此，“未来网络犯罪司法解释资源的重点和中心问题一定仍然是传统犯罪网络化实施的定罪量刑问题，尤其是‘罪状’的网络化解释（包括罪状整体、关键词语在信息时代含义的扩张解释），以及网络犯罪的立案标准体系的明确”。①可以说，在网络犯罪可及的地方都存在如何将现实法律条文进行网络化转换的问题，这应该是网络时代国家法治建设的重要内容。

其三，将网络工具置于法律规制范畴。自近代革命以来，几乎所有的警务模式都是依赖当时的主流工具得以建构、维持和不断完善的，并且以对主流工具本身的法律规制为前提。人类进入机器时代后，越来越复杂的机器似乎可以把人类之手延长至无限远，社会治理方式和警务模式也越来越机械化、快速化。最典型的莫过于被称为“汽车上的国家”的美国，其社会治理方式和警务模式都与汽车有关，围绕汽车和交通的有关法律也是国家法律体系的重要内容。互联网架构下的人类生活及其合作方式呈现出人—机交互性、人—人共生性等特征，于是社会治理和警务模式也必须以某种人网共在的方式去完成。此时，网络对人类之脑的延长是否可控就成了有效社会治理的前提。为此，需要像工业社会特别重视汽车和交通法规那样，将信息资源和网络工具都置于法律规制范畴。

三、面向网络社会的警事创新

（一）各具特色的信息警事创新

计算机网络技术的快速发展，极大地提升了发达国家的警事创新能力，从20世纪90年代开始逐渐汇聚成各具特色的信息警事创新。其中，英国的国家情报模式和美国的犯罪统计系统模式是最具代表性和影响力的两种信息警事模式。

1. 英国的国家情报模式（National Intelligence Model，NIM）。1993年出版的《以调研为辅助：有效解决犯罪问题》提出，要充分利用情报信息来

① 于志刚：《网络、网络犯罪的演变与司法解释的关注方向》，载《法学论坛》2013年第11期。

对付惯犯。这个被广泛认可的著名观点成为英国乃至世界信息警事创新的起点。几年后，在一系列专题研究报告的基础上，英国国家刑事情报局提出了“国家情报模式”，目标是“实现全国情报工作的职业化，并将刑事情报融入所有警务决策”。① 该模式基于一个超强数据库，以警务情报产品来推动警务工作，进而形成信息更加通畅、标准化程度更高的警务管理机制。目前，国家情报模式已成为警方及其他执法机构采用的一种通用业务模式和管理哲学②，它通过资源共享、人员培训、专家参与来应对日益复杂的犯罪形势，从而显著降低犯罪率。

2. 美国的犯罪统计系统模式（Computerized Statistics，CompStat）。20 世纪 90 年代，纽约警察局将计算机统计学作为评价管理手段，成为美国信息警事创新的一大突破。这种新警事模式以犯罪情报为核心，运用计算机统计数据，把警察管理和警务行动建立在动态的收集、分析、测绘犯罪信息的基础之上。目前，美国的信息警事已成为独树一帜、享誉世界警界的网络警事创新，其工作模式是以计算机统计报告为核心，将计算机统计报告、各层领导简要报告和犯罪对策会议整合为一体，通过计算机情报信息系统汇总各辖区重大案件、犯罪类型、犯罪特点、发展趋势等数据，以及日常警力部署、工作效率等情况，统计数据分为周、月、年等时段，在进行分析比对的基础上形成全局性的统计报告。国家犯罪信息中心是美国信息量最大、内容涵盖最全面的关于违法犯罪各方面信息的警事数据库，拥有全国性网络并与加拿大刑事执法机构联网，可在各警察组织之间实现共享。③

（二）我国的智慧警务创新

智慧警务是我国警务在网络和大数据时代的重要创新，既有与全球同步的技术发展推动，也有警务传统、提升社会治理现代化等中国特色的因素。学术界对智慧警务的定位虽有不同的观点，如有人认为其是在传统警务模式之上的创新④，有人认为智慧警务是与传统警务并列的一种警务模式⑤，但

---

① ［英］杰瑞·莱特克里菲：《情报主导警务》，崔嵩译，中国人民大学出版社 2010 年版，第 33 页。

② NCPE（2005）Guidance on the National Intelligence Model. Wyboston，UK：National Center for Policing Excellence on Behalf of ACPO.

③ 孙文德：《信息化引领警务变革》，中国人民公安大学出版社 2008 年版，第 39-40 页。

④ 张兆端：《“智慧警务”：大数据时代的警务模式》，载《公安研究》2014 年第 6 期。

⑤ 乔智：《信息时代的“智慧警务”》，载《网络安全技术与应用》2011 年第 1 期。

多数研究对其内容的理解具有高度一致性。我国公安机关发展出来的智慧警务是“以互联网、移动互联网、物联网、云计算、智能引擎、视频技术、数据挖掘、知识管理等新一代信息技术为支撑，以警务信息化为核心，通过互联化、物联化、可视化、智能化的方式，促进警察系统各个功能模块高度集成、协调运作，实现警务信息‘强度整合、高度共享、深度应用’之目标的警务发展新理念和新模式”。①

我国公安机关利用计算机和互联网等新技术的警务实践最早可追溯到20世纪80年代。在20世纪80年代中期，我国公安机关就在大力推进公安通信和计算机网络建设。到90年代，公安系统的人口信息、交通管理信息和出入境信息实现了联网运行。有了这些基础，1999年7月至9月，全国公安机关首次开展网上追逃专项行动，确立了“立案地为主，户籍地为辅，藏匿地协助配合，以科技信息网络为依托，社会面控制为基础，有赏缉捕为动力，信息畅通，反应快速，协作主动，缉捕及时”的缉捕工作新机制。1999年12月7日，公安部以公通字〔1999〕91号文件下发《关于实行“破案追逃”新机制的通知》，网上追逃通过文件形式被界定。2002年3月6日，公安部以公刑〔2002〕351号文件下发《关于完善“破案追逃”新机制有关工作的通知》；2005年3月，公安部再次以公刑〔2005〕403号文件下发《日常“网上追逃”工作考核评比办法（修订）》，开始对网上追逃进行日常考评，健全了网上追逃长效机制，使网上追逃成为日常性的工作。

与此同时，为适应在现代经济和社会条件下实现动态管理及打击犯罪的需要，实现“科技强警”，1998年公安部提出建设“金盾工程”。经国务院批准和国家发改委的正式批复，2003年9月2日至3日，公安部组织召开了全国“金盾工程”工作会议，标志着“金盾工程”建设正式启动。该工程是以城市级信息系统为基础和核心，以通信网络为依托，跨部门、跨地区的现代化公安信息综合管理和应用系统，包括公安基础通信设施和网络平台建设、公安计算机应用系统建设、公安工作信息化标准和规范体系建设、公安网络和信息安全保障系统建设、公安工作信息化运行管理体系建设、全国公共信息网路安全监控中心建设等。2008年，在国家批准公安部实施“金盾工程”二期之后，公安部加快推进公安信息化建设，尤其强调以信息化带动基层基础工作、推动警务机制创新、提升警务工作效能。这些为“智慧警务”的提出和实施提供了实践和技术基础。

进入21世纪后，随着大数据、人工智能等技术的发展，“智慧城市”

① 张兆端：《从大数据到智慧警务》，载《现代警察世界》2018年第4期。

建设成为一种时代潮流。2012 年我国也正式开启了智慧城市的建设。此后，随着社会治理现代化、市域治理现代化等理念的提出和推进，将新一代信息技术集成和应用于警务工作也就成为智慧城市、“互联网+”、政府数字化转型等建设的重要组成部分。自 2010 年以后，国内部分省区市公安机关开始提出构建“智慧警务”，尝试将以大数据、云计算为核心的新一代信息技术应用于警务指挥与领导、情报综合研判、视频监控与侦查、社区警务、道路交通管理、治安行政管理、“互联网+公安”服务平台、城市应急联动、警察管理以及区域和国际警务执法合作等方面，取得积极成效。[①] 2018 年 1 月召开的全国公安厅局长会议上提出“公安大数据战略”，就“智慧警务”建设作出了全面部署，要求公安机关积极运用大数据、人工智能等新技术手段，构建“智慧警务新模式”，促进警务执法活动向数字化方向发展。2019 年 5 月 9 日，习近平总书记在全国公安工作会议上提出“政治建警、改革强警、科技兴警、从严治警”为今后一段时期内我国警务改革的总方向和总要求，智慧警务成为其中的重要内容。

依托技术，结合地方实际情况，各地公安部门探索出一系列智慧警务创新模式。如浙江省在 2003 年就部署信息主导警务战略，新时代以来，他们结合新时代“枫桥经验”，以“云上公安、智能防控”为基本战略框架，积极打造具有本省特色的警务综合服务平台，形成了以“一朵云”为数据收集工具，巩固统筹规划能力；以数据汇集工程为渠道，强化网络数据收集能力；以信息情报为导向，加强公共危机事件预警能力；以综合感知体系为保障，提升公安信息情报收集能力的智慧警务模式。[②] 山西公安机关开通“山西公安便民服务在线”平台，摸索出了一条融合各新媒体形态、省市县三级网络全覆盖的电子政务发展新模式。山东省公安厅启动建设山东警务云计算中心，最大限度地提升部、省、市、县（区）、派出所五级数据共享和信息联动的运转效率，实现了省内跨区域、跨部门、全警种联动。

总的来说，我国正在推进的智慧警务创新是公安部门践行以人民为中心的根本立场，维护社会大局安全稳定的使命担当，适应网络时代和数据时代而主动开展的警务形态转型，经历了从以信息技术为基础的情报主导警务到以数据技术为基础的智慧警务的升级。通过科技赋能，智慧警务实现了数字化、网络化、智能化和智慧化的高度融合，“大数据、算法识别及人工智能

① 张兆端：《从大数据到智慧警务》，载《现代警察世界》2018 年第 4 期。

② 翟辰绪、张兆武：《“智慧警务”的内涵与实践探索——以浙江“智慧警务”为例》，载《广西警察学院学报》2020 年第 4 期。

的深度应用，使得数字社会中的智慧警务与传统警务产生本质意义上的区别”,[①] 形成了全域性、预防性、整合性、一体化和多元主体协同性的警务实践模式。

（三）大数据警事时代的来临

面向网络社会的警事创新是一个与时俱进的动态过程，而大数据警事正是信息警事创新的最新体现。目前，大数据分析工具已能够帮助警方采集和分析文本、图像等信息，还可以进行文本提取、案例分析等工作。随着大数据与物联网、社交网络、云计算的进一步融合，犯罪侦破和预防将进入一个全新的大数据时代。其中，社会化分析和预测型分析将是大数据警事的两大热门领域。

实践经验表明，大数据分析可以通过分析历史案件发现犯罪趋势和犯罪模式，进而找出共同点和相关性，也可以通过分析城市数据源和社交网络数据达到预测犯罪的效果。以往需要几天、几周甚至几个月的数据分析工作，通过大数据分析系统只需几个小时就能完成，这无疑提升了办案效率，优化了警力资源分配，提高了社会和公众安全水平。此外，将大数据分析应用于国防、反恐、安全等领域，可有效解决情报、监视和侦查系统资源不足等问题，大大提高对国家安全的保障能力。

① 叶涛：《数字社会中的警务模式及警察权变革》，载《广西社会科学》2021 年第5 期。

第八章　警察职业发展

与其他职业不同，警察由于具有刑事司法与行政执法权力，责任重大，工作强度较高、工作时间较长，所以工作压力较大。本章从社会学角度集中探讨警察职业发展概况、我国警察职业发展的现状及其影响因素，以及如何完善我国警察职业保障制度。

第一节　警察职业发展概况

一、职业生涯管理理论

职业生涯（Career）是有关工作经历（Work-related Experiences）的过程或结果。从严格意义上讲，职业发展只是有关工作经历的过程，而职业生涯还包括结果。职业生涯管理理论起源于美国，最早是以“职业指导”形式出现的。职业指导是指由专门的机构帮助择业者确定职业方向、进行职业选择、谋求职业发展的咨询指导过程。职业生涯管理理论的奠基人，美国波士顿大学教授帕森斯（Parsons）在1908年1月13日创立了“波士顿职业局”，并于1909年5月出版了著作《选择职业》。随后，职业生涯管理理论受到苏联、日本、德国等国家的重视和推崇。自20世纪60年代以来，职业生涯管理的理论和实践获得蓬勃发展。90年代中期由欧美国家传入中国，并被人们广为接受。综合具有代表性的职业生涯管理理论，其历史的演进大致可分为以下四个阶段。

（一）职业选择理论

职业选择理论是指通过了解人自身的“个性特质”和不同职业的需求及“类型特征”，依照自己的职业期望和兴趣选择职业。该理论又分为以下两种。

1. 人职匹配理论。该理论由“职业辅导之父”帕森斯（Parsons）创立，也称特质因素理论。帕森斯在其所著《选择职业》（1909）一书中认为，一个人的职业选择要考察三个方面的因素：一是自我的爱好、价值观、能力、资源、限制条件等；二是不同行业工作性质、要求、成功要素、优缺点、薪酬水平、发展前景和机会；三是二者的协调和匹配。[①] 从此“人职匹配”成为职业指导中永远不变的核心理念，广泛应用于人们的职业选择。

2. 职业性向理论。美国霍普金斯大学心理学教授霍兰德（John Holland）于1971年提出了具有广泛社会影响的职业性向理论（Career Orientation）。他认为，职业性向即人的价值观、动机和需要等是决定一个人选择何种职业的重要因素。霍兰德经测试研究发现六种基本的职业性向对应于六种职业类型，即“调研型、艺术型、社会型、专业型、表现型、常规型”。他认为，某种人格类型的劳动者应与其相同类型的职业相结合，即做到“人格—职业”匹配。劳动者也因此能充分调动自己的积极性，发挥自己的才智。

（二）职业生涯发展理论

每个人的职业生涯都要经历许多阶段，每一个阶段都有其不同的特征和相应的职业知识能力要求。为了更好地促进个人的职业生涯发展，学者根据人的生命周期，将人的职业生涯划分为不同的阶段。比较有影响的相关理论主要有萨柏（Donald E. Super）和格林豪斯（Greenhaus）的“五阶段理论”，施恩（Edgard H. Schein）的“九个阶段理论”和金斯柏格（Eli Ginzberg）的“三阶段理论”。这些理论虽然有差异，但本质上具有相似性。因此，我们选取萨柏的职业生涯发展五阶段理论作为代表进行阐述。

萨柏是美国一位具有代表性的职业管理学家。他把人的职业生涯规划分为五个阶段：（1）成长阶段，属于认知阶段（0~14岁）；（2）探索阶段，属于学习打基础阶段（15~24岁）；（3）确立阶段，属于选择、安置阶段（25~44岁）；（4）维持阶段，属于升迁和专精阶段（45~64岁）；（5）衰退阶段，属于退休阶段（65岁及以上）。人们可以根据上述职业生涯发展不同阶段的特点去进行自己的职业规划。

（三）职业探索决策理论

人的职业生涯的发展充满着许多不确定因素，需要个体不断探索和决策。理想的境界是人们尽快找到符合个人兴趣，能使人安身立命的职业，同时也成为一个人无怨无悔的事业。职业探索决策理论中最有代表性的是

---

① 张再生：《职业生涯管理》，经济管理出版社2002年版。

“职业锚理论”。该理论是美国麻省理工学院斯隆管理研究院的施恩（Schein）教授于1978年在其出版的《职业的有效管理》一书中首次提出的。职业锚是指当一个人不得不作出选择的时候，他无论如何都不会放弃的职业中的那种至关重要的东西或价值观。正如“职业锚”中的“锚”的含义一样，职业锚实际上就是人们选择和发展自己的职业时应该锁定的目标。职业锚分为以下五种类型：（1）技术/功能能力型职业锚；（2）管理能力型职业锚；（3）创造型职业锚；（4）安全/稳定型职业锚；（5）自主/独立型职业锚。

（四）职业发展主动建构理论

1996年，美国斯坦福大学教育和心理学教授约翰·克朗伯兹（John Krumboltz）从自我效能的角度提出了职业生涯规划的“主动建构理论”。职业生涯的自我效能是指我们相信自己能够成功地完成生涯决策活动。他认为职业生涯发展是一个了解我们自身并作出各种可能性选择的过程。过去的学习、经验以多种方式影响我们的生涯决策。个人信念与期望是职业生涯发展的一个重要组成部分。因此，职业生涯的发展不是被动而是一个主动建构的过程。我们可以主动地寻找生活中的“角色榜样和良师益友”并以此学习有关职业和生涯规划过程的知识。

除了上述四个理论之外，对职业生涯成功的研究将成为职业生涯管理理论研究的前瞻性问题。职业生涯成功包括“客观成功和主观成功”两个方面。前者主要指由社会认可的“较高的薪金和职位”，后者指“自我认同、工作满意和精神满足”等。① 高客观成功，低主观成功意味着个体在职业发展过程中出现了人的异化，外在的成功是以否定人的自由自觉的生命本质为代价的。而只讲主观成功，仅仅以“自我认同、工作满意和精神满足”作为衡量指标，漠视客观成功势必导致职业成功标准的虚无化。综合国内外学者有关职业成功因素的考察，我们可以将影响职业成功的因素大致归纳为以下四个层次：（1）心理因素：职业使命、自我效能、动机、人格特质等；（2）能力素质因素：职业胜任力、专业知识、技能等；（3）技巧策略因素：职业规划、目标设置等；（4）组织和社会因素：种族、组织性质、规模绩效、社会资源等。以上四个层次，相比较而言，组织和社会层因素属于个体职业成功的外生变量，而其他因素则是内生变量。同时，能力素质、技巧策

① Nigel Nicholson and Wendy DeWaal- andrews, Playing to Win: Biological Imperative, Self- regulation, and Trade- offs in the Game of Career Success, Journal of Organizational Behavior, 2005 (26).

略大多属于智商因素，心理因素与情商有直接关系。[①]

职业生涯管理理论对警察职业发展研究有着重要启示：第一，根据人职匹配理论，只有合适的人才能做警察。所谓合适，包括身体健康、人格健全和社会导向的价值观。因此，招募警察的部门必须慎重挑选，保证警察队伍的精良。第二，根据职业生涯发展阶段，警察组织系统应有针对性地进行管理，以更好地促进警察职业发展。第三，根据职业锚理论，必须找出警察选择和发展自己职业时锁定的目标，如职业稳定、社会管理能力、侦查能力等，围绕这些目标加大扶持力度，促进警察职业发展。第四，根据职业发展主动建构理论，应挑选优秀警察，为其他警察确立学习的榜样，从而激励他们把社会期望和个人目标结合起来，努力工作。第五，与其他职业一样，警察追求包括客观成功和主观成功在内的职业生涯成功，这一方面需要警察自身的努力，另一方面需要警察组织系统和整个社会的支持。

二、警察职业的特点

根据结构功能理论，任何职业都有促进社会发展的功能，只是由于工作内容的区别，发挥的具体作用不同。警察的任务主要是维护国家安全，维护社会治安秩序，保护公民的人身安全、人身自由和合法财产，保护公共财产，预防、制止和惩治违法犯罪活动。为了完成这一任务，警察职业必然具有如下特点：

（一）工作稳定性较高

由于警察职业的不可或缺，必须保障警察职位稳定，非因法定事由、经法定程序，不得被免职、降职、调换工作、辞退或者处分。

（二）工作压力较大

警察机关是24小时提供服务的特殊部门，经常会面临许多突如其来的工作任务，使警察经常遭遇应激。特别是基层工作的警察，整天都处于一种紧张的状态之中，时刻担心什么事情可能会发生。这种警情难以预测，没有固定的工作场所和时间，长时间处于待命和警惕状态，张弛失衡，很容易使警察身心疲劳，甚至引发身心疾病。工作压力较大还常常使警察面临事业与家庭的矛盾。工作的高投入极有可能损害家庭利益，造成家庭关系紧张，使警察工作缺少家庭支持，让警察失去缓解工作压力的“避风港”。

---

① 宋君卿、王鉴忠：《职业生涯管理理论历史演进和发展趋势》，载《生产力研究》2008年第23期。

（三）工作中接受的不良刺激较多

警察的工作性质决定了他们所受到的刺激非常广泛，特别是接受不良刺激较多。警察比普通人有更多的机会接触社会的阴暗面，与各种犯罪分子打交道，且常常被不法人员的贿赂、引诱和威胁所包围。这些不良刺激让警察的情感遭受折磨，很容易给警察带来心理压力，产生心理问题。

（四）人身安全风险较大

由于警察主要负责刑事侦查与行政执法，在工作中必然遭遇某些行为人的不满与反抗，恶意投诉、侮辱谩骂与暴力袭警随时都有可能发生，因而相比其他职业，警察的人身安全风险较大，“时时有流血，天天有牺牲”是警察职业的真实写照。

三、警察职业倦怠

警察工作压力较大，很容易导致职业倦怠。职业倦怠一词，是1974年美国临床心理学家弗登伯格在《职业心理学》杂志上首次提出的心理学概念。职业倦怠是服务于助人行业的人们由于日平均工作时间过长、工作量过大、工作强度过高所经历的一种疲惫不堪的状态。在这一概念的界定上被广为接受的是马斯拉奇（Maslach）等人在1982年提出的多维度理论，他们将职业倦怠定义为由情绪耗竭（Emotional Exhaustion）、人格解体（Depersonalization or Dehumanization）以及个人成就感低落（Diminished Personal Accomplishment）三维度构成的现象。[①] 情绪耗竭反映职业倦怠的压力维度，是指个人认为自己所有的情绪资源都已经耗尽，感觉特别累，对工作缺乏冲劲和动力；人格解体反映职业倦怠的人际交往维度，是指个体以负性的、冷淡的、麻木不仁的态度对待服务对象或工作；个人成就感低落反映职业倦怠的自我评价维度，是指个体对自身持有负面的评价，认为自己无能、工作没有成效。职业倦怠最容易在助人的职业中发生，如常出现在警察、教师、医护人员等职业中。

多数研究指出，职业倦怠虽然不是病，但是对人仍然有很大的副作用，轻则对工作失去兴趣，产生很强的疲劳感，重则出现情绪烦躁、易怒、极度疲乏，甚至出现精神疾患和攻击性行为。伯克（Burke）等人对116名警察进行了开放性问题的调查研究，发现当警察产生职业倦怠时，主要会有过度

---

① Maslach C., Schaufeli WB, Leiter MP, Job Burnout, Annual Review of Psychology, 2001 (52), pp. 397-422.

紧张、无缘无故的焦虑、身心疲惫和失眠等行为表现。[①] 特罗曼（Troman）在一项对几十名警察的小型调查研究中，发现当警察职业倦怠水平升高时，除了产生长期、慢性的过度疲劳外，也会导致婚姻破裂和朋友关系疏远。根据孔普（Kop）的研究，职业倦怠的三个方面，即情感耗竭、人格解体和个人成就都和警察在现实中使用暴力行为显著相关。[②] 休斯（Hughes）的研究发现，多数警察都因精神耗竭而产生“离开警察岗位”的想法，揭示了职业倦怠与工作绩效、缺勤率、离职率等有着密切的关系。由此可见，职业倦怠不仅影响警察的身心健康与人际关系，也对警察执法与警察队伍的稳定性产生不利影响。

第二节　我国警察职业发展情况及其影响因素

一、我国警察职业发展情况

（一）工作压力大

近年来，随着改革开放和市场经济的不断发展，社会治安形势日趋复杂，影响社会稳定的各种新情况新问题不断增多，群体性治安事件逐年上升，各种违法犯罪特别是严重暴力犯罪、经济犯罪、毒品犯罪、涉枪犯罪、具有黑社会性质的犯罪等日益突出，致使警察的任务十分繁重。在警力不足的情况下，警察需长期加班加点地工作来完成任务。警察除正常上班外，还有节假日值班、备勤处突、大型活动安保等额外任务，工作量大，工作压力大。

（二）工作性质较单一

一项关于流水线工人的心理测评研究指出，80%的工人表示出对自己所从事工作的厌烦，并且表现出焦虑、紧张、易激动等不良情绪。它说明单调、重复的工作易使人产生职业冷漠感。[③] 我国警察在某种程度上也存在此

---

① Burke, R. J., Toward an Understanding of Psychological Burnout among Police Officers, International Journal of S tress Management, 1997, pp. 3-27.

② Kop, N., Euwema, M. & Schaufeli, W., Burnout, Job Stress and Violent Behavior among Dutch Police Officers, Work & Stress, 1999, pp. 326-340.

③ 皮华英：《警察职业倦怠的现状、原因与对策》，载《北京人民警察学院学报》2008 年第 4 期。

种情况。有的民警长期从事某项单调、重复的工作，且少有暂时放下工作去学习进修的机会，日复一日、年复一年，鲜有变化的工作容易熄灭一个人的工作激情，产生乏味心理，从而失去对本职工作的兴趣。

（三）薪酬福利有待进一步提高

我国是警察与人口比例较低的国家，警察的工作压力与人身风险高于其他职业，因此必须保证警察有较高的薪酬福利，由此才能调动警察的工作积极性，增加警察职业的吸引力。首先帮助家庭生活困难的民警解决其家属下岗、老人赡养及子女教育就业等问题。其次公安民警加班、备勤等补贴性收入及时发放，且针对超负荷工作、承担极大责任与风险的一线民警应有所侧重。最后完善警察职业特点及满足其特殊需要的社会保障制度，如提高警察医疗保障水平及因公负伤治疗尤其是后期治疗、伤残康复费用的经费保障，提高民警因公伤亡抚恤待遇等，避免民警因病致贫。

（四）个人发展空间不足

由于我国给予警察的晋升机会相对警察总数的比例较低，因而使不少警察因难以晋升而导致工作满意度下降，这一方面会直接影响工作，体现在执行公务中对行为人的态度与行为上；另一方面也会影响同事关系，紧张的工作环境不利于警察的职业发展。

除上述问题之外，我国警察的教育培训也有待进一步提升。领导应重视民警的学习和受教育权利，使民警工作以后有提升自己的机会和上升进步的空间，以实现自己的人生抱负，提高对工作的热情和动力。

（五）人身安全风险较大

我国警力不足问题较为明显，一线民警经常超负荷工作，身心疲惫，且暴力袭警、恶意投诉时有发生，人身安全风险较大。自2006年以来，因劳累过度牺牲在工作岗位已成为公安民警因公牺牲的首要原因。在近年来发生的群体性事件中，别有用心之人抱有“法不责众”的心理以及从众心理，肆意攻击维持治安秩序的警察，而警察往往只能被动处置，事后又因为现场取证不足难以追究当事人责任。除此之外，还有恶意投诉，使民警承受了精力和精神上的双重负担。

（六）工作成就感不高

部分警察认为从事技术性较强、危险性较大的工作，如刑警，能够获得更大的成就感。但目前由于各种因素的影响，致使警察越来越感到从事这项工作难以获得社会普遍认同的价值和赞许，不能产生较高的成就感。例如，某市公安部门曾对200余名人民警察进行无记名问卷调查发现：热爱警察职业的警察占警察总数的比例较低，部分警察对个人前程发展的预测评价不高，因而工作积极性也不高，甚至想离开警察岗位。

二、我国警察职业发展的影响因素

影响我国警察职业发展的因素很多，从大的社会背景来说，第一，社会转型过程中因利益诉求而引发的矛盾、纠纷大量涌现，刑事犯罪高发、治安形势严峻，使警察的任务更加艰巨；第二，随着依法治国的逐步推进，对警察的执法要求更加严格；第三，社会成员价值观多元、独立，媒体正反两方面的报道也给警察的工作带来了困扰。除了宏观环境的变化外，直接影响我国警察职业发展的因素还有如下几个方面：

（一）警力不足与警力使用不当

我国是警察占人口比重较低的国家。“三基”工程建设及警力下沉战略的实施，使基层公安机关警力不足的问题得到缓解。但在实际工作中仍有机关警力闲置而一线警力忙不过来的忙闲不均的情况存在，也出现了一些已经下沉的警力又被各级部门以各种形式借去帮助工作，造成基层实际在岗人数低于在编人数的现象。除了警力不足之外，也有警力使用不当的问题。警务实践中，遇有任务时有时会采用粗放式的全员在岗的执勤模式，导致民警缺乏休息，经常处于身心疲惫的状态。

（二）工作职责宽泛

20 世纪 90 年代，福建漳州警方首先给 110 赋予了服务群众的功能，喊出了“有困难请打 110”的口号。到 1997 年底，全国地级以上公安机关均建立起 110 报警服务台，作出“有警必接，有难必帮，有险必救，有求必应”的承诺。自此公安机关除承担打击犯罪、维护社会安全的职责外，还参加了大量与法律规定的警务职责无关的非警务活动。工作职责宽泛，不仅导致警察时间与精力的分散，无法做好本职工作，也使警察易处于公众的对立面，造成警民关系紧张。

（三）执法权益保障不足

警察执法是对国家权力的运用。执法保障方面，我国有关保障警察执法权益的法律主要有《人民警察法》《刑法》《治安管理处罚法》，这三部法律对人民警察的职责权限做了较为详尽的规定，但针对人民警察在执法过程中职权权益和个人权益遭到他人侵害的状况没有规定具体的应对措施。

（四）考核机制有待完善

考核激励等管理工作机制存在缺陷。比如，各地、各级公安机关的考核指标不同，存在考核内容不全面、考核指标可操作性差等问题；有些数量化的考核指标不合理，如社区责任制，要求确保辖区内发案率控制在一个严格的指标以下，但在当前人口流动的大背景下，这是很难保证的，唯数量化的考核机制难以引导民警扎扎实实地解决实质性的治安热点、难点问题；考核目标设置缺乏弹性，有时制定的目标由于客观因素影响而无法实现，有时又会因形势发展需要临时开展某项工作，导致考核时出现目标没有实现而无法兑现奖酬，或对取得的显著成绩无从考核；考核中民警往往是被动的，对上级主导的考核缺乏主动性和认同感。

（五）社会支持有待加强

社会支持是指人们感受到的来自他人的关心和支持。研究表明，社会支持可使个体减轻工作压力，缓和职业倦怠的产生。社会支持，包括上级领导的支持、公众的支持与家人的支持，对警察的职业发展有着重要影响。群众非常支持警察的工作、社会舆论的主流也是正面的，这时哪怕再苦再累、哪怕有流血牺牲，警察也会以警为荣，有较强的个人成就感。

缺乏社会支持对警察的职业发展是极其不利的，因为职业对个人需求的满足不仅仅是生理与安全的需求，一旦衣食无忧，个体通过职业最希望获得的是情感与归属、尊重、自我实现。但尊重与自我实现需求的满足很大程度上依赖社会其他成员的认可与支持，如果得不到社会支持，个人的职业发展必然受到影响，警察职业也是如此。

（六）心理疏导机制需进一步完善

由于警察职业的固有特点和我国社会环境的变化，我国警察在工作中接受的负向刺激较多，职业倦怠比较普遍，如果不及时进行心理疏导，会形成心理疾病，严重者甚至会自杀。针对这一问题，自 2003 年公安部启动民警心理健康工作以来，全国公安民警心理健康保护工作进展迅速，一个涵盖心理测试、心理行为训练、心理健康咨询服务、心理危机干预的公安民警心理健康工作体系已经初步形成。2009 年，公安部政治部下发《公安民警心理健康服务中心指导意见》，提出要在全国省级和警力超过 3000 人的市级公安机关设立民警心理健康服务中心，推动民警心理健康工作全面展开。这项工作需要人员与机制的保证。

第三节　完善警察职业保障机制

一般来讲，某一职业声望越高，越容易吸引社会成员从事这一职业，从事该职业的社会成员也越感到自身较高的社会地位和社会影响，并从中得到优越感和自豪感。因此，应该尽快完善警察职业保障机制，最大可能地提高警察的职业声望。

一、明确工作职责

针对警察工作职责宽泛这一问题，公安部于2003年5月出台《110接处警工作规则》，确立了打击犯罪、服务群众及受理群众投诉三项基本职能，明确规定碰上“急、难、险、重”的社会求助，110必须提供及时有效的救助。2004年，浙江省绍兴市公安局也向社会公布110报警服务台受理报警和求助范围，明确对类似打110要警察买早饭这样的“求助”可明确拒绝，引起社会广泛关注。通过制定法律法规，明确、细化公安机关的职责范围，避免承担不该由公安机关来完成的任务，能够在很大程度上减少不必要的工作量。但由于“有困难找警察”这一口号的惯性作用，在实践中有很多属于非警务出勤范畴的民事纠纷，群众仍是习惯于打110求助，使警方处于两难境地：管，不属于警务活动范畴；不管，伤害群众感情，小纠纷还有可能酿成大冲突。对此，除了在法律上明晰警察的工作职责之外，还应在公安机关内部设立专门民事纠纷调解部门，或者加强人民调解，将纠纷转给人民调解员处理。对于前一方面，北京市公安局进行了颇有价值的创新。在接到报警后，警方没有把一般的民事纠纷拒之门外推之不管，而是在派出所设立民事纠纷调解机构，经过民警现场调查，确定排除刑事、治安案件并征求双方当事人的同意后，将纠纷转入派出所民调室，由一些有经验的退休警官担任调解员对双方进行调解。经调解后签订的协议书具有法律效力，如后续再起纠纷起诉至法院，也会被作为证据采信。这一工作措施不仅节省了一线警力，而且调解的效果也比以往好。对于后一方面，上海市的做法是，倡导大平台建设，将家事纠纷调解转给社会工作机构，由此大大减轻了警察民事纠纷调解的工作压力。

二、确保警察依法行使职权

针对地方政府违规使用警力处理群体性事件而导致的警力不足、警民冲突等问题，2008 年 7 月 24 日，中共中央纪委、监察部、人力资源和社会保障部、国家信访局联合召开新闻发布会，对违规使用警力处理群体性事件作出了处罚规定，明确对“违反规定使用警力处置群体性事件，或者滥用警械、强制措施，或者违反规定携带、使用武器的，给予记过、记大过、降级或者撤职乃至开除等处分”。公安机关是具有武装性质的国家执法力量，应该按照法律规定实施警务活动和执行公务，对法律负责，任何人不得超越法律而滥用警力。

三、保障警察执法权益

改革开放 40 多年来，全国共有 1.3 万余名公安民警因公牺牲，为公安事业献出了宝贵生命。2013 年至 2017 年，全国公安民警因公牺牲 2003 人，因公负伤或致残 2.5 万人。这些流血牺牲有相当一部分是由于民警在执法执勤过程中受到暴力袭击、报复伤害、妨害阻碍所造成的。由于职业的特殊性，人民警察要直面社会的矛盾与冲突，经常在第一现场应对各种突发性情况，在依法履职过程中，人民警察遭受违法犯罪分子暴力侵害、打击报复的事件时有发生。为保障公安民警依法履行职责、行使职权，维护国家法律尊严和民警执法权威，公安部制定了《公安机关维护民警执法权威工作规定》，并于 2019 年 2 月 1 日起正式施行。《公安机关维护民警执法权威工作规定》的发布施行，充分体现了党中央对广大公安民警的关心厚爱，充分体现了全社会对公安民警依法履职的支持信任，也是激励公安民警勇于作为、尽职担当的重要举措。

近年来，袭警事件时有发生。2021 年 3 月 1 日，《刑法修正案（十一）》增设袭警罪，明文规定妨碍警察执行公务的惩罚性措施，让惩罚袭警的犯罪行为有法可依，也大大提高了从重处罚的幅度，让民警执法更有底气。警察的执法权来自法律的明确授权，社会成员合法权利的充分保护与社会秩序的正常运转，都有赖于执法权的依法有效行使。如果警察在正当执法中的权益面临风险，那么势必造成执法“畏首畏尾”的现象，最终结果必然是破坏规则者得寸进尺，合法权利失去真正的保护。因此，保护基层一线民警的依法履职必须理直气壮。“袭警罪”入刑，就是保障人民警察依法履职的一道强有力的“护身符”，依法对袭警人员严肃追究法律责任，保障执法警察的人身安全，维护人民警察的执法权威，捍卫国家的法律尊严。

四、增加并合理使用警力与科技强警

警力不足，既有绝对数量的不足，也有警力使用损耗所导致的相对不

足。针对绝对不足，必须不断增加警力，尤其是要充实基层警力。但在绝对警力数不能增加的情况下，如何解决警力相对不足就成为亟待解决的重要课题。可以考虑根据警务多少、任务轻重安排警察全部或部分在岗备勤，尽可能保障警察的休假权，以提高工作质量。比如，北京市公安局变革创新警务指挥模式，提出“精确指导、精确打击”的工作思路，通过对几年来全市警情数据的科学测算，对市、区县、派出所分别确定各类案件的“数据常量”，以此作为调整警力部署的依据，即根据对警情的分析，确定警情属于“良好”、“平稳”还是“警示”等级，以此决定警力投入的规模，做到哪里犯罪形势严峻，哪里就多上警力。这一科学规范的勤务指挥模式的运行，将民警从过去打疲劳战、消耗战的工作中解放出来，使民警的健康权和休息权都有了保证。除了增加并合理使用警力之外，还应落实科技强警。社会各部门要加大对警务科技的投入，抓好现代科技成果在警察工作中的运用，以科技促警力，以科技强警力，真正把警察从“人海战术”、手工操作等落后的工作方式中解放出来，实现警力的无增长改善。

五、提高薪酬福利，增加职业吸引力

公安民警工作量大、复杂，承担的责任与风险更大。因此，应当建立具有警察职业特点、满足警察特殊需要的薪酬福利制度。第一，较高的收入。在警察的收入中，津贴占的比重较大，除加班补贴之外，还应增设重大案件风险补贴，以补偿警察在较高工作强度时的付出。第二，特殊的福利。特殊的福利包括医疗、抚恤、困难家庭帮扶与休假制度等。这里仅以休假制度为例。休假制度包括主动休假与强制休假。前者主要是警察根据个人情况和组织安排申请的休假，后者主要是指组织在特殊情况下强制警察休假，在警察完成一项重大活动的安保任务后，或处置好一起重大的突发性群体事件后，或侦破一起重特大刑事案件后，相关的警察管理部门可考虑安排有明显倦怠感的警察休假。

六、增强职业认同感与提供更多的发展机会

随着社会的发展，人们从事某一职业不仅是为了满足基本的生存需求，更是为了获得个人成就感，这就需要增强警察的职业认同感，并给警察提供更多的发展机会。具体包括五个方面：第一，通过认知重构训练，使警察了解警察职业的全部内涵，懂得警察在社会中的地位和作用，提高警察职业角色的认同感，树立坚定的职业信念。第二，重视并为民警的全面发展创造机

会，在一定范围内允许民警双向选择工作岗位，赋予民警更多的工作自主权。第三，畅通职位晋升机制，提供更多的晋升机会。第四，设立各种奖励机制，使警察体会到工作的价值，增强个人成就感。第五，加强职业培训，提高专业技能。根据形势发展和工作要求，按照“缺什么，补什么”的原则，适时提供有针对性的教育训练，使民警具有能够胜任本职工作的素质和能力。

近年来，我国公安机关执法勤务警员职务序列和警务技术职务序列改革有序开展，根据公安机关性质任务和人民警察职业特点，尊重警务技术人才成长发展规律，完善公安机关执法勤务警员职务序列，建立警务技术职务序列，进一步拓展了民警的职业发展空间。

七、人性化管理与科学化管理并重

公安机关是警察最重要的活动场所。因此，给警察创造一个良好的工作环境十分必要。良好的工作环境除了配备较好的物质设施以外，最重要的是形成融洽的气氛，因此必须实行人性化管理与科学化管理并重。第一，合理的考核机制。无论是晋升机制还是奖励机制，都应建立在合理的考核机制之上。考核指标要努力做到全面、可操作性强、适度弹性、不唯数字化，合理地评价警察的业绩。第二，让警察参与决策。畅通内部沟通渠道，使民警能有正常的途径来表达合理诉求，建言献策。比如，让警察参与考核机制的制定，这样不仅能健全考核机制，也能增强警察的认同感，从而努力地做好本职工作。第三，倾听警察的需求，并尽可能地满足。除了工作外，警察也需要休息、陪伴家人及与社会交往。因此，应设身处地地为警察考虑，尽可能满足警察的需求，解除其后顾之忧，使其精神饱满地开展工作。第四，促进内部人际交流。内部人际交流既包括工作中的讨论，也包括业余活动的开展。通过愉快且有建设性作用的人际交流，不仅可以促进工作，还可以增强组织凝聚力。

八、争取社会支持，创造良好的职业环境

警察要获得公众的支持，一方面要认真做好本职工作，另一方面要与公众有效沟通。第一，把不属于公安机关的职责转给其他机构，如社会工作机构可以介入家事纠纷调解、自愿戒毒等。在职责明确的前提下，通过做好本职工作，赢得公众的支持。第二，建立良好的警民关系，打通多种多样的沟通交流渠道，尤其是要将相对固定的社区居民、里弄干部变成熟人，借此扩

大正面影响。第三，实行警务公开制度，利用新闻媒体加大宣传力度，树立警察形象，让社会各界了解、理解和参与公安工作，合理地评价公安工作成效和民警工作业绩，使全社会对警察职业形成正确的认识，对警察工作持有合理的期望，营造群众参与维护治安的良好氛围，形成互助合作的良好信任关系。

在争取社会支持，创造良好的职业环境方面，各地有很多很好的做法。例如，近年来上海市倡导大平台建设，将家事纠纷调解、自愿戒毒转给社会工作机构，由此大大减轻了警察的工作压力；北京市公安局成立公共关系领导小组，专设办公机构负责进行警民互动、警队形象建设、涉警危机公关等公共关系建设。

九、加强心理疏导工作

在所有应激性职业中，警察所承受的心理压力指数高居首位，因此决定了一般性的心理危机干预对民警不起作用，必须建立具有强烈公安专业特点的心理危机干预工作体系，包括结合公安日常工作，通过预设危机现场，加强平时的实战模拟训练，实现干预前置；专业心理服务人员随警作战，在现场及时对执行任务的民警进行心理危机干预；对完成任务的民警，如目睹同事伤亡、开枪击毙歹徒、参与抢险救灾、处置重大突发事件等，由专业人员尽快对当事民警展开心理安抚；对处于特殊状态，如职业倦怠感症状明显、已经严重影响工作的民警有针对性地进行降低职业倦怠的训练，如知觉训练、时间管理、压力管理、态度改变等，帮助民警进行有效调适，降低职业倦怠水平。

总的来说，我国警察职业发展还存在许多问题，亟须完善警察职业保障机制，使警察在拥有职业尊荣的前提下，不断努力，实现社会发展与个人发展的双重目标。

后 记

从学科分布来看，我国对警察的研究成果主要聚焦于公安学和刑事司法学。此两者虽有方法和理论预设等方面的差异，但大体来说同是基于内部视角的分析，从警察的角度研究警察，社会学在警察研究中的参与度则非常不足。不过，近年来，尤其是公安学成为一级学科后，社会学视角的警察研究也逐渐兴起。

从西方的警察研究来看，社会学一直是其中的主力军之一。首先，社会学学科和现代警察制度都出现于19世纪的欧洲。社会学致力于从学理上理解和解释工业革命、政治革命后剧变中欧洲的社会失序现象，提出相应的建议；而现代警察制度则是直接应对公共秩序紊乱和政治冲突频发的产物。其次，虽然涉警研究可以追溯到19世纪，但对警察的系统研究主要兴起于20世纪60年代的英美，社会学在其中扮演着重要的角色，此时的英国警察研究就发端于社会学界。最后，许多社会学家同时也是警察研究的重要学者，推动或开创了某一方面的研究，如提出改善警察与社区和少数族裔关系方案的约瑟夫·罗曼（Joseph D. Lohman）、警察亚文化研究先驱的威廉·韦斯特利（William Westley）、用创新性实践方法帮助警方进行政策抉择的劳伦斯·谢尔曼（Lawrence Sherman）等。

社会学之所以能在警察研究中占有一席之地，我们认为与内部视角的警察研究相比，社会学路径的分析具有以下特征：第一，整体性的思维方式。与解析式的学科相比，社会学是一门综合性的学科。在社会学看来，警察及其相关系统是社会诸多角色和子系统之一，因此我们必须将其置于社会整体之中去理解，即从社会整体或嵌入性的角度看待警察问题，而不论是法律还是警务活动。第二，社会学发展出众多甚至相互竞争的分析视角和理论，对同一问题也会得出不同的判断，涉警议题亦然。这对于在日趋多元化的社会背景下理解相关问题，推进警务现代化大有裨益。第三，社会学是一门强调实然性研究的学科。虽有诸多理论研究范式，但实证主义一直是其最主要的理论研究范式，韦伯所言的“价值关联”论已成学科的共识。这就要求社会学家必须在了解社会事实内部诸因素间的关联机制后才能作出判断，提出政策建议。换言之，社会学立场的警察研究更多是基于现实问题，而非立场或价值驱动，这有助于我们更好地理解具体时空和场景下的警务，提出更有效的改进建议。第四，社会学的实然探讨是基于一系列科学的方法。借助于量化或质性研究，研究者对有关的理论和假设进行检验，这可以在一定程度上规避直觉、个人经历和常识给研究者带来的先验性影响。社会学家也正是基于此挑战甚至颠覆了许多传统的观点。鉴于诸多理论缘起于西方，这就更需要采用社会学的实然态度和研究方法，结合中国的实践，发展具有中国特色的公安学，为世界贡献中国的警务理论与经验。

法律社会学一直是华东政法大学社会发展学院的特色和优长方向之一。在学校的大力支持下，学院已经形成了一支从社会学角度探讨警察与社会问题的教学和科研团队。基于本学科的立场和关切，我们将分析对象锚定于“警事”，这也是本书的亮点之一。与已有的教材和著作强调“警务”相比，警事是指涉警之事，强调从社会整体的角度，立足于社会安全规律，运用社会学概念、原理和方法解释警察之人和警务之事，探究警事规律、分析警事政策。

基于以上定位，本书既可以作为社会学、公安学和刑事司法学等相关专业的本科教材，也可作为研究者较全面了解此议题的参考书籍。但由于社会学视角的警事研究在中国学界尚属新领域，加之编者的水平和能力有限，故书中的内容还存在诸多可供拓展和深入之处。我们想借此抛砖引玉，推动社会学视角的警事问题研究，为推动我国警务现代化作出绵薄的贡献。

本书也是集体智慧的结晶，李峰和何明升两位教授是总召集人和统稿人，也是写作纲要的编制者。编者既包括华东政法大学的教师团队，也包括浙江警察学院和上海公安学院的专家学者。具体章节的分工是：何明升教授撰写第一章和第七章；郑卫东教授撰写第二章；李峰教授撰写第三章；浙江警察学院陈建明博士撰写第四章；上海公安学院秦飞主任撰写第五章；李伟明博士撰写第六章；李俊教授撰写第八章。

在本书的撰写过程中，华东政法大学的路学仁博士、王瑛娴博士和刘永根博士，上海公安学院的孙蓓博士和福建警察学院的吴乐博士等人也提出了许多真知灼见，在此一并表示感谢！